HEYNE <

In seinem Leben drehte sich alles um Optimierung: Job, Familie, Erwartungen an sich selbst. In einem Strudel aus beruflichem und privatem Druck, Binge-Eating und Alkohol drohte Uwe Baltner in eine Depression zu rutschen.
Bis er sich auf seine lange vergessene Leidenschaft für Musik besann, Hunderttausende mit seinen eigenen mitreißenden Karaoke-Performances in den sozialen Medien begeisterte - und damit sogar die Aufmerksamkeit von Weltstars wie Rihanna und Drake weckte. Für Uwe Baltner war der Fokus auf das Positive, das Teilen einer echten Leidenschaft mit der Welt, ein heilender Befreiungsschlag. Seine Geschichte, sein Optimismus und seine Authentizität, sein Weg zurück zu Balance und Lebensmut sind eine Inspiration: Mit der Besinnung und dem Fokus auf Dinge, die einem Freude bereiten, gelingt es, sich selbst wieder zu finden und sein Leben neu zu gestalten.

UWE BALTNER

SINGING IN MY CAR

Wie mir die Freude an der Musik ein zweites Leben schenkte

aufgeschrieben von Timon Menge

Wilhelm Heyne Verlag
München

In diesem Buch haben wir uns meist für die Verwendung des grammatischen,
generischen Maskulinums entschieden. Nichtsdestotrotz sind, soweit nicht
eindeutig anders angegeben, in allen Personengruppen und Bezeichnungen
weibliche, männliche, non-binäre und fluide Personen mit eingeschlossen.

FSC
www.fsc.org
MIX
Papier | Fördert
gute Waldnutzung
FSC® C014496

Penguin Random House Verlagsgruppe FSC® N001967

1. Auflage 2025

in der Penguin Random House Verlagsgruppe GmbH,
Neumarkter Straße 28, 81673 München
produktsicherheit@penguinrandomhouse.de
(Vorstehende Angaben sind zugleich
Pflichtinformationen nach GPSR.)

Redaktion: Caroline Kaum, CAROLINE KAUM MACHT PROGRAMM
Umschlaggestaltung: wilhelm typo grafisch, Zollikon
unter Verwendung eines Fotos von Kay Blaschke /
Penguin Random House Verlagsgruppe
Satz: satz-bau Leingärtner, Nabburg
Druck und Bindung: GGP Media GmbH, Pößneck
Printed in Germany
ISBN 978-3-453-60725-5

www.heyne.de

INHALT

PROLOG

NACHRICHT VON RIHANNA

»Thank you, Uwe!« Ich nehme die Brille ab, halte mir das Smartphone direkt vor die Augen und lese erneut. Kann das sein? Habe ich mich verguckt? Spinne ich? Rihanna, Superstar aus Barbados, die mehr als 250 Millionen Platten verkauft und neun Grammys gewonnen hat, meldet sich bei mir, Uwe Baltner aus Böblingen? Der Platten höchstens bei Ebay an den Mann respektive die Frau bringt und die Grammys immer mit den Oscars verwechselt, diesen goldenen Kerlen, oder? Der Bildschirm meines Smartphones leuchtet mir ins Gesicht – und es scheint, als würde er mich blenden. Vielleicht sollte ich das Ding mal langsam abschalten. Es ist spät, und ich halluziniere offenbar schon. Doch ich kneife die Augen zusammen und schaue noch einmal genau hin. Tatsächlich: Ich träume nicht. Rihanna hat mir eine Direktnachricht geschrieben.

Sonntag, der 18. Oktober 2020, 19:43 Uhr. Ich sitze an unserem Eichentisch im Wohnzimmer unseres Hauses in Backnang bei Stuttgart, vor mir mein unverzichtbarer Becher mit heißem Tee. Manchmal trinke ich sechs Kannen am Tag. Kaffee mochte ich noch nie, wobei man das so eigentlich nicht sagen kann. Ich habe ihn erst nach meinem 60. Geburtstag probiert. Unglaublich, oder? Damals wollte ich meiner Frau Birgit eine Kaffeemaschine kaufen, um ihr eine Freude zu machen. Sie stellte allerdings eine Bedingung: »Du trinkst mit.« Das war okay, doch es änderte im Grunde nicht viel: Sie trinkt gerne Kaffee. Ich bleibe zu 99 Prozent meinem Tee treu, auch weiterhin.

Meine Füße habe ich auf dem Stuhl gegenüber abgelegt. Das ist eigentlich gar nicht so bequem, aber irgendwie habe ich mich daran gewöhnt. So fühle ich mich etwas schwereloser, als wenn ich mit beiden Beinen auf dem Boden stehe.

Wie jeden Abend checke ich meinen Instagram-Feed, schaue mir die Entwicklungen auf meinem Kanal an und beantworte Nachrichten. Das wird immer mehr Arbeit. Meine Community ist in letzter Zeit stark gewachsen, und ich erhalte inzwischen Kommentare von netten Menschen aus aller Welt. Warum, das weiß ich gar nicht so genau. Wahrscheinlich liegt es daran, dass ich mich mit meinen Auto-Karaokevideos öffentlich zum Horst mache, und dass meine Follower das irgendwie schräg, aber auch sympathisch finden. Nahbar. Ein 60-jähriger Schwabe, der knallige Kapuzenpullis und eine Baseballkappe trägt und die neuesten Hits von Kendrick, Drake oder Gunna rappt. Der Mut der Dummen, vielleicht? Nein, es muss mehr dahinterstecken. Denn im Gegensatz zu vielen anderen erhalte ich keine Hass- und kaum negative Kommentare. Wir Texter (ich komme eigentlich aus dem Journalismus) definieren gerne die Tonalität unserer Zielgruppen. Was meine Kommentarspalte betrifft, würde ich sagen: fröhlich bis liebevoll.

Rihanna hatte ich zuvor per Direktnachricht mitgeteilt, wie sehr ich sie dafür bewundere, dass sie mit ihrer Musik Mauern einreißt, Leuten Kraft schenkt und sie dazu anhält, sich selbst und ihre Umwelt zu reflektieren. Themen, die mich schon als junger Mann umtrieben, heute aber mehr denn je. Zu oft verlieren Menschen den Mut, weil sie keinen Ausweg sehen. Manche Situationen *sind* ausweglos, manche Sackgasse hat wirklich keinen Exit. Nie würde ich mir anmaßen, das infrage zu stellen oder jede Lebenslage beurteilen zu können. Aber ich stelle auch immer wieder fest: Nicht alle, die hoffnungslos durch ihr Leben irren, leiden an existenziellen oder unlösbaren Problemen. Manchmal werden Probleme erst dadurch existenziell, dass wir uns von ihnen leiten lassen, ihnen erlauben, unseren Alltag zu bestimmen, und schließlich aufgeben.

Wenn wir keine Alternative mehr sehen, obwohl es eine oder sogar mehrere gäbe. Dann erstarren Menschen wie Rehe im Scheinwerferlicht, obgleich der Wagen direkt auf sie zurast, fügen sich in ihr Leid oder pflegen schlimmstenfalls einen schädlichen Umgang damit. Von diesem Reflex kann ich mich beim besten Willen nicht freisprechen, wie ihr in diesem Buch noch erfahren werdet. Auch in meinem Leben gab es Zeiten, in denen ich kein Licht am Ende des Tunnels sah. Als wäre ich dazu verdammt, für den Rest meiner Reise auf den gleichen Schienen zu laufen. Aber ich habe die Weichen umgestellt und einen neuen Weg für mich gefunden. Wenn ich mit diesem Buch auch nur einer Person dabei helfen kann, dass ihr das ebenfalls gelingt, ist es die Mühe wert.

Gedankenverloren schaue ich mein Smartphone-Display an. Inzwischen ist es nach 20 Uhr. Birgit kommt herein, und ich zeige ihr die prominente Post. Nun gucken wir zusammen ungläubig drauf. Für sie ist die Welt jenseits des Bildschirms weniger greifbar als für mich, aber sie weiß: Das ist eine große Sache. Rihanna läuft im Radio. Die meisten haben von ihr gehört, kennen zumindest ihren Namen. Kein Wunder: Sie ist einer der berühmtesten Popstars der Welt – und sie ist mit mir in Kontakt getreten, wenn auch nur für ein kleines Danke.

Ich bin ebenfalls dankbar. Dankbar, dass ich das Singen wiederentdeckt habe. Dankbar, dass Menschen meine Leidenschaft mit Likes, netten Kommentaren und Herz-Emojis belohnen, in Deutschland und Nigeria, in England, Afghanistan und in den USA. Die Baltner-Community verteilt sich über die ganze Welt. Daran sieht man: Musik ist eine universelle Sprache, die überall gesprochen und verstanden wird, unabhängig von Religionen und politischen Ansichten. Ich bin dankbar, dass meine Frau den ganzen Wahnsinn akzeptiert und mich einfach machen lässt, obwohl es nicht immer einfach für sie ist, wenn ich mal wieder neben ihr sitze und auf Nachrichten und Kommentare reagiere, statt mich mit ihr zu unterhalten. Außerdem bin ich jeden Tag dankbar dafür, dass es mir gelungen ist, mich mithilfe der Musik aus dem tiefsten Sumpf meines Lebens zu ziehen.

2019 und 2020 sind die Jahre meines Durchbruchs. Der SWR möchte den Schwaben interviewen, dem die größten US-Popstars auf Instagram folgen. Sogar die ARD berichtet über mich und meine Karaokevideos. Den Anfang macht das in Marketingkreisen sehr renommierte Onlineportal OMR.de, kurz für Online Marketing Rockstars. Auch die *Süddeutsche Zeitung* veröffentlicht einen Artikel. So viel Rummel um ein bisschen Gesinge? Damals verstehe ich das noch nicht so recht, doch heute weiß ich, woher das Interesse rührt: Ich traue mich etwas – und habe Spaß dabei. Na ja, und eine Reaktion von Rihanna eben ...

Dass sich so viele Menschen für meine Social-Media-Aktivitäten interessieren, raubt mir anfangs die Nachtruhe. Mir wird klar: Mein Lebenslauf nimmt eine überraschende Kurve. Das macht mich ängstlich, aber vor allem: glücklich. Nicht nur einmal liege ich wach und freue mich über die Reaktionen auf das, was ich tue. Meine Videos geben den Menschen etwas und die Menschen mir. Das brauche ich – vielleicht mehr als andere.

1

DER HUNGER DANACH

Ich werfe einen Blick auf meine Armbanduhr. »Und, wart ihr die Tage im Garten?«, frage ich meinen Vater. Wir schreiben das Jahr 2012. Ich sitze am Esstisch, in dem Haus in Böblingen, in dem ich aufgewachsen bin. Die Abendsonne fällt durch die Terrassentür. Der Holztisch ist derselbe wie immer, mit ein paar Kratzern mehr, aber noch genauso stabil wie damals, als wir Kinder hier mit Buntstiften gemalt haben.

Meine Eltern haben sich neuerdings mit meinem Bruder ein Stückchen Grün gemietet, wo sie herumwerkeln, lecker grillen und den Unruhestand genießen können. Ein kleines Gartenhaus, eine Feuerstelle, alte Bäume und etwas Wiese, alles in extremer Hanglage. Nichts Großes, aber ein Zuhause im Grünen. Meine Mutter und mein Vater sind knapp 70, beide topfit – und sie brauchen immer etwas zu tun. Beide fahren E-Bike, mein Vater spielt nach wie vor Tennis. Das bewundere ich und hoffe, dass auch ich in ihrem Alter noch so agil sein werde. »Ja, Papa musste den Rasen mähen«, antwortet meine Mutter und stellt einen Teller mit überbackenem Toast auf den Tisch, eines meiner absoluten Lieblingsessen aus der Kindheit. Der Käse ist knusprig, aber nur ganz leicht, genau wie ich es mag. Mein Vater steht auf und geht zum Kühlschrank. »Möchtest du noch was trinken?«, fragt er. Ich nicke, er nimmt eine Flasche Apfelschorle heraus und schüttet mir etwas davon in mein Glas. So kenne ich die beiden. Ständig in Bewegung – und doch immer zur richtigen Zeit genau da, wo man sie braucht.

Eigentlich essen meine Eltern mittags warm und abends kalt – außer, wenn ich sie besuche. Dann ändern sie ihre Pläne und alles fühlt sich ein bisschen wie früher an. Mit einem Unterschied: 2012 bin ich nicht mehr der kleine Uwe, sondern 49 Jahre alt, Berufspendler, lebe in Buchloe im Allgäu und arbeite zweieinhalb Stunden von Böblingen entfernt als Geschäftsführer einer Social-Media-Agentur. Der Job ist intensiv, die Tage lang. Um wenigstens ein paar Fahrten zwischen Buchloe und meinem Arbeitsplatz sparen zu können, übernachte ich unter der Woche bei meinem Bruder in Böblingen, etwa 40 Autominuten vom Büro entfernt. Außerdem schaue ich an zwei bis drei Abenden pro Woche bei meinen Eltern vorbei und meine Mutter bekocht mich. Es gibt alles, was ich gerne mag. Toast, Nudeln, ein Stück Fleisch mit Gemüse. Manchmal sogar selbst gemachte Spätzle – ein schwäbischer Klassiker aus meiner Kindheit. Dabei habe ich ihr schon oft gesagt, dass sie sich nicht so viel Mühe machen soll. Sie winkt dann ab, stellt mir einen dampfenden Teller hin und fragt, ob ich denn genug Schlaf bekomme. So sind die Mütter. Sie wollen nur das Beste für ihre Sprösslinge. Und es ist ja auch schön, sich an manchen Abenden einfach wieder wie der Sohnemann zu fühlen – und nicht wie ein verheirateter Mann, Vater von drei Töchtern (geboren 1988, 1993 und 1998) und Agenturleiter.

Im Grunde ticke ich noch einfacher, zumindest kulinarisch. Ein Stück gutes Brot, etwas Käse und vor allem zwei, drei Karotten (bis heute bin ich süchtig danach): Mehr brauche ich gar nicht zu meinem Glück. Von allem ein bisschen. Wobei Birgit bei uns zu Hause dieses Level klar überbietet. Ich liebe ihre selbst gemachten Bowls. Sie tischt dann neun Mahlzeiten in einer auf, Avocados, Cranberries, Kichererbsen, Quinoa, wie eine Art Mini-Büfett. Jeder Löffel schmeckt anders, und das finde ich herrlich. Es geht mir nicht nur ums Sattwerden, sondern darum, mich durch verschiedenste Aromen zu probieren und neue Geschmackskombinationen zu entdecken. Eine Weltreise für die Nase und den Gaumen. Wer hätte zum Beispiel gedacht, dass Brokkoli und Mango in derselben Schüssel funktionieren? Ich sicher nicht und doch passt es irgendwie. Wie zwei Menschen, die unterschiedlicher nicht sein könnten und trotzdem ein gutes Team ergeben. Ob Tapas, Mezze, Antipasti oder »Girl Dinner«, wie es auf TikTok heißt: Für ein Essen, das zu Hause aus vielen kleinen Mahlzeiten komponiert wird, lasse ich jedes Sternerestaurant links liegen. Ich brauche keine aufgeschäumten Sößchen und keine Blütenblätter im Salat. Lieber ein bisschen Vielfalt auf dem Teller – und das Gefühl, dass alles erlaubt ist.

Luxus ist beides. Zumindest, wenn man aufs Portemonnaie achten will. Viele Zutaten, von denen man nur wenig braucht: Das gönnt sich unsereiner nur, wenn das Budget da ist. Ein halber Granatapfel, ein Löffel Ziegenkäse, während der Rest Gefahr läuft, im Kühlschrank vergessen zu werden. Das muss man sich leisten können und wollen. Von Zuhause kenne ich es anders: Wenn es bei uns Tomaten gab, gab es Tomaten – nicht noch Radieschen und Möhren und drei Sorten Salami. Keine übervollen Platten wie aus dem Feinkostgeschäft, sondern ein Teller mit dem, was man gerade hatte. Für alles andere fehlte einfach das Geld – und Lebensmittelverschwendung kam ohnehin nicht infrage.

Wie sehr sich unsere Eltern für meinen Bruder und mich abgemüht hatten, verstand ich erst als Erwachsener. Sowohl mein Vater als auch meine Mutter gingen arbeiten, sonst hätte es nicht gereicht. Sie mussten zwei ewig hungrige Jungs satt bekommen. Auf den Tisch kam, was man günstig in größeren Mengen zubereiten konnte: Fischstäbchen, Pommes, Pfannkuchen, saure Leber. Die Leber war nicht so meins, alles andere aber lecker. Oft roch es schon beim Heimkommen verführerisch – ein Gefühl von Sicherheit, das man als Kind für selbstverständlich hält.

Kaum waren die Teller vollgeschaufelt, waren sie auch schon wieder leer. Wir hatten Wachstumsschübe auszugleichen, mal der eine, mal der andere. Nicht nur einmal stritten mein Bruder und ich darum, wer mehr bekam oder ob wir gleich viel hatten. Da wurde mit Argusaugen verglichen. Manchmal zählten meine Eltern die Pommes sogar ab, damit es keinen Ärger gab. So waren und sind sie: stets um Ausgleich zwischen den unterschiedlichen Brüdern bemüht. Ihre eigenen Bedürfnisse haben sie dabei ganz nach hinten gestellt. Mein Vater nahm sich oft eine kleinere Portion, meine Mutter behauptete, sie hätte »eh keinen großen Hunger«. Heute weiß ich, dass das nicht immer stimmte, sondern ein stiller Akt der Fürsorge war.

Mein Vater kam aus einer ganz anderen Welt. Er hatte bereits als Kind existenzielle Not erlebt. Nach dem Ende des Zweiten Weltkriegs floh er mit seiner Mutter und den Geschwistern aus einem Lager in Jugoslawien in Richtung Österreich, da sein Vater in Kärnten in Kriegsgefangenschaft war. Hunger war sein ständiger Begleiter. Die Deutschen waren nach Kriegsende überall verhasst, besonders in Osteuropa. Fremde Türen blieben verschlossen, Gesuche um Hilfe unbeantwortet. Dass Bauern meiner Großmutter und meinem Vater während ihrer Flucht eine kleine Gabe zusteckten, kam so gut wie nie vor. Und auch sonst gab es kaum etwas zu essen. Diese Zeit hat meinen Vater geprägt – und dafür gesorgt, dass er später sichergehen wollte, uns Kindern würde es an nichts fehlen, genau wie meine Mutter. Sie arbeitete als Chefsekretärin. Heute sagt man: Assistentin der Geschäftsleitung. Mein Vater schaffte im Dreischichtbetrieb als Schriftsetzer in einem Verlag. Was die Redaktion schrieb, druckte er mithilfe von Platten und Druckerschwärze auf Papier – ein Handwerksberuf, der meine spätere Arbeit als Journalist streifte. Dass ich irgendwann für die Zeitung schrieb, erfüllte ihn mit Stolz. Er freute sich, wenn Nachbarn ihn darauf ansprachen: »Ich hab was von deinem Sohn in der Zeitung gelesen!« Es machte mich immer sehr glücklich, wenn er solche Bemerkungen an mich weitergab. Daran merkte ich, dass meine Arbeit sichtbar war – und ein seltenes Lob von meinem Vater war ohnehin das Allergrößte.

Meine Mutter räumt den Tisch ab. Ich schaue auf die Uhr. Schon 20:34 Uhr, nun muss ich mich aber ranhalten. »Danke euch«, verabschiede ich mich von meinen Eltern, während meine Mutter den Tisch abwischt. »Grüß deinen Bruder!«, geben sie mir mit auf den Weg. Ich umarme die beiden, setze mich ins Auto, verlasse den Parkplatz und brause los. Die Straßen sind inzwischen leerer. Der Feierabendverkehr ist vorbei, die Sonne geht unter und die Ampeln werfen ihr rötliches Licht auf den Asphalt. Ganz automatisch singe ich im Duett mit dem Autoradio, irgendwas aus den Neunzigern, das ich noch auswendig kann. Zugleich behalte ich die Uhr im Blick. 20 Minuten noch, dann schließt der Supermarkt – und ich habe mich für heute noch nicht eingedeckt.

20:46 Uhr. Geschafft. Ich springe aus dem Auto und laufe der Neonbeleuchtung über dem Eingang entgegen. Die Schiebetüren öffnen sich. Früher hatten die Läden von 9 bis 18 Uhr auf, heute hagelt es schon Kritik, wenn um 21 Uhr Schluss ist. Eine Stunde später dürfte es schon sein. Der Trend lang geöffneter Geschäfte ist aus den USA zu uns rübergeschwappt, wo viele Läden niemals schließen. Wie viele Übergewichtige es dort gibt, muss ich an dieser Stelle wohl nicht erwähnen, wobei man sich natürlich auch tagsüber mit Ungesundem eindecken kann. Mit Sicherheit aber erleichtern die langen Öffnungszeiten denjenigen den Einkauf, die sich nicht trauen, tagsüber drei Flaschen Wodka zu kaufen. Das habe ich alles schon gesehen – wenn ich abends im Supermarkt unterwegs bin.

Auch ich gehöre zu dieser Konsumentengruppe, die im Blickpunkt von Marktforschern steht, um Umsätze weiter nach oben zu treiben: Menschen, die versuchen, mit Essen und Trinken emotionale Defizite zu kompensieren. Würde ich das in einen Song fassen, hieße er vielleicht »Desperation Shopper«. Nirgendwo bekommt man abgepackte Glücksversprechen günstiger als hier in den surrenden Kühlschränken und hell erleuchteten Regalen der Discounter. Auch sie sind eine Art Zuhause für mich. Ein anonymes, aber funktionales und verlässliches Zuhause.

Wie immer nehme ich mir einen der Körbe im Eingangsbereich. Anschließend ignoriere ich die Gemüse- und die Kühlabteilung, steuere direkt auf die Süßigkeitenregale zu. Weingummi, Geleebananen, Schokolade. Wunderbar. Vertraute Verpackungen. Nun noch etwas mit viel Fett, Salz und Aromastoffen. Flips oder Chips? Am besten beides. Es knistert ja so schön beim Einpacken. Trotzdem fehlt noch was. Ich schaue mich um, scanne das Regal mit den Sonderangeboten. Hm, da ist nichts Attraktives dabei. Keine neue Sorte, keine Überraschung, keine Verlockung. Also gehe ich zum Nummer-sicher-Regal mit dem Neun-Euro-Whiskey und packe eine Flasche davon ein. Das Etikett sitzt ein bisschen schief, aber egal. Ab zur Kasse. Ich lege meinen Einkauf auf das Band und versuch ihn möglichst unauffällig aussehen zu lassen, als würde ich für eine Party einkaufen. Neun-Euro-Whiskey für eine Party? Wohl eher nicht. Es fällt mir schwer, der Kassiererin in die Augen zu schauen. Etwas in mir schämt sich. Also Karte durchziehen, schnell einpacken und nichts wie weg. Schnellen Schrittes gehe ich zu meinem Auto. In der einen Hand halte ich die Plastiktüte in den Farben des Discounters, in der anderen meine Schlüssel. Draußen ist es inzwischen dunkel. Genau wie in mir.

Bei meinem Bruder angekommen, rufe ich ihm im Vorbeigehen ein »Hallo« zu und verschwinde in meinem Zimmer unter der Dachschräge. Der Beutel in meiner Hand raschelt, als wollte er sagen: »Gleich haben wir es geschafft.« Oben angekommen schließe ich die Tür, ziehe mir etwas Bequemes an und starte mein Abendprogramm. Die Routine sitzt: Licht aus, Laptop an, Streamingdienst on, Lautstärke hoch. Ich öffne eine Packung nach der anderen, reiße auf, reiße an und überlasse mich der Berieselung. Alles stopfe ich in mich hinein: die Serie und den Süßkram, nacheinander, gleichzeitig, ohne Pause. Mein Blick bleibt auf den Bildschirm gerichtet, mein Körper folgt dem inneren Befehl: füllen. Mehr ist mehr. Ich habe mir eine Belohnung verdient.

Belohnung? Nein, es geht darum, ein Loch zu stopfen. Irgendetwas fehlt, ohne dass ich genau benennen könnte, was. Also ersetze ich es für kurze Zeit durch sinnlosen Konsum. Eine Ersatzhandlung für das Gefühl tatsächlichen Vorankommens. Ich schaue meine Serie weiter. Eins haben die Personen auf dem Bildschirm und ich gemeinsam: Wir schauspielern. Jeden Tag schlüpfe ich in unterschiedliche Rollen, als Geschäftsführer, Sohn, Kumpel und Familienvater. Das gelingt mir – in der Arbeit besser, zu Hause bei meiner Frau und meinen Töchtern schlechter. Vielleicht weil es im Job klar definierte Aufgaben gibt. Was bleibt, ist die Frage: Wann bin ich eigentlich mal ich selbst und verstelle mich nicht? Und was bedeutet das eigentlich: ich selbst sein? An dieses Problem traue ich mich damals nicht heran. Ich schürfe nicht tiefer, bleibe an der sicheren Oberfläche. BUMM! In der Serie explodiert irgendetwas. Der rettende Knall, denn er übertönt die Gedanken in meinem Kopf. Allein mit meinem arbeitenden Gehirn, das ist das Schlimmste. Denn dann müsste ich mich fragen, ob ich im Leben die richtigen Entscheidungen getroffen habe. Bin ich glücklich? Oder tue ich nur so? Es muss doch Gründe dafür geben, dass ich meine Umwelt so oft ausblende, entweder durch geistige Abwesenheit oder durch einen Kopfhörer im Ohr.

Ich nehme mir die Flasche Whiskey und schütte mir ein Glas davon ein. Das erste ist immer schnell weg. Ohne Nachdenken, wie ein Reflex. Es ist schon spät und ich habe nicht mehr viel Zeit, um auf meinen Einschlafpegel zu kommen. Für das zweite Glas brauche ich ein wenig länger, was daran liegt, dass mir ein wenig schlecht ist. Ein paar Gummibärchen. Geht wieder. Das Tempo kann noch mal erhöht werden. Eine Handvoll Chips, ein Stück Schokolade. Salzig und süß, im Wechsel klappt's am besten. Ich bekomme komischerweise keine Bauchschmerzen. Die bekomme ich nie, als wüsste mein Körper, dass ich mich in einer Art Überlebensmodus befinde.

Meine Eltern waren immer für mich da, aber in meiner aktuellen Lebenssituation können sie mir nicht helfen. Wenn ich sie daheim besuche, singe ich das Klagelied vom Pendeln und meinen Problemen mit der Familie, die daraus resultieren. Doch so gerne ich ihr »Passt schon« hörte, wenn es um die Länge meines Studiums ging (17 Semester!), so rasend macht es mich nun, wo eben überhaupt nichts passt. Wenn meine Mutter Dinge zu mir sagt, wie »Das wird schon wieder«, meint sie es gut. Natürlich. Aber gut gemeint ist eben nicht immer hilfreich. Sie kann meine Situation nicht erfassen, genauso wenig wie ich selbst. Mein Leben lang hatte ich stundenlange Vorträge für all jene parat, die mich um Hilfe ersuchten. Erklärungen und Monologe. Doch von diesen guten Ratschlägen möchte ich jetzt nichts mehr wissen. Nun, wo ich selbst betroffen bin, will ich einfach nur hören, wie arm ich dran bin. Dass ich das größte Päckchen von allen zu tragen habe. Ich will bemitleidet werden, wie ein Kind, das weinend aus der Schule kommt. Und weil das nicht klappt, kehre ich die Gefühle unter den Konsumteppich.

Ich verstecke mich vor mir selbst und dabei hilft eine Handvoll Weingummi. Die Tüte ist leer, ich lasse sie in meiner Jackentasche verschwinden. Den Müll werde ich am nächsten Tag in einer öffentlichen Tonne entsorgen, wie immer. So sieht mein Bruder nicht, was ich hier abends alles verdrücke – und so muss auch ich mir nichts eingestehen. Müll weg, Probleme weg. Ich lege mich hin und starre die Dachschräge an. Zähle die Rillen im Holz. Morgen werde ich meine Eltern nicht besuchen, morgen gibt's Burger und Pommes. Man gönnt sich ja sonst nichts. Oh, Moment. Ich richte mich noch einmal auf, greife nach meinem Glas und nehme den letzten großen Schluck Whiskey. Danach wieder aufs Bett, Blick nach oben. Mein Körper wird schwer, mein Kopf immer leichter. Die Dachschräge verschwimmt. Meine Gedanken verblassen wie alte Fotos. Für heute reicht es. Ich bin satt.

2

GEFÜHLE AUF ZWÖLF ZOLL

Ich war schon immer der Exot in meiner Familie gewesen. Durchaus sportbegeistert (Fußball, später Tennis), aber oft in eigenen Sphären unterwegs. Am liebsten vertiefte ich mich in ein Buch und knipste die Außenwelt aus. Während andere Kinder draußen Fahrrad fuhren oder Klingelstreiche spielten, saß ich auf dem Bett und tauchte in fremde Traumwelten ein. Mein Vater hatte für solche Egotrips einfach keine Zeit, mein Bruder wollte Action. Manchmal fetzten wir uns, weil er mit mir spielen wollte, ich aber süchtig nach dem Lesestoff war. »Nur noch ein paar Seiten« – zur Not auch nachts mit der Taschenlampe.

Oder auf Familienfeiern. Entweder schmuggelte ich ein Buch von zu Hause ein, mit dem ich mich in eine Ecke oder ins Gästezimmer verkriechen konnte. Oder ich durchstöberte die Bücherregale meiner Verwandtschaft, um mich mit Lesematerial zu versorgen. So entdeckte ich zum Beispiel, dass einer meiner Onkel eine umfangreiche Karl-May-Sammlung besaß, und sogar bereit war, mir die Schinken auszuleihen. Winnetou, Old Shatterhand, Kara Ben Nemsi: Was war mein Alltag schon gegen deren Abenteuer! An den Gesprächen der Familie zeigte ich kaum Interesse, was mir recht früh den Ruf als schwarzes Schaf einbrachte. Ich meinte es nie böse, ich hatte bloß keine Zeit. Die Helden aus meinen Büchern waren spannender als die traute Runde, und mir erschloss sich nicht, warum ich mehr Zeit mit echten Menschen verbringen sollte. Meine Eltern zwangen mich zu gar nichts, dafür war ich ihnen dankbar.

Aber es muss schwierig gewesen sein, ihren verträumten und wenig kommunikativen Sohn zu verteidigen. Sie taten es trotzdem, und sie tun es immer noch. Rap-Songs im Auto und im Internet? Ihr könnt euch vorstellen, was sie sich dazu womöglich anhören müssen …

Denke ich über meine Mutter nach, steigt mir auch mit Anfang 60 noch das Wasser in die Augen. Sie ist ein herzensguter Mensch und liebt es, sich um andere zu kümmern, das ist auch jetzt noch so, mit über 80 – ob um ihre Familie, ihre Freundinnen oder Nachbarn in Not. Ihr großes Vorbild in jungen Jahren war der »Urwalddoktor« und Friedensnobelpreisträger Albert Schweitzer, der 1913 eine Krankenstation in Zentralafrika gründete. Seine Mischung aus Glauben, Einsatz und Aufopferung hat sie beeindruckt, und sie hat sich diesen Geist ohne viel Aufhebens zu eigen gemacht. Wer im Umfeld meiner Mutter in eine Notsituation gerät oder sonst irgendwie Hilfe benötigt, kann sich auf sie verlassen. Ob Blumen gießen, Zuhören, Einkaufstouren oder Besuche im Krankenhaus: Sie ist da. Über ihre eigenen Probleme hingegen spricht sie kaum. So ist das bei uns. Kinder bleiben Kinder und sollen nicht mit den Sorgen der Eltern belastet werden. »Passt schon.« Zwei Worte, die viel bedeuten können – Schutz, Trost, aber auch das stille Ignorieren eines Schmerzes. Ich habe meine Mutter diese Worte oft sagen hören, doch heute weiß ich, dass auch sie manchmal Hilfe gebraucht hätte. Wir Schwaben blicken offenbar lieber nach vorn, nach links oder nach rechts, statt uns mit der Mitte oder mit der Vergangenheit zu beschäftigen. Auch deshalb bitte ich meine Eltern heute an jedem Kaffeenachmittag darum, mir unbedingt Bescheid zu geben, falls mal etwas Ernstes sein sollte.

Ein sonderlich auffälliger Jugendlicher war ich nicht, eher im Gegenteil. Ich eckte selten an und kam in der Schule gut klar, auch wenn ich für Mathe eine Nachhilfelehrerin an die Grenzen ihrer Geduld brachte. Ich kann mich auch nicht daran erinnern, groß pubertiert zu haben. Kein Türenknallen, kein Drama – meine Eltern haben sich jedenfalls nie beschwert. Aber wie gesagt: Das taten sie ohnehin nicht. Vielleicht verbergen sich ihre Erinnerungen an meine Pubertät auch unter einem Schleier schwäbischer Gelassenheit und elterlicher Milde.

Was ich allerdings schon immer hatte, ist mein Hang zum Extrovertierten und zu Soloauftritten. Anders ausgedrückt: Ich war einer der Klassenclowns, zwar nicht von der lauten Sorte, aber immer für eine Pointe gut. Ein bisschen Gelächter und Applaus zwischen den ganzen Unterrichtsstunden – das gefiel mir. Wohl auch deshalb sang ich mit 16 in meiner ersten Band. Der Name ist mir entfallen – vielleicht zum Glück –, aber einer der ersten Songs, die ich je zum Besten gab, war »Schifoan« von Wolfgang Ambros. Eine Skifahrerhymne, trotz meiner heftigen Abneigung gegen den Kalte-Füße-Sport. Ich hatte ein paar Kinderskikurse und Aus-dem-Schlepplift-Purzeln hinter mir und kein Interesse daran, das je zu wiederholen. Der Song hingegen kam tierisch gut an. Es bereitete mir keine Probleme und damit viel Spaß, den Dialekt des österreichischen Liedermachers zu imitieren. Später, als Wolfgang Niedeckens BAP die deutschen Charts stürmte, hatte ich dasselbe Erlebnis mit dem Kölner Dialekt. Mit Inbrunst sang ich Songs wie »Verdamp lang her« oder »Waschsalon« und fand es großartig, genau wie die Leute vor der Bühne. Nicht, weil ich so eine tolle Gesangstechnik gehabt hätte, sondern weil ich mir für nichts zu schade war. Ich schlüpfte in die Rolle berühmter Musiker und blieb dabei trotzdem ich selbst.

Mein geheimer Herzenswunsch war es, richtig gut Gitarre spielen zu können. Ich sah mich am Lagerfeuer sitzen, umringt von Mädchen, die andächtig meiner Performance lauschten. Doch diese Form des Multitaskings, gleichzeitig die Finger zu sortieren, die Saiten zu treffen und halbwegs im Takt zu bleiben, hatte ich einfach nicht drauf. Es gelang mir gerade so, ein paar Akkorde zu Bob-Dylan-Texten zu schrammeln. »Blowin' In The Wind«, »Knockin' On Heaven's Door« – die üblichen Verdächtigen eben. Damit hörte es aber auch schon auf und zum Glück meistens keiner zu. Eigentlich wäre ich sowieso lieber Sologitarrist geworden, aber man muss seine Grenzen kennen. Das tat ich spätestens, als ich die erste Led-Zeppelin-Platte in die Finger bekam und hörte, wie deren Gitarrist Jimmy Page spielte.

Noten lesen konnte und kann ich eh nicht. Die kryptischen Zeichenfolgen schienen mir damals ein nicht zu knackender Code zu sein. Kein Wunder, denn für einen Mathe-Ignoranten wie mich war Musiktheorie viel zu logisch aufgebaut. Alles hatte Regeln, Struktur, eine logische Ordnung, und das machte mir Sorgen. Theorie pauken? Nachdenken? Bloß nicht! Lieber einfach loslegen und aufs Rampenlicht hoffen. Ich war kein Techniker, sondern improvisierte. So musste ich weder ein teures Instrument anschaffen, noch verbrachte ich viele Stunden mit langatmigen Übungen, die mich an Ergotherapie erinnerten. Ich sang einfach, und das kam überraschend gut an. Manchmal ist gesunde Selbstüberschätzung mehr wert als jede einstudierte Tonleiter.

Musik, das war und ist für mich reines Bauchgefühl, pure Emotion. Diese Leidenschaft entlud sich schon sehr früh im exzessiven Kauf von Schallplatten. Ausgesucht ebenfalls nach, ihr ahnt es schon, reinem Bauchgefühl. Es gab ja, kaum zu glauben, kein Internet (OMG), man musste sich im Plattenladen entscheiden, wenn man keine Musikmagazine las. Jede LP war eine Reise ins Unbekannte – und manchmal bog ich auch falsch ab.

Um meine Leidenschaft finanzieren zu können, fing ich schon während der Schulzeit an zu jobben. Meine erste Stelle hatte ich bei einer Fast-Food-Kette. Ein Traumjob zwischen Grill, Fritteuse und Kassenschalter – zumindest in meiner verklärten Erinnerung. Jeden Abend roch ich nach altem Fett, dafür durften wir uns nach Lust und Laune in der Küche bedienen. So brutzelten wir uns in der Mittagspause fünf Patties, stapelten sie übereinander und ertränkten sie in Soße. Den Salat ließen wir natürlich weg – Vitamine waren etwas für Erwachsene – und erfanden so den XXXXXL-Burger. Heute ist so was nicht mehr denkbar, schon aus versicherungstechnischen Gründen. Doch damals konnte ich tagtäglich neue Kalorienrekorde aufstellen.

Was das Finanzielle betraf, hatten meine Mitschüler es einfacher. Sie kamen größtenteils aus wohlhabenden Familien. Neben Daimler war IBM der zweite große Arbeitgeber in der Region. Beide zogen entsprechend gut bezahlte Fachkräfte an. Ingenieure, Technikexperten, Projektleiter – Berufe mit gutem Gehalt und großem Dienstwagen. Ich kann mich nicht daran erinnern, dass meine Mitschüler mit dem Reichtum ihrer Familien geprahlt hätten, aber die Unterschiede waren offensichtlich. Während mein Bruder alte Shirts und Hosen von mir auftrug, kamen andere in täglich wechselnden Markenklamotten zum Unterricht. Nie zu auffällig, aber immer neu. Noch ein Beispiel gefällig? Die Eltern meines besten Freundes, Vater IBM-Manager, hatten einen eigenen Billardtisch zu Hause, an dem ich ganze Tage verbrachte. Ich war fasziniert vom Spiel, aber auch davon, dass es Familien gab, die sich einen solchen Tisch und den Platz dafür leisten konnten. Bei uns zu Hause war fast jeder Quadratmeter durch die funktionalen Dinge des Lebens belegt.

Bei besagter Fast-Food-Kette verdiente ich für meine knapp 17 Jahre gutes Geld, brachte es an den Wochenenden allerdings gleich wieder unter die Leute – oder besser gesagt: unter die Nadel. Es gab damals drei Plattenläden auf der Königsstraße in Stuttgart, der Shopping-Flaniermeile schlechthin: einen am Anfang, einen in der Mitte und einen am Ende. Ich klapperte sie alle ab, bewaffnet unter anderem mit Tipps, die ich von Freunden erhalten hatte. Stundenlang durchforstete ich die nach Genre und Alphabet sortieren LP-Reihen und trug meine Errungenschaften anschließend stolz nach Hause. An eine davon erinnere ich mich besonders: das Album »Breakfast in America« von Supertramp. Allein das Cover mit der Flugbegleiterin vor einer Skyline aus Frühstückszubehör – ich musste diese Scheibe haben. Ich hörte sie unzählige Male – und sang auch die Texte mit, die im Innenteil abgedruckt waren. So handhabte ich es mit vielen weiteren LPs – ein Ritual, das zwei Vorteile hatte: Zum einen hatte ich großen Spaß daran, zum anderen lernte ich Englisch. Nicht aus dem Lehrbuch, sondern aus dem Gefühl heraus. Bis heute kann ich viele Hits meiner Jugendzeit mitsingen, Wort für Wort, Ton für Ton. Manche Lyrics haben sich tiefer in mein Gedächtnis gebrannt als Telefonnummern – oder Geburtstage.

Besonders angetan war ich von farbigen Schallplatten. Damals erschienen allerhand Sondereditionen auf buntem Vinyl, und jede einzelne schien eine kleine Sensation zu sein. Diese Platten versprachen nicht nur Sound, sie sorgten bereits für Stimmung, ehe man sie gehört hatte. Sonnengelb für den Sommer, tiefes Violett wie der Nachthimmel – mein Bauch sagte zu allem: »Das brauche ich!« Wenn mir durchs Schaufenster eine farbige LP entgegenstrahlte, konnte ich kaum widerstehen. Ganz in Blau gab es zum Beispiel das Kultalbum »Wish You Were Here« von Pink Floyd. Den Titeltrack kann ich bis heute auswendig mitsingen, weil wir das früher am Lagerfeuer schon so machten. Ja, ich war auch mal bei den Pfadfindern! Auch meine erste Rap-Platte kam in Farbe: die Maxi-Single »The Message« von Grandmaster Flash & The Furious Five. Damals hatte ich noch keine Vorstellung davon, wie revolutionär dieser Track war – und wie wichtig Rap mehr als 30 Jahre später in meinen Auto-Karaokevideos werden würde. Meine Plattensammlung wuchs und wuchs an allen stilistischen Ecken – genau wie mein Repertoire als Sänger. Rock, Pop, Rap, Folk: Ich war nie treu, aber immer mit Leidenschaft dabei. Jede Platte war für mich wie ein neuer Freund, ein neuer Soundtrack, ein neues Kapitel meines Lebens.

Auch für Humor – heute würde man Comedy sagen – hatte ich ein Faible, besonders für Otto Waalkes. Die Weltsicht des ostfriesischen Herumzapplers fand ich beeindruckend. Schon als Jugendlicher merkte ich, dass er anders war als viele andere. Er war nicht der Typ, der auf der Bühne mit dem Finger auf Mitmenschen zeigte – vielmehr stellte er sich augenzwinkernd daneben, beschrieb das Geschehen mit seinem schrägen Blick und zog es liebevoll durch den Kakao. Er machte sich nicht über Menschen lustig, sondern mit ihnen – und im Zweifel auch über sich selbst. Es war das Gleichgewicht aus Witz, Selbstironie und Wärme, das mich faszinierte: die Fähigkeit, Menschen zum Lachen zu bringen, ohne sie bloßzustellen. Als Journalist versuchte ich, diese Betrachtungsweise auf meine Glossen und Kommentare zu übertragen. Ich wollte kein lauter Besserwisser sein, sondern Dinge mit Freude, Neugier und einem Schmunzeln auf den Punkt bringen. Uwe Baltner, der über den Dingen schwebt, sie dabei auf lustige Weise erklärt – und im besten Fall für ein kleines Lächeln bei den Lesern sorgt. Da sah ich mich.

In der Schule war ich niemand, der das Heft in der Hand gehabt hätte. Ich war zum Beispiel kein Mannschaftssportler. Meine Mitschüler hingegen kamen zu großen Teilen aus dem Böblinger Umland, wo Sportvereine der soziale Kleber sind, der ganze Dorfgemeinschaften zusammenhält – das Zentrum jedes Festes, jeder Freizeitgestaltung, jeder Zugehörigkeit. Man kennt sich, man hilft sich – und beim Fußballtraining entstanden Bande, die sich bis in die Schule erstreckten. Mich hat das alles nie interessiert, weder der sportliche Aspekt noch die obligatorischen Kneipenbesuche. Heute bedaure ich das, weil mir sicher viele wertvolle Bekanntschaften entgangen sind.

Ebenfalls nicht meine Welt waren die Popper an unserer Schule, mit ihren glatt gekämmten Haartollen, den hochgestellten Polohemdkragen und akkuraten Bundfaltenhosen. Das wirkte mir zu geschniegelt, zu abgestimmt, zu uniform im Bestreben, sich abzuheben. Punk als Stilrevolution begeisterte mich dagegen umso mehr, nicht nur wegen der Musik, sondern vor allem wegen der dahinterstehenden Haltung. Ich kaufte mir auf dem Flohmarkt einen altersteifen grünen Ledermantel, der mir fünf Nummern zu groß war, und bepflasterte ihn mit Buttons: »Anarchy«, »Dead Kennedys«, »Never Mind The Bollocks«, dazu »Atomkraft, nein danke!« und natürlich »No Future!«. Floskeln, deren Bedeutung ich nicht verstand – bestenfalls bruchstückhaft. Genauso wenig, wie ich genau wusste, warum ich gegen Franz-Josef Strauß und seine Politik war. Irgendwas mit Konservatismus, Bayern, Machtgehabe – das reichte schon. Einige Freunde von mir produzierten ihre eigenen Punkplatten und Fanzines, schnitten Collagen aus Zeitschriften, bastelten Texte mit Schreibmaschine und Tipp-Ex zusammen. Es war wild, selbst gemacht, Anti-alles – das faszinierte mich.

Mit anderen Mitschülern führte ich politische Diskussionen auf Teppichkanten-Niveau, gern und oft. Viel Meinung, wenig Substanz, aber das war auch nicht der Punkt. Dagegen sein, das war irgendwie mein Ding. Ich hatte eine große Klappe und Spaß daran, mich von den reichen Wohlstand-Teens um mich herum abzugrenzen – vielleicht auch aus Neid, denn man möchte ja vor allem dann nicht dazugehören, wenn man es ohnehin nicht kann.

Etwas später bemerkte ich zum ersten Mal, wie sich mit Musik Schranken überwinden lassen. Obwohl wir in der Schule nichts miteinander zu tun hatten, stieg einer der Popper aus meiner Klasse in unsere Band ein. Vorher hatte ich ihn noch der unliebsamen Haartollenfraktion zugeordnet, nun jammten wir zusammen. Er spielte Saxofon, ich übte singen. Woche für Woche schmiss jeder von uns die Songs in die Runde, auf die er gerade Lust hatte, und los ging es. Mal war es Blues, mal war es Punk, mal irgendetwas ganz anderes. Das Equipment fiel sehr amateurhaft aus. Vintageverstärker mit abgewetzten Ecken, ein Schlagzeug mit alten Fellen von unterschiedlichen Herstellern und ein leicht schief stehender Mikroständer, der sich nur kurzzeitig feststellen ließ, waren die Ausrüstung, mit der wir uns begnügen mussten. Doch mehr brauchte es nicht und wir hatten großen Spaß bei der Sache. Der hellblaue Pulli des Poppers und mein grüner Ledermantel hingen an der Garderobe nebeneinander – und es war okay. Mehr noch: Es war ein Zeichen dafür, dass Unterschiede keine Rolle mehr spielen, wenn man gemeinsam Musik macht.

Das fasziniert mich immer wieder: Musik gibt es auf der ganzen Welt, und zwar seit vielen Jahrtausenden. Menschen singen, klatschen, trommeln und flöten, überall auf dem Planeten und in allen Kulturkreisen. Ein Rhythmus oder eine Melodie können – egal wo – emotional erfahren werden. Dazu müssen die Hörerinnen und Hörer weder reich sein noch studiert haben. Man könnte sagen: Es gibt zwar sehr unterschiedliche Formen, Stile und Ausprägungen, aber vor der Musik an sich sind wir alle gleich. Gänsehaut bleibt Gänsehaut. Mit Musik können wir uns an unser erstes Konzert erinnern, eine alte Liebe, eine Fahrt in den Urlaub. Oder an Verstorbene, denen vielleicht ein bestimmter Song besonders wichtig war. Musik kann Hoffnung geben, Trost spenden und einfach nur für drei Minuten die Welt anhalten. Wenn wir Musik hören, die wir schön finden, schüttet unser Körper Dopamin aus – als würden wir Schokolade essen. Musik schafft Gemeinschaft, ob Strawinsky oder Ski Aggu. Töne verbinden mehr als tausend Argumente – oder: Reden ist Silber, Singen ist Gold.

So gerne ich Dinge bloß von außen betrachte statt von innen – beim Singen bin ich ganz bei mir. In meiner Mitte. Keine Filter, kein Zweifel. Das gilt fürs Auto-Karaoke genauso wie für den Alltag. Wenn meine Laune in den Keller sinkt, pfeife ich oft die Titelmelodie des Filmklassikers *Die Ferien des Monsieur Hulot* (Regie: Jacques Tati). Oder »Spread A Little Happiness« von Sting. Früher war auch noch »Don't Worry Be Happy« von Bobby McFerrin dabei, aber das wurde selbst mir irgendwann zu platt. Das Prinzip hingegen funktioniert immer: Wenn ich singe, geht es mir besser. Genauso wie sich die Laune hebt, wenn wir lächeln, obwohl uns nicht danach ist. Der Körper kennt seine Tricks, und die Seele greift dankbar danach. Für mich ist Singen ein innerer Reset-Knopf, ein sanftes Lüften im Oberstübchen. Mit etwas Musik kommt der Tag in den Takt.

Dass Singen glücklich macht, liegt wohl auch daran, dass man mit Musik ausdrücken kann, was sich schlecht in Worte fassen lässt. Töne treffen schneller ins Herz als Sätze. Wir Schwaben haben durch unsere nach vorn gerichtete Art nicht den besten Zugang zu unseren Gefühlen – zumindest nicht, wenn es um ihre offene Darlegung geht. Selbst wenn man Emotionen empfindet, muss man sie ja nicht gleich vor sich hertragen. »Ich liebe dich« übersetzt der Schwob mit »I mog di«, was eher nach solidem Einverständnis klingt als nach leidenschaftlichem Geständnis. Bei uns ist vieles halt wie es ist und es wird nicht lange gefackelt oder nach großen Begründungen gesucht. »Passt schon«, ihr erinnert euch? Zwei Worte als Weltbild. Vielleicht ist die Musik für mich deshalb Offenbarung meiner Gefühle – weil sie mir erlaubt, laut auszusprechen, was ich sonst vielleicht nur andeute oder ganz für mich behalte. Wenn ich Freddie Mercury beim Queen-Konzert im Wembley-Stadion die ersten Zeilen von »Bohemian Rhapsody« singen höre, bin ich mir dessen sogar sicher. Da ist einfach alles drin: Sehnsucht, Zweifel, Schmerz, Hoffnung. Mercurys unfassbare Energie überträgt sich sofort auf seine Hörer. In solchen Momenten weiß ich: Musik sagt manchmal mehr über mich, als ich selbst es je könnte.

3

SINGING IN MY CAR

Montag, 26. November 2018, abends. Ich verabschiede mich von meinen Kollegen im Büro. Es ist schon nach 18 Uhr, daher sind nicht mehr viele da. Nur vereinzelt leuchten hier und dort ein paar Bildschirme. Der Tag war unspektakulär. Ein paar Mails, ein paar Meetings. Routine, wenn man lange genug im selben Job ist. Ich nehme meine Notebooktasche. Sie hat ein paar Kratzer im Leder, die darauf hindeuten, dass heute nicht ihr erster Tag an meiner Seite war. Ein treuer Begleiter durch viele Konferenzen, Präsentationen und Pendelfahrten. Ich gehe hinaus und schließe die Bürotür. Der Riegel schnappt ein – ein vertrautes Geräusch. Schon während ich die Treppe zum Ausgang hinunterlaufe, pfeife ich fröhlich.

Mein Wagen steht unten im Hof. Die tief hängenden Wolken färben alles grau, und eine feine Nässe liegt in der Luft – als könne sich der Himmel nicht entscheiden, ob es heute noch einmal regnen soll. Vereinzelt kleben Blätter auf dem Boden. Ein Windstoß, der den Geruch von feuchtem Laub aufwirbelt. Ich ziehe den Reißverschluss meiner Jacke höher. Herbstwetter, wie man es nicht vermisst – der Sommer ist mir lieber.

Ich gehe zu meinem Auto und schließe den Wagen auf. Er steht ein wenig schief auf dem Parkplatz, heute Morgen musste es schnell gehen. Ich werfe das Sakko auf den Rücksitz. Dort liegen drei Hoodies in Gelb, Blau und Schwarz. Nach kurzer Überlegung nehme ich den blauen, schlüpfe rein und klettere dann auf den Fahrersitz. Tief durchatmen. Hier drin ist es noch kälter als draußen. Die Scheiben sind leicht beschlagen. Ich lege die Tasche auf den Beifahrersitz, schnalle mich an und starte voller Vorfreude den Motor. Sofort schalte ich die Heizung ein. Hoffentlich wird es schnell warm. Es kann losgehen. Ich möchte wieder zum Supermarkt.

Während ich vom Parkplatz rolle, habe ich schon den Text von »The Times They Are A-Changin'« im Kopf, einem meiner Bob-Dylan-Favoriten – von mir lange unterschätzt, heute eine unverzichtbare Quelle von Freude und Inspiration. Ich denke an meine früheren kläglichen Versuche, mich auf der Gitarre zu begleiten, und muss grinsen. Viel gewollt, wenig gekonnt. Die Straßenlaternen spiegeln sich in den Pfützen und ziehen an mir vorbei. Wie Wächter in der Dunkelheit stehen sie in regelmäßigen Abständen am Wegesrand. Manche von ihnen flackern.

Da ist es wieder, das Neonlicht des Discounters, mein Leuchtturm in der Dunkelheit. Ich bremse ein wenig ab, setze den Blinker nach links und biege auf den Parkplatz ein, der um diese Uhrzeit nur spärlich gefüllt ist. Die meisten Kunden sind wohl längst zu Hause beim Abendessen oder sitzen auf dem Sofa. Zwischen zwei vom Regen gezeichneten weißen Linien stelle ich das Auto ab und schalte den Motor aus. Die Arme meines Scheibenwischers kommen zur Ruhe, ein einsamer Tropfen gleitet über die frisch gewischte Scheibe. Ich lächle. Heute verschwende ich keinen Gedanken an die leckeren Verlockungen hinter den Schiebetüren – denn man kann nicht gleichzeitig essen und singen.

Ich nehme mein Smartphone und stecke es in die Halterung an meiner Windschutzscheibe. Das ist inzwischen wie ein Ritual für mich: Ich justiere den Winkel, werfe einen letzten prüfenden Blick aufs Display. Mein kleiner Bühnenaufbau. Der Gurt sitzt. Auf dem Beifahrersitz stapeln sich die Caps. Ich nehme die mit dem großen »B« und setze sie auf. Ein Räuspern, ein Schulterlockern. Dann geht's los. Ich drücke auf den roten Punkt, um die Videoaufnahme zu starten. Anschließend lasse ich den Song im Autoradio anlaufen.

Der Text passte damals, er passt heute, er wird in Zukunft wohl noch besser passen. Nicht nur, weil das Bild des steigenden Wassers heute sofort an die Klimakrise denken lässt: »Come gather 'round people / Wherever you roam / And admit that the waters / Around you have grown«. Ich verziehe das Gesicht. Mist. Der letzte Ton war schief. Ich starte die Aufnahme und den Song noch einmal. »Come gather 'round people ...«. Klopf, klopf. Ich zucke zusammen, als hätte mir jemand in meine Gedanken gegriffen, und stoppe die Aufnahme. Es dauert einen Moment, bis ich realisiere, was los ist. Ein Mann, vielleicht Ende 60, Anfang 70 steht an meinem Autofenster und möchte etwas von mir. Ich lasse mein Fenster nach unten fahren, kalte Luft strömt herein. Der Mann mustert mich streng, wie ein Lehrer, der einen Schüler beim Kaugummikauen erwischt hat. Ich schaue ihn an. »Ja bitte?«

Der Mann wirkt missgelaunt. Seine Augenbrauen sind zu einem buschigen V zusammengezogen. »Was soll das denn hier?«, raunzt er mich an. »Müssen Sie hier so laut sein?« Seine Worte treffen mich unvorbereitet. Verdutzt schaue ich ihn an.

»Nein, natürlich nicht«, antworte ich, nicht zu offensiv, aber auch nicht zu defensiv. »Wieso, störe ich Sie denn?« Ich bemerke eine leichte Anspannung in meinem Körper.

»Ja, es nervt. Machen Sie das doch woanders!« Er bleibt unfreundlich, wird aber nicht laut. Eher wie jemand, der sich in den Dienst der allgemeinen Ordnung gestellt hat und gerne einen Strafzettel verteilen würde.

Noch immer schaue ich verwundert. Dann lasse ich meinen Körper locker, lächle den Mann an und sage: »Kein Problem, ich suche mir einen anderen Platz.«

Beinahe enttäuscht darüber, dass ich nicht in die Konfrontation gegangen bin, zieht der missgelaunte Mann wortlos ab. Im Rückspiegel beobachte ich, wie er mit schwerem Schritt den Discounter betritt, als würde er mehr mit sich herumtragen als er zeigen möchte. Warum er sich wohl an meinem Gesang gestört hat?

Ich löse mein Smartphone aus der Halterung und lege es auf den Beifahrersitz neben meine Tasche, die dadurch leicht zur Seite kippt. Suche ich mir für heute halt ein anderes Plätzchen, denke ich, während ich den Blick noch einmal in Richtung Schiebetür schweifen lasse. Ich starte den Motor, die warme Heizungsluft streift meine Finger. Dann setze ich zurück und verlasse den Parkplatz. Es ist schwer zu glauben, wie viele Menschen sich selbst im Weg stehen. Wie kann man sich denn ernsthaft daran stören, dass jemand irgendwo vor einem Discounter im Auto singt? Ich meine: Ich blockiere keinen Weg, drehe noch nicht einmal die Musik besonders laut auf. Es ist ja nicht so, als würde ich mit Subwoofern und Lichtshow anrücken. Außerdem ist niemand dazu gezwungen, sich länger als nötig auf einem Supermarktparkplatz aufzuhalten. Es muss also etwas anderes sein.

Vielleicht hat sich der Mann, der an meine Scheibe geklopft hat, noch nie erlaubt, etwas Verrücktes zu tun? Vielleicht hat er ein Leben geführt, das von Pflicht und Konventionen geprägt war, ohne Platz für Spielereien. Womöglich sogar einen Existenzkampf. Da kann es schon bedrohlich wirken, wenn ein erwachsener Mann im Auto lautstark tut, wonach ihm gerade der Sinn steht. Ich werde den Gedanken gleich wieder verwerfen, aber er beschäftigt mich kurz. Eigentlich sollte es mir völlig egal sein. Was interessiert mich die Meinung eines völlig Fremden, der weder mich noch mein Leben kennt? Trotzdem: Ich wundere mich.

Ein paar Minuten später. Durch die Windschutzscheibe sehe ich die Leuchtreklame einer Tankstelle. In großen Lettern scheint der Markenname durch den Nieselregen. Ich blinzele, weil die Regentropfen auf der Scheibe das Licht brechen. Hier ist es perfekt. An Tankstellen ist es meistens sowieso etwas lauter. Durchfahrende Autos, das Surren der Zapfsäulen, Gespräche, Musik. Hier wird mich niemand stören. Ich bremse ab, setze wieder den Blinker, diesmal nach rechts, und biege auf den Tankstellenhof ein. Neben der Waschanlage ist bestimmt ein guter Platz. Ich parke, schalte den Motor ab und lasse meine Hände einen Moment lang auf dem Lenkrad ruhen. Ich beobachte einen Daimler, der gerade von oben bis unten sauber geschubbert wird. Wie hypnotische Spiralen drehen sich die großen Bürsten. Schon verrückt. Kein Bundesland ist autoverrückter als Baden-Württemberg. Manche hier behandeln ihren Pkw besser als ihr Haustier. Und ausgerechnet hier soll man im Auto keinen Spaß haben dürfen?

Ich nehme das Smartphone vom Beifahrersitz und stecke es wieder in die Halterung an der Windschutzscheibe. Sie ist schon ein bisschen ausgeleiert, weil sie seit einigen Wochen täglich benutzt wird. Ich räuspere mich und nehme einen Schluck aus der Thermoskanne, die ich mit im Büro hatte. Kräutertee, nur noch lauwarm, dafür gut für die Stimme. Dann öffne ich meine Kamera-App, überprüfe den Bildschirm und drücke noch einmal den roten Punkt für die Videoaufnahme. Den Song starte ich nun zum dritten Mal. Diesmal funktioniert alles perfekt. Der Text sitzt, ich bin im Rhythmus und auch mit der Atmung komme ich gut klar. Ich sehe mich selbst auf dem Display, wie ich singe und dabei doch recht ernst in die Kamera blicke. Die Energie ist da, aber am Lächeln muss ich noch arbeiten, fürchte ich. Dafür schmunzele ich innerlich, weil mir kurz bewusst wird, wie absurd es eigentlich ist, was ich hier mache. Ein Mann Mitte 50, im Halbdunkel des Tankstellenhofs, der lauthals singt und sich dabei filmt. Doch ich weiß: Das hier ist kein Getue, das ist echt. Den meisten dient das Auto als Fortbewegungsmittel, manche sehen es als Statussymbol. Für mich ist es ein Ort, an dem ich tun und lassen kann, was ich möchte.

Die letzte Zeile. Ich halte kurz inne und lasse die letzten Töne nachklingen. Fertig. Ich drücke auf den Stopp-Button und öffne Instagram. Auch hier bin ich inzwischen ein Routinier: alles wegschneiden, was kein Gesang ist, dazu ein Filter und zack, ab in die Entwürfe mit dem Video. Der eigentliche Upload kommt später und dauert etwa eine Minute. Meistens poste ich abends gegen

21 Uhr oder nachts gegen 3 Uhr, um die US-Fans zu erreichen. Ich beobachte immer, wie die ersten Likes eintrudeln und versuche einzuschätzen, wie gut der Song ankommen wird. Bob Dylan ist kein Renner, hat aber treue Anhänger, die sich über meine Auswahl freuen – aus Deutschland, Frankreich, Großbritannien und natürlich aus den Staaten. Menschen, die ich noch nie getroffen habe, die vielleicht noch nicht einmal meine Sprache sprechen, reagieren auf das, was ich tue.

Als ich fertig bin, lehne ich mich für ein paar Sekunden zurück und nehme mir vor, das Lächeln beim Singen zu üben. Wenn ich nicht singe, kann ich es doch auch. Dann lege ich das Smartphone auf den Beifahrersitz, starte den Motor und verlasse den Tankstellenhof. Ab nach Hause. Dabei singe ich noch einmal »The Times They Are A-Changin'« – mit dieser leichten Erregung im Herzen, die man nur spürt, wenn man sich gerade ein bisschen selbst übertroffen hat.

Zu Hause angekommen, parke ich das Auto in unserer Einfahrt. Ich schnalle mich ab, nehme mein Smartphone und meine Notebooktasche und steige aus. Schon bevor ich die Haustür aufschließen kann, bellt es laut von drinnen. Unser Labradorduo, bestehend aus Mutter und Sohn, hört am Wagengeräusch, wer da kommt. »Hallo«, rufe ich, während ich die Hunde kraule. »Hallo, ich bin oben!«, ruft Birgit aus dem ersten Stock. Ihre Stimme ist das Einzige, das schöner klingt als jeder Song der Welt.

Ich ziehe meine Jacke aus, wische kurz die gröbsten Regentropfen ab und hänge sie an der Garderobe auf. Die Schuhe stelle ich in den Schuhschrank und steige auf meine Pantoffeln um. Sie sind etwas ausgebeult, aber genau deshalb so bequem.

Birgit kommt die Treppe herunter, und wir begrüßen uns. »Was gibt's zum Abendessen?«, frage ich sie. Allein der Duft im Hausflur lässt mir das Wasser im Mund zusammenlaufen. »Spaghetti Jardin«, antwortet Birgit. Ich verlängere die Vorfreude, indem ich mich umziehe und den Arbeitstag von mir abwasche. Dazu riskiere ich einen Blick aufs Smartphone: Der Song, den ich vor anderthalb Wochen gepostet habe, lief besonders gut: »Basket Case« von den US-Pop-Punks Green Day, ein Stück, das ich schon mit meinen Bands gespielt habe. Ich beantworte ein paar Kommentare, dann geht's zum Essen an unseren Eichentisch im Wohnzimmer. »Und, wie war dein Tag?«, möchte Birgit von mir wissen, während ich mir eine Portion Nudeln mit Zucchini, Tomaten und Pinienkernen auf den Teller löffele.

»Ach, nichts Besonderes«, entgegne ich und nehme meine Gabel. »Ein paar Mails, ein paar Meetings.«

Während ich von meinem Tag erzähle, höre ich mich reden, aber meine Gedanken sind woanders – bei meinen Videos und meinem Instagram-Account. Sind neue Follower dazugekommen? Vielleicht sogar mehr als hundert? Ich kann es kaum erwarten, das Smartphone noch einmal rauszuholen, doch das muss jetzt warten. Ich werde erst später im Bett wieder nachschauen, wenn ich ungestört bin. Es ist November 2018 – und Birgit weiß nichts von meinem neuen Hobby. Noch nicht.

4

DIRECTOR'S CUT

Als es ans Studieren ging, entschied ich mich für die Fächer Germanistik und Geschichte. Geisteswissenschaften, das galt damals als brotlose Kunst. Mir wurde bei der Beratung auf dem Arbeitsamt (heute: Arbeitsagentur) eine Karriere als Taxifahrer vorhergesagt. Warum nicht BWL? Oder Maschinenbau? Stattdessen ein Studium, bei dem sich jeder fragt: »Und was macht man dann damit?« Umso schwerer wiegt, dass mich meine Eltern ohne Drama bei meinem Plan unterstützten. Sie schwammen nach wie vor nicht in Geld, doch sie standen während meines gesamten Studiums finanziell an meiner Seite. Die ganzen 17 Semester lang. Manche mögen da die Stirn runzeln, genau wie ich. Meine Rechtfertigung ist bis heute: Ich arbeitete nebenher als freier Mitarbeiter bei der Zeitung, lernte mein Handwerk von der Pike auf – und ich wurde zum ersten Mal Papa. Außerdem spielte ich in einer Band: The Blue Fingers.

Die Musikszene der Daimler-Stadt Sindelfingen war stets sehr übersichtlich, weshalb es eine gewisse Ironie birgt, wenn ich sage: Mit unserer Band waren wir dort Mitte der Achtziger so etwas wie eine Lokalgröße. Man kannte uns, zumindest wenn man hin und wieder ein Auge auf das Programm der Kulturzentren und Stadtfeste warf. Das traditionelle US-amerikanische Bluesgenre erlebte ein Revival, nicht zuletzt durch Gitarrenzauberer wie Stevie Ray Vaughan, und wir konnten unsere Leidenschaft auf der Bühne nach Herzenslust ausleben. Wir, das waren zwei Gitarristen, ein Mundharmonikaspieler, ein Schlagzeuger, manchmal eine Sängerin, ein

Bassist und ich als Frontsänger. Eine wilde, bunte Truppe, die bei unseren Auftritten klang wie eine Einheit. Ich darf das so sagen: Die Band war wirklich gut, nur bedauerte ich zutiefst, dass ich keine Bluesstimme hatte. Aber wir waren bestens eingespielt und hatten unser Repertoire drauf – das merkte auch das Publikum. Die Füße wippten, die Köpfe nickten und manchmal wurde sogar getanzt – was für eine Bluesband im Schwabenland einem Ritterschlag gleichkommt.

Die meisten Songvorschläge kamen von einem der beiden Gitarristen, der sehr affin für Bluesklassiker war. Mit Hingabe wühlte er sich durch Plattenläden, kaufte alte LPs und obskure Sampler. »Das müssen wir spielen!«, vermeldete er dann bei unseren Bandproben. Viele der Stücke, die er vorschlug, kannte ich damals noch gar nicht und das machte es nicht gerade leichter, sie auf der Bühne zu singen. Es gab ja immer noch kein Internet, aus dem man sich die Songtexte hätte herunterladen können, geschweige denn Spotify oder YouTube. Stattdessen saß ich zu Hause vor dem Plattenspieler oder dem CD-Player, den Finger am Play-Knopf und das Ohr an den Lautsprechern, und versuchte die Texte herauszufiltern. Der Bluesgesang war teilweise kaum zu verstehen. Also hieß es: drei Sekunden abspielen, Stopp, zurückspulen, wieder hören, notieren, weiter. Manchmal mussten wir uns damit abfinden, dass ich Laute sang, die so ähnlich klangen wie in den Songs.

Wir traten mal hier und mal dort auf, doch meistens spielten wir im Jugendhaus, einer Kulturinitiative in Sindelfingen, in der sich unser Bassist engagierte. Das musste man der Stadt lassen: Die vielen Steuergelder, die durch die Mercedes-Werke in die öffentliche Kasse flossen, kamen auch dem Kulturbetrieb zugute. Anders als vielerorts sonst, wo Kultur »nice to have« war, wurde hier tatsächlich investiert. Man bemühte sich stark darum, eine angenehme Umgebung für junge Künstler zu schaffen, eben auch durch das Einrichten und Pflegen geeigneter Locations. Unser Proberaum wurde uns von öffentlicher Hand zur Verfügung gestellt, wovon viele Bands in Großstädten heute nur träumen können. Dort wird Lokalkultur leider nach und nach verdrängt. Wir konnten damals spielen, so oft und so lange wir wollten – ein echter Luxus.

In das Jugendhaus passten etwa 200 Leute, und meistens war es ziemlich voll, wenn wir auftraten. Klar, ein Massenauflauf sind 200 Leute nicht, aber für meine Verhältnisse eine ganze Menge – und genug, um die Temperatur im Saal um ein paar Grad steigen zu lassen, wenn wir gut spielten. Das war einerseits schön, andererseits machte es mich nervös. Nicht, weil ich Angst davor hatte, vor 200 Menschen aufzutreten, sondern weil meine Stimme mangels Übung bisweilen schlicht versagte. Ich nahm ja keinen Gesangsunterricht und kannte folglich auch keine Stimmlockerungsübungen oder ähnliches. Schon damals behalf ich mir mit meinem Lieblingsgetränk Tee und lutschte Salzpastillen. Das war ebenso wirkungsvoll wie der Rückhalt durch die Band.

Unser Gitarrist war ziemlich sendungsbewusst und stellte eine gute Show für uns auf die Beine. Er kannte den Blues aus erster Hand, zeitweise musizierte er sogar mit einem Soldaten aus den USA, der in der Böblinger Panzerkaserne stationiert war. Bei unseren Konzerten spielten wir also nicht nur, wir lieferten zwischendurch auch Hintergründe, damit das Publikum unsere Musik besser einordnen konnte. Mississippi Blues, Chicago Blues, die Stars von Robert Johnson bis B.B. King: Das kam sehr gut an und sorgte dafür, dass sich unsere Qualität herumsprach. Immer wieder sagten uns Menschen aus dem Publikum, dass wir zumindest eine Ahnung davon vermitteln konnten, worum es bei diesen Songs ging.

Was mich antrieb? Ausschließlich der Spaß am Singen und der Wunsch, meine Mitstreitenden zufriedenzustellen. Nach den Konzerten der Blue Fingers war ich immer relativ schnell weg. Viel helfen konnte ich ohnehin nicht. Meine Kenntnisse in Sachen Musikanlage beschränkten sich darauf, ein Mikrofon am Ständer zu befestigen und nach der Zugabe wieder abzuschrauben. Nicht einmal von der Gesangsanlage hatte ich eine Ahnung. Ich wusste gerade so, wo vorn und hinten war, aber schon bei der Frage, welches Kabel wohin gehörte, musste ich passen. Kurz gesagt: Ich war zwar einsatzfreudig, aber ahnungslos. Darum wurde mir wortlos, aber deutlich zu verstehen gegeben: »Lass uns das mal machen, bevor was kaputtgeht.« Und ich bin ehrlich: Es kam mir ganz gelegen. Denn zum einen war ich damals bereits mit Birgit zusammen und hatte deshalb nicht ausschließlich Musik im Kopf. Die Probenraum-Romantik wurde immer mehr von echter Romantik abgelöst. Zum anderen genoss ich lieber das Rampenlicht, als mich groß mit dem zu beschäftigen, was dafür nötig war. Beim Drumherum hatte ich bloß das Gefühl, Zeit zu verlieren. Man drückte bei meiner Tatenlosigkeit wohl auch deshalb zwei Augen zu, weil ich mich als Einziger traute, mich ohne schützende Gitarre vor der Brust ganz nach vorn zu stellen. Ich sang, moderierte, war die Stimme der Band. Dafür ließ man mich in Ruhe, wenn es um das Verstauen des Equipments ging. Heute singe ich im Auto für Millionen. Ahnung vom Verkabeln einer Gesangsanlage habe ich immer noch nicht. Ob sich das je ändern wird?

Meine ewige Studiererei mit etlichen Nebenbaustellen ist in den heutigen Zeiten des durchschulten, sechssemestrigen Turbo-Masterstudiums undenkbar. Damals war sie das eigentlich auch, aber niemand übte Druck auf mich aus. Mich weiterhin mit durchzufüttern, muss eine große Belastung für meine Eltern gewesen sein, die eigentlich jede Mark zweimal umdrehen mussten. Urlaube, Reparaturen am Auto, Arbeiten am Haus: Alles wurde mit Bedacht geplant, nichts überstürzt – und trotzdem ließen sie mich einfach machen, über acht Jahre lang.

Meine Eltern hatten ein Vertrauen in die Jugend, das mir in der heutigen Gesellschaft oft fehlt. Sie hielten mich weder für faul noch für verwöhnt, sondern gingen einfach davon aus, dass ich meinen Weg schon machen würde. Wenn sie Sorgen hatten, behielten sie

sie für sich. Überall wird behauptet, dass die Gen Z nicht belastbar sei, nicht arbeiten möchte und dass die jungen Leute gar nicht wüssten, dass unser Wohlstand aus einstigem Pflichtgefühl im Job und unzähligen Überstunden entstanden war. Das halte ich für pauschalisierenden Quatsch und eine bequeme Erzählung aus komfortabler Position. Zum einen kann es nur gut sein, wenn junge Menschen aus dem Hamsterrad ausbrechen, in dem allzu viele von uns seit Jahrzehnten feststecken. Wenn sie früher als wir erkennen, dass Erschöpfung kein Statussymbol ist. Zum anderen denke ich, dass hinter einigen Klagen über »die Jugend« ein unausgesprochener Neid steckt: auf mehr Entscheidungsfreiheit, mehr digitale Möglichkeiten und das Selbstverständnis, mit dem viele Jugendliche ihre Bedürfnisse ernst nehmen. Meine Perspektive: Hätten meine Eltern die »Schaffe, schaffe, Häusle baue«-Einstellung gehabt, also das schwäbische Dogma von Disziplin und Besitz als Lebensziel, hätte ich nicht als Erster in der Familie studieren können. Ich hätte dann wahrscheinlich eine Ausbildung begonnen, um schneller Geld zu verdienen. Wohl auch deshalb denke ich heute oft darüber nach, was es bedeutet, sinnvoll mit seiner Zeit umzugehen, nicht nur aus ökonomischer, sondern vor allem aus menschlicher Perspektive.

Wenn es darum geht, Lebenszeit bestmöglich zu nutzen, ist mein Vater ein Vorbild. Er war nie ein Mann großer Worte, aber ein Mann klarer Entscheidungen. Sicher würde er meinen Eindruck bestätigen und von sich sagen: »Ich habe nichts verpasst.« Ob ich das von mir werde sagen können? Keine Ahnung. Manchmal frage ich mich das. Vielleicht wäre ich schneller mit meinem Studium fertig gewesen, wenn ich nicht so viel Zeit im Kino vertrödelt hätte. Manchmal ging ich dreimal pro Woche in die Nachmittagsvorstellung statt an die Uni. Ein dunkler Raum, eine Tüte Popcorn – und für zwei Stunden war alles andere egal. Kaum zu glauben, wie viel Geborgenheit ein Kinosessel geben kann. Die dumpfe Stille vor dem ersten Bild, das leise Surren des Projektors: Hier fühlte ich mich wohl. Das war allerdings nur die halbe Freude.

So wie ich gestrickt bin, konnte ich Filme nicht bloß konsumieren, sondern dachte währenddessen und anschließend stundenlang darüber nach. Über die Dramaturgie, Motive und Figuren. Was andere vielleicht als Eskapismus abtun würden, war für mich eine Form von Auseinandersetzung mit der Welt. Ich belegte im Rahmen meines Germanistikstudiums sogar Seminare zur Filmanalyse, um meinem Interesse für das bewegte Bild ein solides Fundament zu verschaffen. Denn einen Film einfach nur zum Vergnügen schauen, das wäre für mich, ihr ahnt es schon: verschwendete Lebenszeit.

Ich kann genau sagen, wann meine Liebe zum Film begonnen hat: im Jahr 1978. Ich war 13 und bekam gerade die ersten flaumigen Bartstoppeln, als *Krieg der Sterne* im Kino anlief. Was für ein Spektakel! Das Setting im Weltraum, die Geschichte um Gut und Böse, die heute angestaubten Spezialeffekte, die mir damals vorkamen wie Zauberei: Ich war voll dabei. Schon der Anfang des Films zog mich komplett in seinen Bann. Wer waren diese weiß uniformierten Schießwütigen? Wer war die Lady mit der Schneckenfrisur? Und dann noch Darth Vader hinter der schwarzen Maske. Es gab so viele Geheimnisse zu entschlüsseln, ich fühlte mich wie ein Entdecker an fernen Ufern. Das ging nicht nur mir so: George Lucas hatte das Hollywood-Kino neu erfunden, indem er kurzerhand ein Märchen in den Weltraum verlegt hatte. Ich weiß noch, wie ich nach dem Abspann sprachlos dasaß, als hätte mir jemand eine Tür zu einer neuen Wirklichkeit aufgestoßen. Ab diesem Tag existierten für mich zwei Welten: meine eigene, mit Schule, Pausenbrot und Hausaufgaben – und die *Star Wars*-Welt, in der man Lichtschwerter schwingend durchs All reisen und für das Gute kämpfen konnte. So sehr hatte mich bisher kein Film begeistert, von Serien ganz zu schweigen. Im Fernsehen gab es ohnehin bloß drei Programme, entsprechend überschaubar gestaltete sich die Auswahl.

Zumal mein sportbegeisterter Vater in der Regel das Programm diktierte. Wenn der VfB spielte, gab es keine Diskussion.

Die Sendezeit endete abends mit der Nationalhymne und einem Testbild. Die Serien, die tagsüber liefen, bestanden aus Episoden mit jeweils abgeschlossener Handlung und garantiertem Happy End – anders als bei *Game Of Thrones* oder *Breaking Bad*, wo über Staffeln hinweg fortlaufende Geschichten erzählt werden. Früher gab es zum Beispiel mal die US-Westernserie *Rauchende Colts*, die trotz des vielversprechenden Titels bei mir allerdings keine große Begeisterung auslöste. Im Gegensatz zu *Kung Fu* mit David Carradine – ein Abklatsch des Hongkong-Kinos, das ich als Kind für wahnsinnig spannend hielt. Als ich die Sendung im Erwachsenenalter wiederentdeckte, musste ich darüber herzlich lachen, denn im Grunde passiert in *Kung Fu* nichts, außer, dass in den letzten zwei Minuten kurz jemand in den Staub geworfen wird. Als ich nun mit meinen 15 erfahrungslosen Jahren im Kino saß und dabei zusah, wie Luke Skywalker in seinem X-Wing-Fighter den Todesstern zerstörte, spürte ich tatsächlich die Macht: Der Film veränderte mich. Ich sah *Krieg der Sterne* noch viele weitere Male und wusste von da an, dass mein Leben von drei Dingen bestimmt sein würde: Bücher, Filme und Musik. Vielleicht legte *Star Wars* damals sogar einen der Grundsteine für meine Auto-Karaokevideos. Ich singe, performe, bringe alles zusammen: Musik, Emotion und Inszenierung. Wenn man so will, sind meine Clips vielleicht mein kleiner Angriff auf den Todesstern des Lebens.

Nach *Star Wars* entdeckte ich den europäischen Film – eine völlig andere Welt, aber nicht weniger faszinierend. Ich verfolgte das von einem echten Genie ausgewählte Programm der Kinoklassiker in der Volkshochschule in Sindelfingen, wo es kein Popcorn und keine Sound-Gewitter gab, sondern hölzerne Klappsitze und Stille im Saal. Ich wuchs nicht mit dem Überwältigungskino der Marvel-Blockbuster auf (die hab ich gesehen, aber ohne *Star-Wars*-Effekt), sondern mit den vielschichtigen Werken von Buñuel, Bertolucci und Truffaut. Diese Regisseure stellen eher Fragen, als Antworten zu geben, und vermitteln in ihren Filmen oft den Eindruck, dass Menschen grundsätzlich gut sind – bis sie durch äußere Umstände auf die falsche Bahn geraten. Diese Haltung kannte ich auch von zu Hause. Meine Eltern sahen in anderen nie zuerst die Probleme, sondern immer die Menschen. Sie hörten zu und urteilten nicht. Der Kunstfilm verfestigte, was sie mir mit auf den Weg gegeben hatten: dass man genau hinschauen muss, um gewisse Dinge zu verstehen – und dass die Wahrheit oft nicht auf den ersten Blick zu erkennen ist.

Das ist auch der Grund dafür, dass ich das französische Kino liebe. Die Franzosen eröffnen einen deutlicheren und oft schonungsloseren Blick auf das Leben als wir Deutschen. Rainer Werner Fassbinder hat das verstanden und sich inspirieren lassen. Viele andere Regisseure hierzulande heben oft den Zeigefinger, pädagogisieren platt oder verbreiten depressive Stimmung, um gesellschaftliche Probleme zu adressieren. Die Franzosen trauen sich, das Leben in all seiner Widersprüchlichkeit zu zeigen. Leichtigkeit trifft auf Melancholie, Schönheit auf Abstoßendes, Banales auf Bedeutungsvolles und Absurdes auf Abseitiges – manchmal alles in derselben Szene. Außerdem sind die Sexszenen sehr explizit. Hier gibt es keine drapierten Bettlaken oder weich gezeichneten Rückblenden wie im deutschen Vorabendfilm, sondern echte Körper in echten Momenten. In guten französischen Filmen wird wenig erklärt, aber man versteht umso mehr – mit dem Bauch und mit dem Kopf. Das finde ich faszinierend.

Auch ein Filmemacher aus der ehemaligen Sowjetunion begeistert mich. Andrei Tarkowskis Filme fesseln nicht durch klassische Dramaturgie oder Tempo, sondern durch Rätselhaftigkeit, Spiritualität und noch nie gesehene Bilder, als würde man mit ihm in eine andere Bewusstseinsebene eintauchen. So beginnt Tarkowskis Science-Fiction-Film *Solaris* mit nichts weiter als mit etwas Seegras, das sich in der Strömung eines Flusses bewegt – eine Szene, so ruhig und kontemplativ, dass sie mehr über das Wesen des Lebens erzählt als mancher Blockbuster in zwei Stunden: Bewegung und Stillstand, Erfahrung von Zeit, Magie der Natur und all so was. Umso erstaunlicher ist die Wendung, die der Film nimmt, den später auch Hollywood adaptierte. Oberflächlich handelt der Streifen von einem Psychologen namens Kris Kelvin, der auf eine Raumstation nahe des geheimnisvollen Planeten Solaris geschickt wird. Dort begegnet er den Wissenschaftlern Snaut und Sartorius – und trifft Hari, die aussieht wie seine verstorbene Ehefrau. Kelvin erkennt: Jeder auf der Raumstation wird mit seinen menschgewordenen Erinnerungen konfrontiert. Ein faszinierender Gedanke des polnischen Autors Stanisław Lem, dessen Roman die literarische Grundlage für *Solaris* bildet. Tarkowskis Arbeiten sind keine Filme, sie zeigen Zustände des Bewusstseins. Wer Geduld aufbringt, dem schenken sie innere Ruhe und neue Gedanken. Mit ihnen lässt sich ein Selbstfindungstrip starten – nur eben bequem vom Sofa aus. Tarkowski, der 1986 starb, glaubte an die Poesie, mit der sich der Mensch emotional ansprechen lasse. Er verfolgte keine eindeutige Botschaft, und das war vielleicht seine größte Stärke als Filmemacher: Er sprach sein Publikum durch Bilder an, die individuell Bedeutung erlangen.

So viel zum Kunstfilm, aber es gab ja noch eine ganz andere Filmwelt, und die entdeckte ich in den Videotheken. (Wer nicht weiß, was eine Videothek ist, bitte googeln.) Wenn ich nicht gerade ins Kino flüchtete, lieh ich mir dort VHS-Kassetten aus. Das führte manchmal zu Enttäuschungen, denn dadurch, dass ich noch nicht volljährig war, bekam ich von Filmen wie *Mad Max* nur entschärfte Versionen in die Finger. Während sich die Kritik darüber ereiferte, wie brutal der Film sei, fragte ich mich, was gemeint war, da ich die angesprochenen Szenen gar nicht gesehen hatte. Manchmal fehlten sogar großflächig Handlungselemente, wodurch mitunter der ganze Film unverständlich wurde. Da kannte der Jugendschutz kein Erbarmen. (Wobei das im Vergleich zum heute für Minderjährige weitgehend freien Zugriff auf sämtlichen Content im Netz natürlich ein Vorzug war, den man als 15-Jähriger allerdings nicht erkannte.)

Damit ich die ausgeliehenen Filme nicht nur kurzzeitig, sondern dauerhaft schauen konnte, lernte ich, die Videos mit meinem Videorecorder und einem ausgedienten Recorder meines Vaters auf Leerkassetten zu überspielen. Zwei Geräte, das passende Kabel, ein bisschen Geduld: Fertig war die Kopie. Die Qualität der Ergebnisse soll an dieser Stelle kein Thema sein, doch das Prozedere ermöglichte es mir, innerhalb kürzester Zeit eine Sammlung mit hunderten Filmen aufzubauen, liebevoll beschriftet und sortiert. Irgendwann standen drei volle Bücherregale mit Videos in meinem Zimmer. Meine eigene kleine Videothek, sozusagen. Für mich glich sie einer Art Schatzkammer, in der eine ganze Welt zu finden war.

Später kam auch hier wieder der Kunstfilm ins Spiel, denn ich suchte mir meine Lieblingswerke in mühevoller Kleinarbeit zusammen, um sie kopieren zu können. Doch auch das Videotheken-Repertoire war reichlich vertreten: Action und Horror, Geballer und Geschrei im schnellen *Star-Wars*-Schnittrhythmus. Das war eben auch Flucht aus dem Alltag – und man konnte auf dem Schulhof mitreden. Die auf das klassische Gut-Böse-Schemata zugespitzte Actionwelt rund um Schauspielgrößen wie Mel Gibson, Danny Glover und Eddie Murphy faszinierte mich. Wie immer, weil sie mich aus meinem Leben im behüteten Schwabenland entführte. Film für Film gewann ich Abstand, weshalb ich zum Beispiel auch die Abenteuer von *Indiana Jones* so sehr liebte. Wenn ich mir die Filme heute anschaue, bin ich erschrocken darüber, wie klischeebeladen sie sind, sei es in Bezug auf Geschlechterrollen oder Ethnien. Aber früher machte man sich um so was nicht viele Gedanken. Man ließ sich mitreißen, saugte alles auf, stellte keine Fragen. Wenn Harrison Ford mit der Peitsche knallte, ging mir das durch Mark und Bein.

1994 lief *Pulp Fiction* an und veränderte mein Leben. Das war der Film, den ich immer hatte sehen wollen, und Quentin Tarantino erfand wie seinerzeit George Lucas das Hollywood-Kino neu. Ob der fantasiereiche Multiplot-Aufbau, die ausschweifend-witzigen Dialoge, die Actionszenen, der schwarze Humor oder der großartige, von Tarantino handverlesene Soundtrack: Hier stimmt einfach alles. Das Tarantino-Fieber packte mich und ich sah mir auch weitere Filme von ihm an, von *Reservoir Dogs* bis zu den beiden Teilen von *Kill Bill.* Es war, als würde der ehemalige Videotheken-Mitarbeiter alles auf Zelluloid bannen, was ich liebte.

Immer war es auch der Soundtrack, der mich längere Zeit für Filme begeisterte. Reine Musikfilme fand ich dagegen meist öde. Eine Ausnahme ist für mich die Komödie *School Of Rock.* Auf den ersten Blick erzählt der Film die Geschichte eines verkappten Musikers, gespielt von Jack Black, der sich als Aushilfslehrer ausgibt und seine Schüler mit dem Rock-Virus ansteckt. Doch eigentlich geht es um viel mehr: um die verbindende Kraft der Musik. Was mich besonders anspricht: Dieser Film zeigt, wie Kinder, vom Streber bis zum Klassenclown, über das gemeinsame Musizieren zu einer Gemeinschaft werden. Jeder bringt etwas Eigenes ein, ob Virtuosität, Energie, Herzblut oder Managementqualitäten. Plötzlich zählt nicht mehr die schulische Leistung, sondern das Zusammenspiel. Die Kinder und ihr Lehrer schaffen gemeinsam Emotionen, das stärkt ihren Selbstwert. Außerdem: AC/DC. Angus Youngs Riffs sind ein prominenter Teil des Soundtracks, und wer kann denen schon widerstehen?

Ich hatte meine Filmsammlung auch noch, als ich Birgit kennenlernte. Der schönste Zufall ever: Wir studierten beide Germanistik und belegten ein abstruses Seminar zu einem Buch, in dem der alte Goethe auf die Psychologencouch gelegt wurde. Unsere erste Begegnung war jedenfalls kinoreif: Wir standen in der Unibibliothek plötzlich vor dem einzigen Exemplar des benötigten Wälzers. Zum Glück war er in zwei Bände geteilt. Also kabbelten wir uns ein wenig, bis ich Birgit Band eins überließ. Es sollte nicht das letzte Mal sein, dass sie sich durchsetzte. Als wir dann noch für ein Referat zusammengespannt wurden, kam richtig Schwung in die Sache. Beim ersten Date bereitete Birgit ihre Spinattorte für mich zu, einen Blätterteigkuchen mit cremiger Spinatfüllung. Zum Verlieben lecker, auch wenn die Liebe nicht nur durch den Magen ging. Diese Spinattorte ist bis heute mein Lieblingsessen und ich freue mich jedes Mal, wenn sie im Backofen ihre verführerische Bräune annimmt.

Weil ich während der Studienzeit in einem Durchgangszimmer wohnte, hielten wir uns zu Beginn vor allem bei Birgit auf – und wurden schnell ein Paar. Meine Filmsammlung zog mit uns in unsere erste gemeinsame Wohnung, doch irgendwann musste ich sie entsorgen. Aus Platzgründen und weil der Zahn der Zeit daran nagte. Die günstigen Leerkassetten, die ich, ganz sparsamer Schwabe, gekauft hatte, lebten ohnehin nur ein, zwei Jahre. Legte ich ein Video ein, war darauf oft nur noch Schneetreiben zu sehen. Schade drum, aber so ist's halt.

Außerdem begann das digitale Zeitalter, und ich wechselte zu Festplatten. Spätestens beim zweiten Umzug mit der Familie war ich dann komplett vom analogen Sammeltrieb kuriert, da flogen sogar die Bücher weitgehend raus. Hauptsache Birgit blieb mir erhalten. Heute sind wir, festhalten bitte, 37 Jahre verheiratet. Darauf bin ich inzwischen stolzer als auf zehn Millionen Views.

5

MEIN NAME SCHWARZ AUF WEISS. SCHATTEN DAHEIM

Geneigte Leserinnen und Leser haben's längst bemerkt: Abschalten ist nicht unbedingt meine Paradedisziplin. Die Erklärung dafür: Ich habe einfach zu viele Interessen und offene Tabs im Kopf, beschäftige mich mit der Nachrichtenlage in der Welt, lausche Hörbüchern und Podcasts, lerne online Sprachen und wie gesagt, sehe Filme, statt sie nur zu schauen (liebe Grüße an Wolfgang M. Schmitt, dessen Schluss-Spruch nach jeder Kritik auf seinem YouTube-Kanal »Die Filmanalyse« ich mir hier ausleihe). Mein Kopf braucht Futter. Das gilt auch für meine Auseinandersetzung mit dem Thema Musik. Während andere aus meiner Generation das Radio aufdrehen oder die Hits ihrer Jugend rauf- und runterhören, bleibe ich weiter auf Entdeckungsreise. Was ich suche, sind neue Erfahrungen. Und zwar ständig. Beispiele? Little Simz, Rod Wave, Latto, The Mexican OT ... – Bitte wer? Hört mal rein, es lohnt sich! Meine Zeit nutze ich am liebsten doppelt oder sogar dreifach, ob das nun sinnvoll ist oder nicht. Spazieren gehen kann man mit Podcasts oder Hörbüchern im Ohr, Datenarbeit mit Musik erledigen – und beim Autofahren kann man singen. Pause? Vielleicht später.

Ständig neuen Input zu brauchen, ist wohl eine Berufskrankheit unter uns Journalisten, und im Gegensatz zu manchen meiner Kollegen war ich nie wählerisch. Meine Zeit bei der *Sindelfinger Zeitung* begann während meines Studiums. Ich beackerte damals mit Neugier, was in Lokalredaktionen als notwendiges Übel betrachtet wurde. Die Jahreshauptversammlung der Hasenzüchter? Kein Problem, ich nahm meine Termine wahr, notierte mir, wer in welchem Jahr wie viele Schlappohren gezüchtet hatte, und schrieb meinen Bericht darüber. Dabei half mir meine generelle Begeisterungsfähigkeit: Je länger ich mich mit einem Thema beschäftige, desto leichter fällt es mir, seine interessanten Aspekte zu verstehen. Am Ball blieb ich auch beim Lokalsport, obwohl ich die taktischen Finessen beim Fußball nie durchschaut habe. 4-4-2? 3-4-4? Für mich klang das eher nach Lottozahlen als nach Spielsystem. Hauptsache, bei Highlights wie der Partie TSV Dagersheim e.V. gegen TV Altdorf 1912 e.V. ging auf dem Rasen die Post ab. Darüber zu schreiben, fiel mir mit der Zeit sehr leicht, zumal immer die ultimative Belohnung winkte: mein Name in der Zeitung, schwarz auf weiß. Ich genoss in der Lokalredaktion alle Freiheiten, die man sich als junger Schreiberling nur wünschen konnte. Durfte jedes Thema aufgreifen und jedes Format ausprobieren, von der Glosse bis zum aufwendigen Recherchestück. Damals waren Lokalredaktionen kleine Familien und ideale Brutstätten für Selbstverwirklichung. Auf Beiträge angesprochen zu werden, das war für mich ein Highlight.

Das Singen kam mir durch den Fulltime-Job als Journalist weitestgehend abhanden. Ich hatte einfach keine Zeit mehr dafür, schließlich war ich fast die ganze Woche als rasender Reporter unterwegs, und außerdem verheirateter Familienvater. Trotzdem begleitete mich die Musik überallhin. Ich hörte »With Or Without You« von U2 und »Sledgehammer« von Peter Gabriel. Das Musikvideo mit den Knetfiguren haute mich damals einfach um. Außerdem stieß ich auf »Walk This Way« in der Version von Aerosmith und Run-D.M.C., wodurch sich die erste Tür in Richtung Rap öffnete. Zunächst blieb ich aber noch bei Rock und Pop.

Wenn ich mal sang, dann Songs, die sich mir sofort erschlossen, wie zum Beispiel »La Bamba« von Los Lobos. Da musste ich nicht viel üben. Darüber hinaus entdeckte ich den »King of Pop« Michael Jackson für mich, vor allem seine Single »Bad« von 1987. Seine späteren Skandale, die absolut furchtbar sind, wenn nur die Hälfte davon stimmt, lagen damals noch in weiter Ferne.

Was ich rückblickend betrachtet zugeben muss: Auch wenn ich die Musik damals nicht ganz aus den Augen verlor, verkam sie während meiner Zeit als Sportjournalist oft zum Hintergrundgeräusch – und das hat sie definitiv nicht verdient.

Doch Prioritäten verschieben sich nun mal im Leben, und damals ging ich einfach zu 100 Prozent in meinem Job auf. Mein Herz schlug besonders für die kleineren, unbekannteren Sportarten, über die kaum jemand spricht. Beim Fußball wissen alle alles besser. Aber ich war zum Beispiel 1988 dabei, als der SV Böblingen deutscher Hallenfaustballmeister wurde. Ein triumphaler Moment regionaler Sportgeschichte. Für nicht Eingeweihte: Faustball ist ein uralter Sport, irgendwo zwischen Volleyball und mittelalterlichem Schlagabtausch, bei dem ein gefühlt tonnenschwerer Ball über eine gespannte Leine ins gegnerische Feld geschlagen wird. Da tut schon das Zuschauen weh. Ich habe es als Feldrecherche einmal selbst ausprobiert und erinnere mich noch gut an meine grün und blau gefärbten Innenarme.

Auch Leichtathletik fand ich damals spannend, trotz des ein oder anderen Dopingskandals. Mich faszinierte der urtümliche Wettkampf des Einzelnen gegen die Zeit, gegen die Weite, gegen sich selbst. Da ging es nicht um Taktik oder Tricks, sondern um Körperbeherrschung, Willenskraft und mentale Stärke. Dass mir diese Begeisterung beruflich später noch helfen sollte, ahnte ich bei der *Sindelfinger Zeitung* noch nicht.

1993 wechselte ich zu den *Stuttgarter Nachrichten* und hier sah mein beruflicher Alltag schon anders aus. Es gab feste Strukturen, 80 Redakteure und alles war mehrere Nummern größer. Die Freiheit des Lokalen wich einem durchgetakteten Arbeitsalltag. Allein die Sportredaktion bestand aus sieben Mitarbeitern und dem Ressortleiter. Wir saßen in einem Großraumbüro, in dem Disziplin herrschte, und man mitunter den Launen seiner Kollegen ausgesetzt war. Eine Atmosphäre wie im Bienenstock. Nie wieder hatte ich einen stressigeren Job, und es verfestigte sich der Wunsch, die Zeit, die ich nicht mit meinem Beruf verbrachte, möglichst intensiv zu nutzen. Viel Selbstbestimmung – oft auf Kosten der Familie, denn ich wurde 1993 zum zweiten Mal Vater – bedeutete für mich ein echtes Gegengewicht zum Redaktionsalltag.

Damals begann ich auch wieder zu singen, wenn auch nicht viel. Ein Refrain hier und da während meiner kurzen Autofahrten musste reichen. Der Grunge eroberte die Welt, und Aerosmith feierten mit ihrem Album »Get A Grip« bereits ihr zweites großes Comeback. Auch als Rapper probierte ich mich, zum Beispiel mit Tracks wie »Boom! Shake The Room« von DJ Jazzy Jeff & The Fresh Prince, wobei hinter der Bezeichnung »The Fresh Prince« niemand Geringeres steckte als der spätere Hollywood-Star Will Smith. Vor allem aber schaute ich Filme und Serien, denn dort waren nicht nur die Ohren, sondern auch die Augen beschäftigt. Nach anstrengenden Redaktionstagen, wie ich sie erlebte, eindeutig die bessere Stressbewältigung. Wobei ich trotz hoher Schlagzahl, meiner Neugier, die mich antrieb, und der Freude am Schreiben immer eine gesunde Distanz zu meinem Job wahrte. Es war mir nicht wichtig, über den VfB Stuttgart zu berichten oder andere Clubs, die in den oberen Ligen rangierten. Die wöchentlichen Kämpfe, wer das VfB-Training verfolgte (im Zweifel der Chef) und wer den Kommentar zum nun wirklich fälligen Trainerwechsel schreiben durfte (garantiert der Chef), betrachtete ich nur aus der Ferne. Ich bestückte montags die brandneuen und garantiert taktikfreien Fitnessseiten, die sich zu 100 Prozent an Frauen richteten – ein vermeintliches Alternativangebot zur ganzen Fußballberichterstattung am Wochenende, die sich die (natürlich männliche) Chefredaktion ausgedacht hatte. Fitness für Frauen, Fußball für Männer? Was gäbe das heutzutage für einen schönen Shitstorm!

Zur richtigen Zeit am richtigen Ort war ich beruflich dagegen im Motorsport. Die Formel-1-Institution Elmar Brümmer, damals in unserer Sportredaktion, hatte mich früh mit dem Thema vertraut gemacht. Als er Verstärkung brauchte, durfte ich ran. Das war 1994 und ein Glücksfall, denn in diesem Jahr wurde Michael Schumacher zum ersten Mal Formel-1-Weltmeister. Die Königsklasse wurde damals über Nacht zum Medienspektakel von Fachblatt bis Boulevard. Ganz Deutschland war im Rennfieber. In meinem ersten Motorsportjahr kümmerte ich mich noch um die DTM, die Deutschen Tourenwagen-Meisterschaften. Ab 1995 war ich mittendrin im Formel-1-Geschehen, flog plötzlich um die Welt und berichtete direkt aus den Fahrerlagern. Meine Familie sah ich nun noch weniger als ohnehin schon. Immerhin: Im Formel-1-Umfeld war ich gedanklich so gefordert, dass ich nicht mehr drei Beschäftigungen gleichzeitig brauchte. Dafür fühlte ich mich oft einsam. Denn so faszinierend das Ganze war, so wenig wusste ich, wohin mit mir in der schillernden Motorszene.

Das war auch an den Rennstrecken so. Ich fuhr und flog vor allem zu den wichtigen Rennen, also nach Hockenheim und zum Nürburgring, außerdem zu den Grands Prix, bei denen sich die Weltmeisterschaft entscheiden konnte. Vor Ort schlug ich mich als Einzelkämpfer durch, denn Elmar, der wie gesagt schon viel länger dabei war, mietete sich gewohnheitsmäßig mit den Redakteuren von *FAZ*, *Süddeutscher Zeitung* und *WELT* eine Wohnung. Dieses Singledasein an den Renntagen war mir einerseits ganz recht, andererseits fand ich es schade. Ich schwamm einfach mit, ohne eine Chance darauf, große Exklusivgeschichten oder -interviews zu ergattern. Als Regionalzeitung waren die *Stuttgarter Nachrichten* eindeutig nicht die erste Adresse, wenn es um Breaking News oder heiße Gerüchte ging.

Dafür war das Essen eine Erleuchtung. Jeder Rennstall hatte ein oder zwei Motor Homes an der Rennstrecke, also so etwas wie fahrende Hotels, die bei jedem Grand Prix aufgebaut wurden. Sie waren für die Mechaniker gedacht, die an einem Formel-1-Wochenende im Grunde rund um die Uhr an den Wagen schrauben. Außerdem für VIPs, Sponsoren und Medienvertreter. Jeder der Rennställe organisierte ein eigenes Catering für die Weltpresse. Ich schlemmte damals nach allen Regeln der Kunst. Tagsüber servierten Mercedes, der Schweizer Automobilrennstall Sauber oder Benetton kaltes und warmes Büfett, abends wurde man von den Teams oder Sponsoren zum Essen eingeladen. So landete ich in Luxusrestaurants in Barcelona oder im japanischen Suzuka. Hätte ich dort die Rechnung übernehmen müssen, hätte mich das ruiniert. Das Familienkonto war damals chronisch leer, und ich achtete mehr aufs Budget als auf die Speisekarte. Wenn es sich vermeiden ließ, ging ich gar nicht erst im Restaurant essen und leistete mir auch sonst keine Extras. Vor der Hotel-Heia ein Absacker? Lieber nicht. Eine Pizza in Imola? Zu teuer. Vielleicht hatte ich deshalb das Gefühl, tagsüber an den Büfetts möglichst viel essen zu müssen – genau wie Jahre später, als ich mehr Geld zur Verfügung hatte, das ich im Discounter ausgeben konnte.

Besonders bewusst wurde mir meine finanzielle Situation damals beim Rennen in Monaco. Nirgendwo ist die Formel-1-Welt schöner und reicher. Nirgendwo geht es stärker um das Sehen und Gesehenwerden. Es fühlte sich an, als sei ich auf einem anderen Planeten gestrandet. Morgens wurden wir per Shuttle vom Hotelzimmer in Nizza zur Rennstrecke gekarrt und verbrachten dort den Tag, Büfett inklusive. Das Rennen an sich dauerte nur zwei Stunden, aber das Drumherum erschlug mich. Das Publikum, der Luxus, die Enge: In Monaco befindet man sich zwangsläufig mitten im Geschehen, denn würde man weiter hinten stehen, würde man ins Wasser fallen. Apropos Wasser: Nie werde ich den Anblick der zahlreichen Luxusyachten vergessen, deren Inhaber extra für das Formel-1-Wochenende anreisten und das Event auf ihrem Schiff verfolgten.

Wenn es ein Rennen gibt, bei dem sich die Faszination »Formel 1« auch denjenigen erschließt, die sich für technische Aspekte nicht interessieren, dann das in Monaco. Ich machte mich zu den besten Plätzen schlau, und als ich dann beobachtete, wie die Rennwagen mit rund 300 Sachen in die berühmte Tunneleinfahrt rasten, bekam ich ausnahmsweise Gänsehaut. Faszinierend ist bereits die Logistik dahinter, denn das Ganze findet auf einem Straßenkurs statt, der während des restlichen Jahres von der ganzen Stadt genutzt wird. Rückt der Formel-1-Zirkus an, steht dort alles kopf, und es steigt die vielleicht größte Motorsport-Party der Welt. Als ich Monaco Jahre später als großer Frankreichfan noch einmal besuchte, erkannte ich das Land kaum wieder. Kaum zu glauben, wie sehr sich ein Ort durch ein großes Sportspektakel verändern kann.

Mein musikalisches Feuer erlosch auch damals nicht, knisterte aber weiter auf Sparflamme. Ich sang »Wonderwall« von Oasis mit (zu dem Song kommen wir später noch mal), ebenso wie »California Love« von 2Pac und Dr. Dre. »Bittersweet Symphony« von The Verve gehört für mich in die Kategorie »Songs, die man versteht, ohne den Text zu kapieren«. So was fand ich immer schon faszinierend.

Was ich damals nicht sonderlich mochte, waren die seltsamen musikalischen Blüten, die die Neunziger trieben, also vor allem »Macarena« und »Barbie Girl«. Außerdem fand ich keinen Gefallen an den damaligen Girl- und Boygroups – von Castingshow-Teilnehmern und Reality-Stars, die plötzlich sangen, ganz zu schweigen. Die Einzigen aus der Kategorie, die mich schon damals tief beeindruckten, waren Destiny's Child. Meine Güte, hatten die es drauf!

Mitreißend fand ich auch das Spektakel der NFL Europe. Was das mit Musik zu tun hat, verrate ich gleich. Über die Spiele dieser europäischen American-Football-Liga berichtete ich so oft wie möglich. Im Gegensatz zum Fußball gab es dort eine riesige Show nach jedem der zahlreichen Spielzüge. Immer wieder wurde abgepfiffen und das Stadion verwandelte sich in eine riesige Discothek. Vielleicht wurde ich auch deshalb zum Frankfurt-Galaxy-Fan, ohne anfangs die geringste Ahnung zu haben, was eine Interception ist. (Für alle, die ebenfalls Laien auf diesem Gebiet sind: So nennt man es, wenn eigentlich Team A am Zug ist, Team B den Ball aber abfängt und anschließend an der Reihe ist.) Immerhin: Was ein Touchdown ist, fand ich ziemlich schnell heraus.

Was die Formel 1 betrifft, sind mir natürlich besonders die großen Siege von Michael Schumacher im Gedächtnis geblieben. Ich erlebte seine Erfolgsgeschichte damals aus nächster Nähe mit und war froh, dass sich bewahrheitete, was mir vorher alle gesagt hatten: Er war ein grundbodenständiger Typ, der nicht im Luxus schwelgte, sondern Nudeln ohne alles zum Mittagessen aß, weil das zu seinem Diätplan gehörte. Schon verrückt, dass ich mir am Ferrari-Büfett den Bauch vollschlug, während der Weltmeister seine soßenlose Pasta um die Gabel wickelte. Er hatte sich 300-prozentig seinem Job verschrieben, und das hautnah mitzubekommen, fand ich beeindruckend. Auch dass er sein Privatleben konsequent schützte, imponierte mir. Später hatte ich noch Kontakt zu seiner Pressesprecherin Sabine Kehm, die selbst Journalistin gewesen war. Auch sie erzählte mir stets, was für ein umgänglicher Typ Schumacher sei. Sie betreute ihn weiter, nachdem er 2013 seinen schweren Skiunfall erlitten hatte. Dass es der Familie Schumacher bis heute gelungen ist, seinen gesundheitlichen Zustand unter Verschluss zu halten, ist sicher auch ihr zu verdanken.

Damals über die Formel 1 berichten zu dürfen, war auch deshalb ein großes Glück für mich, weil es wohl kaum Sportarten gibt, bei denen es so spannend ist, hinter die Kulissen zu blicken. Ich sah mit eigenen Augen, was für eine riesige Industrie hinter dem Rennzirkus steckt, welchen Anteil die Automobil- und Motorenhersteller am Erfolg hatten und wie sich das Fahrerkarussell drehte. Vom Singen abgesehen, bin ich nicht sonderlich autoaffin, aber selten war ich mir meiner privilegierten Rolle als Journalist bewusster. Ich muss im Nachhinein aber feststellen, dass hier wohl ein Teil meines späteren Binge-Eating-Problems begann oder sich zumindest manifestierte. Was das Kulinarische anbelangt, lauert die Verführung als Pressevertreter an jeder Ecke, beziehungsweise im Motorsport an jeder Kurve. Außerdem kann man sich in einem luxuriösen Zirkus wie der Formel 1 schnell verlieren – ein Phänomen, das mir später im Beruf wiederbegegnen sollte.

In der Familie war ich in dieser Phase nicht anwesend. Zu jener Zeit war das noch kein Streitpunkt, es war halt einfach beruflich unvermeidbar. Heute weiß ich, dass ich viel verpasst habe. Aufführungen in der Schule, Feiertage, ja, einfach das tägliche Familienleben. Ich wusste damals nicht, was meine Töchter umtrieb. Ich wusste nicht, was meine Frau bewegte – und ich bekam eigentlich nichts von dem mit, was zu Hause geschah. War ich weg, fühlte ich mich einsam, sobald das Motorengeheul verstummt war. Kam ich heim, wirkte es, als gehörte ich gar nicht dazu. Meine Familie schien auch ohne mich zu funktionieren – sogar besser als mit mir, was sich später auch ein Stück weit bestätigen sollte.

Zusätzlich zum Motorsport wurde ich von den *Stuttgarter Nachrichten* zu den Olympischen Spielen geschickt. Zum einen, weil ich schnell viel schreiben konnte. Zum anderen einmal mehr, weil die meisten Redakteure Themen wie Bogenschießen, Kleinkaliberschießen und Rhythmische Sportgymnastik nicht mit der Kneifzange anfassen wollen. Für viele war das eher Füllmaterial, und dementsprechend niedrig war die Motivation, sich ernsthaft mit diesen Sportarten auseinanderzusetzen. Ich hingegen war wie gesagt nicht wählerisch, hatte viel für diese kleineren Randsportarten übrig und beschäftigte mich gerne mit ihnen – und vor allem mit den Sportlern, die sie ausübten. Sie wurden in meinen Augen zu selten gesehen und gingen neben den großen Namen des Geschäfts unter. Es bereitete mir große Freude, ihnen eine kleine Bühne geben zu dürfen. Lieben wir nicht alle Underdogs und Außenseiter? Ich auf jeden Fall, denn ich war ja selbst lang genug einer. Was mich begeisterte, war die Leidenschaft, mit der die Amateure ihr Leben dem Sport widmeten, ohne große Chance, für ihre Mühen angemessen belohnt zu werden. Ich bewundere sie fast so sehr wie Menschen, die ihre Freizeit einem ehrenamtlichen Engagement widmen.

Mein erster Olympiaeinsatz waren die Sommerspiele 1996 in Atlanta. Dort durfte ich Boxlegende Muhammad Ali die Hand schütteln, was zu meinen schönsten Erlebnissen als Sportjournalist gehört – nicht wegen des Promifaktors, sondern weil es sich für mich anfühlte, als würde ich einem Stück Geschichte begegnen. Zustande kam das Aufeinandertreffen dadurch, dass wir Redakteure, wie es üblich ist, Zugang zu einer separaten Pressetribüne hatten – und dass diese Pressetribüne in Atlanta gleich neben der VIP-Tribüne lag. Zu Beginn des Tages mussten wir immer noch einen Moment warten, bis wir vom Eingangsbereich ins Stadion gelassen wurden. Eine gute Gelegenheit, um sich mit Kollegen auszutauschen und noch einmal kurz zur Ruhe zu kommen, sofern Ruhe in dem Trubel überhaupt möglich war. Doch als mein Blick den Weg zu den Fahrstühlen streifte, traute ich meinen Augen kaum. Da stand er, Muhammad Ali, unverkennbar. Der Mann, der einst wie ein Schmetterling schwebte und wie eine Biene zustach – und der inzwischen sichtbar von seiner Parkinson-Erkrankung gezeichnet war. An Dreistigkeit hat es mir nie gemangelt und diese Gelegenheit konnte ich mir nicht entgehen lassen. Ich wusste: Wenn ich jetzt zögerte, würde ich es bereuen, also ging ich zu ihm und sprach ihn an. Er wurde von einem Teil seiner Familie begleitet. Sie alle, auch Ali selbst, waren sehr nett zu mir – und setzten ihren Weg Richtung Aufzug erst nach einem kurzen Small Talk fort. Keine

Intervention des Bodyguards, kein Sicherheitsabstand, sondern echte Freundlichkeit. Ali spielte bei den Olympischen Spielen in Atlanta eine ganz besondere Rolle, denn er war derjenige, der zu Beginn des Turniers das legendäre olympische Feuer entzünden durfte – ein symbolträchtiger Akt und eine der größten Ehren für einen Sportler.

Einige Tage später kam es zu einem Bombenanschlag. Der Täter war ein christlicher Extremist, der eine Rohrbombe im Centennial Olympic Park in der Nähe einer Konzerttribüne gezündet hatte. Zwei Menschen kamen dadurch ums Leben, 111 wurden teils schwer verletzt. Damals waren Anschläge noch nicht so an der Tagesordnung wie heute und ich weiß noch genau, wie mir das Herz in die Hose rutschte – zumal ich mich einen Tag zuvor selbst noch in diesem Park aufgehalten hatte. Eine Erinnerung daran, wie schnell es vorbei sein kann. Ich telefonierte damals mit meiner Familie und ließ sie wissen, dass es mir gut ging. So weit hat sich die Entfernung zwischen zu Hause und Atlanta an keinem anderen Tag angefühlt.

Vier Jahre später flog ich nach Sydney. Hier gefiel es mir sogar noch besser als in Atlanta, denn was die Australier mit ihrer lässigen Art für eine zwei Wochen lange Party auf die Beine stellten, begeisterte mich. Die Stadt schien im Ausnahmezustand, aber nicht im negativen Sinne – eher wie bei einem riesigen Nachbarschaftsfest, nur dass hier Nachbarn aus allen Teilen der Welt kamen. Die Stimmung war zugleich entspannt und euphorisch, als hätte jemand das olympische Motto »Dabei sein ist alles« wirklich ernst genommen. Alle Sportlerinnen und Sportler wurden gefeiert, ob sie um die Ecke wohnten oder vom anderen Ende der Welt kamen. Logisch, wer eine Medaille nach Hause brachte, wurde besonders bejubelt. Die Sportwelt war sich einig: Wenn schon Olympia, dann bitte so.

Einen der schönsten Tage der Reise erlebte ich während des Hinflugs. Denn einen längeren Zwischenstopp in Los Angeles nutzte ich, um den Strand in Venice Beach zu besuchen. In die Stadt traute ich mich nicht. Sie erschien mir zu groß, zu unübersichtlich, zu voll mit Dingen, die ich auf die Schnelle nicht greifen konnte. Also blieb ich dort, wo L.A. eine überschaubare Kulisse bot. Ich genoss das große Theater der Selbstdarsteller, die auf Hantelbänken posierten oder in ihren Neonklamotten mit Rollerblades durch die Gegend kurvten. Zwischen all den Skatern und Straßenmusikern, die aktuelle Hits aus den Charts spielten – ganz groß damals »It's My Life« von Bon Jovi –, den Sonnenanbetern und Sportlern fühlte ich mich wie ein stiller Beobachter in einer Welt, die mit meiner eigenen nichts zu tun hatte. Gerade das machte es so spannend. Das Beste: Ich hatte nichts zu tun. Noch kein Olympia, keine Anrufe, keine Mails, keine Deadline im Nacken. Ich konnte einfach den Tag genießen. Und weil ich in Venice Beach, genau wie an der Rennstrecke, so viel Input bekam, dass selbst ich keine Zweit- oder Drittbeschäftigung brauchte, beließ ich es auch dabei. Zum ersten Mal seit Langem fand mein Kopf Ruhe. Ich saß einfach nur da, sah zu und atmete durch. Ein Tag, völlig ohne Plan – und das war genau das Richtige.

Bei der Eröffnungsfeier der Olympischen Spiele in Australien trat die nationale Ikone Kylie Minogue auf und gab »Dancing Queen« von ABBA und »On A Night Like This« von Pandora zum Besten. An Einzelheiten erinnern kann ich mich kaum, denn bei Olympia war Musik für mich Nebensache und lenkte eigentlich bloß vom Sport und der tollen Atmosphäre in den Stadien ab. Der Soundtrack von Sydney, das sind für mich die Trommeln und Tröten Tausender Zuschauer – und vielleicht noch die Nationalhymnen bei den Siegerehrungen.

Durch die Zeitverschiebung konnte ich dort einigermaßen entspannt arbeiten. Wenn ständig das Mobiltelefon klingelt oder eine Mail nach der anderen im Posteingang landet, ist's Essig mit der Konzentration – das weiß jeder, der jemals versucht hat, halbwegs fokussiert zu schreiben. Klappte ich in Australien das Notebook auf, lagen meine Kollegen in Deutschland bereits im Bett und schlummerten tief und fest. Nachrichten konnte ich morgens und abends gebündelt beantworten und hatte dann den Rest des Tages Zeit, um zu texten – über Medaillen und Rekorde, aber auch über Aborigines und das Alltagsleben der »Aussies«. Ich sog die Atmosphäre in der Stadt regelrecht in mich auf. Überall feierten und lachten die Menschen. In Cafés herrschte unkomplizierte Herzlichkeit, Antworten beschränkten sich oft auf ein »No worries«, also »Keine Sorge«. Die Arbeit fiel mir leicht, machte mir Spaß und ließ mich noch einmal mit neuen Augen auf meinen Beruf als Sportjournalist blicken. In meinem späteren Arbeitsleben sollte ich diesen Zustand der Leichtigkeit wieder herbeisehnen.

Sportlich war ich ganz nah dran an den Goldmedaillen für die deutschen Teilnehmenden: Heike Drechsler siegte im Weitsprung, Nils Schumann über 800 Meter. Die Springreiter holten Team-Gold, und Jan Ullrich landete ebenfalls ganz oben auf dem Treppchen. Bahnrad, Kajak, Fechten – ich genoss jede Minute. Selten waren Arbeit, Euphorie und Selbstbestätigung so nah beisammen wie in diesen Tagen. Das ging schon morgens in meinem winzigen Apartment los: Aus dem Fernseher dröhnte dann immer der U2-Song »Beautiful Day« – als hätten die Iren mich persönlich anfeuern wollen. Noch heute bekomme ich bei den ersten Takten Gänsehaut, so sehr hat sich das Stück in mein Hirn gebrannt. Jahre später musste ich die Nummer im Auto singen, klar! Interessant finde ich, dass mir damals viele Sportler erzählten, dass sie sowohl beim Training als auch bis Minuten vor dem Wettkampf nicht ohne Kopfhörer auskamen. Musik im Ohr steigerte ihre Konzentration und lieferte einen extra Energykick. Mir geht es genauso: Wenn ich an manchen Tagen müde und gedankenschwer dasitze und dann einen Song singe, könnte ich Minuten später Bäume ausreißen. Absolut zur Nachahmung empfohlen!

Was mir bereits Ende der Neunziger auffiel, war die zunehmende Professionalisierung des Sports – und mit ihr ein schleichender Wandel in der Art, wie man mit uns Journalisten umging. Viele

Athleten hatten inzwischen Interviewtrainings absolviert. Sie traten mit einstudierten Floskeln vor die Kamera und hatten Berater oder PR-Agenten an ihrer Seite, die Gespräche abnickten oder gleich ganz übernahmen. Vorreiter war der Fußball: Viele Spieler sprachen schon in den Neunzigern wie Politiker, also ohne etwas zu sagen. Das macht als Sportler sicher vieles einfacher, vor allem in Zeiten von Social Media, in denen jedes Zitat binnen Sekunden um die Welt geht. Doch die ein oder andere interessante Schlagzeile, spontane Emotionen oder erfrischend unbedachte Aussagen bleiben dabei auf der Strecke. Bis heute erinnere ich mich gerne an die berühmte »Flasche leer«-Wutrede von Fußballtrainer Giovanni Trapattoni, die zum unauslöschlichen Teil des kollektiven Fußballgedächtnisses wurde. Inzwischen sind solche Momente im Sport kaum noch zu finden. Das liegt wohl auch an ungeschickten Fragen, etwa: »Wie fühlen Sie sich nach der Niederlage?« Verständlich, dass man solche Plattheiten als Sportler lieber überhört und eine gestanzte Antwort gibt. Und schön, dass ich noch bessere Zeiten miterleben durfte.

Nach Sydney endete dann auch meine Zeit als Sportjournalist. Axel, ein alter Freund und Musikerkollege, rief mich an und fragte, ob ich nicht als Chef vom Dienst eines neuen Handyvergleichsportals in Stuttgart einsteigen wollte. Ein Job im Digitalen? Ein Neustart im Internet? Zu Beginn der 2000er-Jahre war das noch nicht gerade der klassische Karriereweg, aber ich spürte, dass sich eine spannende Möglichkeit für mich anbahnte, mich noch einmal neu zu erfinden. Nach einer kurzen Bedenkzeit sagte ich zu, kündigte nach sieben Jahren bei den *Stuttgarter Nachrichten* und freute mich auf die Onlinewelt – und auf einen Job, bei dem ich nicht mehr um die Welt reisen musste. Kein Leben aus dem Koffer mehr, kein Jetlag und keine Futterorgien beim Catering. Stattdessen wünschte ich mir mehr Regelmäßigkeit, mehr Basis, mehr Familie – und ich wollte ankommen, nach Jahren, in denen ich gefühlt mehr Zeit im Flugzeug als am Esstisch daheim verbracht hatte.

Hinterhergetrauert habe ich meinem Job als Sportjournalist nie. Was vorbei ist, ist vorbei. Doch die Zeit hat mir viel gegeben und großen Spaß gemacht. Viele hätten wohl gern erlebt, was ich erlebt habe, vor allem, was die Formel 1 betrifft. Und ich durfte die ganze Welt sehen. Das Reisen gehörte zu meinem Job, und ich habe es bis zum Jahr 2000 sehr genossen. Weil es mir die Menschen näherbrachte und eine wegweisende Erkenntnis: Wenn es um die grundlegenden Bedürfnisse geht, sind wir alle gleich, von Stuttgart bis nach Sydney und zurück. Passend, dass nun das Internet an die Tür klopfte, bereit, die Welt zu einem großen Ganzen zu verbinden – und mich wieder mit meiner Familie.

6

LOG-IN INS NEUE ZEITALTER

»Bin ich schon drin?« Die legendäre Frage von Tennislegende Boris Becker war geniale Werbung. Sie spiegelte die Unsicherheit einer ganzen Nation wider, die noch nicht recht wissen konnte, was vom »World Wide Web« zu halten war. Nur zögerlich landeten die Installations-CDs des von Becker promoteten Internetanbieters in den CD-ROM-Laufwerken der Deutschen und öffneten die Auffahrt zur Datenautobahn. Viele saßen vor dem Rechner wie der Tennisstar im Clip: halb amüsiert, halb überfordert – mit einer Mischung aus Neugierde und Skepsis. Mich beschäftigte das Internet im Jahr 2000 schon seit einiger Zeit, zumindest beruflich. Ich kannte es aus den Zeitungsredaktionen, denn dort stand der Internetzugang früh zur Verfügung, wenn auch nicht auf allen Rechnern. Bereits die Infos über die Olympischen Spiele in Atlanta 1996 hatte ich mir aus dem Netz gezogen und mich online über die Sportarten und die Athleten informiert – damals noch mit Ladezeiten, in denen man sich getrost einen Tee kochen konnte. Später stellte sich heraus: Das waren nur die zarten Anfänge meiner beruflichen Laufbahn in der digitalen Welt.

In der Redaktion des neu gegründeten Handyvergleichsportals, bei dem ich jetzt arbeitete, waren meine Fähigkeiten als Schreiberling gefragt und die Hierarchien angenehm flach. Ich tat, was ich aus dem Effeff beherrschte, und arbeitete in einem herzensguten Team. Zum ersten Mal erlebte ich so etwas wie Start-up-Kultur – nur ohne die schlechte Bezahlung, die man aus den Berlin-Mitte-

Erzählungen kennt. Wir pflegten einen lockeren Umgang miteinander, gingen zusammen Eislaufen, es gab Betriebsfeiern und alles fühlte sich nach Aufbruch an. Außerdem konnte ich im Gegensatz zu den Redaktionsjobs beim Arbeiten Musik hören. Das war ein Geschenk, denn Musik war für mich nie bloß Hintergrunduntermalung, sondern sie half mir dabei, in den Flow zu kommen. Ich fühlte mich wertgeschätzt, wohingegen ich bei vorherigen Arbeitgebern im traditionellen Verlagswesen oft den Eindruck gehabt hatte, ich müsste mich dafür bedanken, dort arbeiten zu dürfen. So war das im Journalismus damals: Man sollte sich glücklich schätzen, zur schreibenden Zunft zu gehören. Die Ehre war Lohn genug, wovon ich mich nicht freisprechen kann, denn ihr wisst ja, zu Beginn freute ich mich vor allem über meinen Namen in der Zeitung. Mitarbeiterzufriedenheit war eher eine Nebensache. Wehe dem, der es wagte, nach einer Gehaltserhöhung zu fragen. Von den heutigen Verhältnissen in der Branche, der das Geschäftsmodell Anzeigen weggebrochen ist, mag ich gar nicht anfangen. Damals konnte man wenigstens noch in dem Irrglauben leben, gedruckte Tageszeitungen hätten eine Zukunft.

Ein weiterer Vorteil meines Jobwechsels war wie gesagt, dass ich öfter zu Hause sein konnte. Vom Aufwachsen meiner Kinder hatte ich als rasender Sportreporter nicht viel mitbekommen. Klar, ich erlebte Spitzensportler hautnah und bereiste die ganze Welt, gleichzeitig war es geraubte Familienzeit, geraubte Familiengeschichte. Im schlimmsten Jahr kam ich auf drei Wochenenden – an denen ich zu Hause war. Und das waren die in unserem Urlaub. Eigentlich ist es ein längst überholtes Klischee, dass der Vater nie da ist, aber ich habe es tatsächlich noch hinbekommen. Meine Töchter lernten Fahrrad fahren, ohne dass ich es sah, verloren ihre Milchzähne, und ich wurde zum Besucher im eigenen Wohnzimmer. Das sollte sich nun ändern. Ich verbrachte die Wochenenden daheim, hatte oft zu normalen Zeiten Feierabend – jetzt war tatsächlich so etwas wie Familienleben möglich. Wir besuchten die Großeltern, unternahmen Ausflüge in den Schwarzwald, spazierten durch den Stuttgarter Zoo, gingen shoppen und aßen sonntags gemeinsam Kuchen. Wir wuchsen zusammen – doch meine plötzliche Anwesenheit sorgte auch für Chaos. Schließlich war meine Frau es seit Jahren gewöhnt, sich allein um alles zu kümmern und hatte sich gut damit arrangiert. Ich hingegen glänzte, auch wenn ich da war, durch geistige Abwesenheit. Wie ein Gast im eigenen Leben, der auftaucht, wenn es gerade nicht passt und alles durcheinanderbringt, ohne es zu wollen. Das gab Probleme. Zudem wollte ich zu Hause nicht auf meine vielen Interessen verzichten, von der Musik über die Literatur bis hin zum Sport und intensivem Filmkonsum. Außerdem betrachteten unsere Kinder mich natürlich nicht plötzlich als Ansprechpartner, nur weil ich einen Platz auf dem Sofa beanspruchte. Ein Problem, das sich verschärfte, weil ich zu selten echtes Interesse für ihre Sorgen und Nöte aufbringen konnte. Meine Frau war viel näher dran, und ich war nicht immer so geduldig, wie ich es hätte sein sollen. Mir wurde in dieser Zeit zum ersten Mal klar, welche langfristigen Auswirkungen es hat, wenn man die Familie ständig im Stich lässt. Gut, dass ich das drohende Zerwürfnis immer wieder durch viel Reden und Versprechen verhindern konnte. Zumindest das Wichtigste konnte ich einhalten: Ich war endlich zu Hause anwesend und konnte mit anpacken.

2005 änderten sich die Dinge erneut. Das von einem großen bayerischen Verlagshaus finanzierte Handyvergleichsportal wurde an ein ebenfalls dort beheimatetes Computermagazin angedockt. Firmensitz: München. Unser Standort in Stuttgart sollte geschlossen werden, also konnte ich mich entscheiden: Sollte ich mit umziehen oder mir einen neuen Job in der Region suchen? Meine Frau und ich beschlossen, nach Bayern umzusiedeln, sehr zum Gram unserer Kinder, die zeitweise an Entwurzelung litten, insgesamt aber sehr erwachsen mit der Situation umgingen. Für sie bedeutete der Umzug, Freundschaften hinter sich zu lassen und in eine völlig neue Welt einzutauchen, mit neuen Mitschülern, neuer Umgebung und neuem Dialekt. Wir kauften eine Doppelhaushälfte in Buchloe, einem Bahnhof mit angeschlossener Kleinstadt, eine Zug-Dreiviertelstunde vor München. Das Haus war nicht groß, dank Birgit aber schnell gemütlich. Wir arrangierten uns mit unserer neuen Heimat, lernten die ersten Nachbarn kennen und begannen, das Allgäu mit seinen weiten Feldern und nahe gelegenen Bergen zu schätzen. Leider veränderte der Zusammenschluss der Redaktionen nicht nur meinen Wohnort, sondern auch meinen Job. Der Verlag des Computermagazins bot den Gründern der Handyvergleichsplattform nach und nach eine Abfindung an – und setzte sie vor die Tür. Mein vertrautes Umfeld löste sich häppchenweise in Luft auf. Ich blieb Chef vom Dienst, dazu war ich Ressortleiter Handy – eine Position, die sich auf dem Papier gut machte. Zu meinen neuen Kollegen fand ich allerdings keinen guten Draht. Man kann es verstehen: Jahrelang hatte die Münchner Redaktion in Ruhe ihren Job erledigt. Nun kamen plötzlich die Stuttgarter und drehten Steine um, die zuvor unangetastet geblieben waren. Wie jemand, der uneingeladen zur Gartenparty erscheint und die Möbel umstellt. Wir versuchten, unseren neuen Kolleginnen und Kollegen zu erklären, wie Onlineredaktionen funktionieren, wie wichtig Aktualität und Leserführung sind. Auch Suchmaschinenoptimierung war damals schon ein Thema. Nicht nur einmal bissen wir dabei auf Granit. Kaum etwas ist schwieriger zu durchbrechen als alte Strukturen. Doch das war noch nicht das größte Problem.

Nach der Übernahme durch den großen Verlag nahm der Druck täglich zu. Was zählte, waren Wachstum und Umsatz, nicht journalistische Kompetenzen in Sachen Recherche und objektiver Berichterstattung. Das, was ich über Jahre hinweg als Fundament meines Berufs empfunden hatte – den Versuch, Dinge neutral und gründlich zu beleuchten –, wurde zunehmend als Nebensache betrachtet. Stattdessen rückten Klickzahlen, Conversion Rates und Partnerbindung in den Fokus. Eine bis heute gängige Praxis:

Anzeigenkunden schalten Werbung im Wert von mehreren tausend Euro, woran der Verlag gut verdient. Dafür erwarten die Kunden redaktionelle Abdeckung, zusätzlich zur Werbung. Für diese als »Advertorials« verkauften Inhalte – also Texte, die aussehen wie Berichterstattung, in Wahrheit aber Produktwerbung sind – waren meine Kollegen und ich ebenso zuständig wie für objektive Testberichte und Kaufberatungen. Klar, dass wir von manchen Vertriebsmenschen mehr oder weniger direkt ermuntert wurden, positiv zu berichten, unabhängig von der Qualität der Produkte. »Da kann man doch was Nettes draus machen«, hieß es dann bestenfalls. Die gesamte Redaktion, inklusive des zuständigen Teils der Geschäftsleitung, sträubte sich gegen den Ausverkauf der journalistischen Werte, was häufig zu Konflikten mit den Finanzentscheidern führte. Wir diskutierten, argumentierten, wiesen auf unsere Verantwortung als Journalisten hin und bekamen uns nicht selten richtig in die Haare. Am Ende setzten wir uns durch, zumindest für den Moment – aber der Weg war lang und steinig, und ich fragte mich immer häufiger, ob ich mich noch mit meinem Beruf identifizieren konnte.

Später kam noch die Konkurrenz dazu. Die Marketingabteilungen anderer Computermagazine erhöhten den Werbedruck und brachten uns ins Schwitzen. Es war ein ständiger Wettlauf um die Sichtbarkeit: Wer rankt besser in den Suchmaschinen? Wer kann schneller auf ein Trendthema aufspringen? Und vor allem: Wer schafft es, einen Werbekunden davon zu überzeugen, dass seine Botschaft redaktionell eingebettet unters Volk gebracht wird? Immer öfter spürte ich, dass meine eigentliche Tätigkeit als Journalist, der die Welt erklären und Geschichten erzählen möchte, in den Hintergrund rückte. Statt Fragen zu stellen, formulierte ich wohlklingende Antworten, bevor überhaupt jemand eine Frage stellte. Irgendwann und irgendwo zwischen Klickzahlen und Werbetexten erkannte ich meinen ursprünglichen Beruf als Redakteur kaum noch wieder. Alles toll im Netz?

• • •

Der Siegeszug des Internets war eine Kulturrevolution. Wissen war nicht mehr bloß in Bibliotheken mit festen Öffnungszeiten verfügbar, sondern allzeit online – und jeder konnte darauf zugreifen, eine Art demokratische Offenlegung des Weltwissens. Suchmaschinen sortierten die Informationsflut und wurden schon bald zu nützlichen Werkzeugen, zunächst noch mit holprigen Algorithmen, dann mit immer größerer Treffergenauigkeit – und als im Januar 2001 Wikipedia online ging, stand der Welt plötzlich ein neues Lexikon zur Verfügung. Ein Lexikon, das waren für mich die schweren Brockhausbücher, die ich von meinen Eltern kannte – im Regal aufgereiht wie Trophäen der Bürgerlichkeit. Haushalte bekamen früher hin und wieder Besuch von Vertretern des Verlags, die damit lockten, dass sie den ersten Band kostenlos daließen. Eigentlich war das ein Witz, denn wollte man seine Sammlung vervollständigen, kostete die Lexikonreihe mehrere tausend Euro. Mit Wikipedia gab es nun aber ein Gratis-Nachschlagewerk, das jederzeit abrufbar war – und an dem theoretisch jeder mitarbeiten konnte. Das barg Risiken, wie zum Beispiel das gefährliche Halbwissen sich selbst überschätzender Internet-User. Nicht nur einmal warnten Lehrer ihre Schüler davor, Wikipedia sei keine zuverlässige Quelle, was nicht ganz falsch war, aber auch nicht ganz richtig. Die Plattform bot auch große Chancen, weil dort viele Menschen vom Wissen weniger Experten profitieren konnten. Zu ihnen gehörten zum Beispiel manche Cracks aus der Redaktion unseres Computermagazins. Sie hatten das nötige Wissen, die Geduld und vor allem fühlten sich dazu berufen, es mit der Welt zu teilen. Stundenlang arbeiteten sie an Wikipedia-Artikeln, ergänzten Quellennachweise und stellten ihre Kenntnisse online zur Verfügung – unentgeltlich. Das fand ich ehrenwert. Da saßen Menschen, die in ihrer Freizeit freiwillig taten, was viele Journalisten inzwischen mit Zeitdruck und Zielvorgaben verbanden: schreiben, erklären, einordnen. Irgendwie war das idealistisch und es rief mir ins Gedächtnis, warum mir dieser Beruf ursprünglich so viel Spaß gemacht hatte. Die Interaktion mit

Nutzern war es letztendlich, die mich 2010 zur Gründung einer Social-Media-Agentur motivierte. Nicht meine beste Idee, aber davon wird noch ausführlich zu reden sein.

Zum Fluch wurde das Netz um die Jahrtausendwende definitiv für die Musikindustrie. Während viele Branchen gerade erst über die Chancen nachdachten, die das Internet zu bieten hatte, schlug die neue Entwicklung bei Plattenfirmen und Künstlern erbarmungslos zu. Bereits zu Beginn der Neunziger hatten einige Forscher des Fraunhofer-Instituts ein neues Dateiformat namens MP3 vorgestellt, das es ermöglichte, die Datenmenge von Musikdateien erheblich zu reduzieren – auf etwa ein Zehntel der ursprünglichen Größe, ohne dass der durchschnittliche Hörer einen nennenswerten Qualitätsverlust bemerkte. Was zunächst nach einer unscheinbaren technischen Spielerei klang, entpuppte sich als eine der folgenschwersten Entwicklungen für die Musikbranche. Denn im Netz glich diese Innovation einer Revolution. Durch die geringe Dateigröße konnte man eine MP3-Datei online deutlich schneller übertragen als den vorherigen WAV-Standard, bei dem ein File zehnmal so groß war. Heute lachen wir über Dateigrößen von 40 Megabyte – ein modernes Videospiel ist um die 100 Gigabyte groß, also 2500-mal so viel–, doch in den Anfangstagen des Internets konnte der Download eines einzelnen Megabytes bis zu zehn Minuten dauern – und da sich viele noch per Modem ins Netz einwählten und pro Verbindungsminute bares Geld bezahlen mussten, war das ein ernst zu nehmender Faktor. 40-mal zehn Minuten, das sind mehr als sechseinhalb Stunden – für einen einzigen Song. Durch das MP3-Format war es nun möglich, einzelne Lieder in acht bis zehn Minuten herunterzuladen – und das geschah auch schon bald im großen Stil.

Im November 1996 war der weltweit erste Instant-Messaging-Dienst ICQ an den Start gegangen – ein kleines Programm, das die digitale Kommunikation zwischen Menschen revolutionierte. Nutzer dieser Chat-Software erinnern sich bestimmt noch an das ikonische »Ah, oh!«, wenn man eine neue Nachricht erhielt – ein akustisches Signal, dass irgendwer gerade an sie dachte. Wichtig ist an dieser Stelle aber vor allem, dass es sich bei ICQ um ein sogenanntes Peer-to-Peer-Netzwerk handelte, was bedeutet, dass die Daten nicht über einen zentralen Server liefen, sondern direkt von Nutzer zu Nutzer übertragen wurden. Jeder Teilnehmer war gleichzeitig Sender und Empfänger – und auf genau diesem Prinzip basierte ab 1999 ein Computerprogramm, das die Musikindustrie gehörig ins Schwitzen brachte: Napster.

Mit Napster war es möglich, Musikdateien über das Internet von Rechner zu Rechner zu übertragen, besonders im beliebten MP3-Format. Wer also eine CD auf seinen PC »rippte« und sie als MP3 speicherte, konnte diese Dateien in einen sogenannten Tauschordner legen. Sobald man online war, war dieser Ordner für andere Napster-User sichtbar. Und weil jede Datei theoretisch von jedem Computer der Welt heruntergeladen werden konnte, entstand innerhalb kürzester Zeit ein globales Netz an Musikliebhabern, die ihre Songs tauschten, wie einst Schulkinder ihre Stickerbilder. Man hatte Zugriff auf so gut wie jede nur erdenkliche Musik – von aktuellen Chart-Hits über obskure Livemitschnitte und B-Seiten bis hin zu längst vergriffenen Alben. Kostenlos. Und illegal. Es dauerte nicht lange, bis die Musikindustrie gegen diese neue Entwicklung Sturm lief und Napster verklagte. Angeführt wurde sie dabei unter anderem von Metallica-Schlagzeuger Lars Ulrich. Dafür musste der sich als geldgierig beschimpfen lassen, auch wenn er in der Sache vollkommen recht hatte. Millionen Menschen luden sich Musik herunter, ohne einen Cent dafür zu bezahlen. Sie verschwendeten keinen Gedanken an Lizenzen, Urheberrechte und drohende Einnahmeverluste der Künstler.

Ich muss gestehen: Auch ich »saugte« damals, wie man das verbotene Herunterladen von Dateien aus dem Internet nannte. Ich wusste, dass es nicht erlaubt war. Ich wusste, dass die Künstler und Labels darunter litten. Aber die Vorstellung, dass die Musik, für die ich während meiner Jugend noch im Fast-Food-Restaurant hatte arbeiten müssen, nun vollkommen kostenlos und in rauen Mengen zur Verfügung stand, begeisterte mich. Die Versuchung war zu groß. Auf den Sound des sich ins Netz einwählenden 56k-Modems folgte der Sound der Welt. Ich tippte die Namen meiner Lieblingsbands in die Tauschbörsensuchzeile und mir erschloss sich eine neue Dimension. Ich suchte auch nach Neuentdeckungen, von denen ich irgendwo gelesen, nach Radiobruchstücken, die ich zwischendurch aufgeschnappt hatte. In der Welt von Napster und Co. gab es nichts, was es nicht gab, und nicht nur einmal stieß ich auf Musik, die ich mir wahrscheinlich nicht gekauft hätte, die mir nun aber gefiel.

Die Krux bei den Filesharing-Diensten: Manchmal wurden Dateien nur von einem einzigen User zur Verfügung gestellt, und so hoffte man, dass er online blieb, bis der Download abgeschlossen war. Wenn nicht, brach der Transfer ab, und man musste darauf setzen, dass er sich bald wieder einwählte – sonst stand man mit einer halb heruntergeladenen, nicht verwendbaren Datei da. Jeder erfolgreich heruntergeladene Song glich einem kleinen Sieg. Einer Belohnung.

Genau wie bei meinen Platten und meinen VHS-Kassetten begann ich damals, Dateien zu sammeln, und zwar mit viel Hingabe. Das Saugen fühlte sich an wie eine digitale Schatzsuche, eine moderne Version dessen, was ich früher in den Plattenläden in Stuttgart betrieben hatte. Nur dass ich jetzt nicht mehr in Holzkisten nach LPs stöberte, sondern durch virtuelle Listen scrollte. Festplatte über Festplatte wuchs meine digitale Musiksammlung. Ordner über Ordner archivierte ich meine Online-Errungenschaften, mit liebevoller Sorgfalt benannt und verschlagwortet, ergänzt um Coverbilder und Tracklisten. Ich verbrachte ganze Abende damit, meine Sammlung zu strukturieren oder zwischen Festplatten hin und her zu schieben, weil irgendwo wieder der Speicherplatz knapp geworden war. Die Musik wurde fast zur Nebensache, denn ich konnte kaum alles hören, was ich herunterlud. Wie auch? Die schiere Menge war überwältigend.

Wann immer ich ein neues Album heruntergeladen oder eine Lücke in meiner Sammlung geschlossen hatte, schüttete mein Gehirn Dopamin aus – diesen kleinen Glücksbotenstoff, der bei Erfolgserlebnissen die Synapsen tanzen lässt. Oder bei leckerem Essen. Oder beim Trinken von Alkohol. Oder beim Erhalt von Social-Media-Likes. Genau wie beim Plattenkaufen ging es mir nicht nur um die Musik, sondern auch um das Jagen, das Finden, das Behalten besonders schöner Stücke. Nur wusste ich in diesem Fall gar nicht mehr, was ich alles hatte. Wichtig war nur, dass ich es haben konnte. Das hörte erst auf, als mir einmal eine 500-Gigabyte-Festplatte voller Musik abrauchte. Ich hatte kein Back-up und gab das Sammeln zugunsten des Streamings auf. Na ja, jetzt sammle ich eben Playlists, zum Beispiel »Instacoming« – eine von Fans stark nachgefragte Liste mit Songs, die zum Singen anstehen. Die ist allerdings privat, damit ich keine falschen Erwartungen wecke: Manchmal fliegen Songs wieder raus, manchmal höre ich was Tolles und nehme es spontan auf. So viel künstlerische Freiheit muss einfach sein.

An sich ist das Sammeln von Dingen nichts Schlechtes. Ganz im Gegenteil: Viele Menschen finden in dieser Leidenschaft Struktur und Ruhe. Ein Briefmarkenfan etwa, der konzentriert und mit viel Hingabe seine Alben befüllt, gelangt dabei sicher deutlich besser zu innerer Balance als jemand, der sich jeden Abend einen hinter die Binde kippt, um seinen Alltag besser ertragen zu können. Das Sortieren, Einordnen und Kategorisieren kann etwas Meditatives haben, einen Anschein von Kontrolle erwecken in unserer Welt, die immer unübersichtlicher wird. Aufpassen solltet ihr bloß, wenn das Sammeln manische Züge annimmt oder wenn es euch ruiniert. Ich sage nur: Sneaker. Wenn es sich nicht mehr anfühlt wie ein Hobby, sondern zum Zwang wird, vielleicht sogar zur Sucht. Das bedeutet: Bei Platzproblemen, sozialer Abgrenzung oder gar finanzieller Not sollten die Alarmglocken angehen. All das war bei mir zwar nie der Fall, dennoch war das ausschweifende Sammeln ein erster Ausdruck dessen, was mir während meiner Binge-Eating- und Alkohol-Eskapaden zum Verhängnis werden sollte: mein Belohnungssystem, das mich antrieb, ständig auf der Suche nach neuem Input. Dieser innere Motor, der nicht aufhörte zu laufen, immer auf der Jagd nach dem nächsten Kick – und sei er noch so klein.

So digital ich in Sachen Musik zu Hause inzwischen unterwegs war, brannte ich natürlich parallel auch meine eigenen CDs, wie es damals alle taten, vor allem fürs Auto. Voraussetzung war, dass man einen CD-Player im Wagen eingebaut hatte, nicht nur ein Kassettenfach. Bei mir war das zum Glück der Fall, denn in Sachen CDs war ich ein echter »Early Adopter« gewesen, also jemand, der vor der Konsumentenmasse einstieg. 1983 kam die kleine Silberscheibe in Deutschland damals auf den Markt – eine echte Neuerung in Sachen Klangqualität und Bedienkomfort. Es gab keine lästigen Bandsalatunfälle mehr, und das neue Medium war viel weniger empfindlich als Vinyl. Bereits 1984, also nur ein Jahr später, investierte ich 700 D-Mark meines Zeitungshonorars in meinen ersten CD-Player. Das war eine Menge Geld, wenn man bedenkt, dass ich damals noch ganz am Anfang meiner beruflichen Laufbahn stand. Aber ich konnte und wollte nicht widerstehen: Endlich gab's etwas zu sammeln, was nicht nach ein, zwei Jahren den Geist aufgab wie Musik- oder VHS-Kassetten und Vinyl. Ich war mir sicher: Das ist die Zukunft!

Dazu kaufte ich mir auch gleich mein erstes Album auf CD, ein meiner Meinung nach heute zu Recht vergessenes Werk der britischen Pop-Jazz-Easy-Listening-Band Matt Bianco. Größter Hit: »Who's Side Are You On«. Eine CD kostete damals 20 hart verdiente Mark, also einen halben Spielbericht aus der Landesliga. Sonderangebote gab es zu Beginn noch nicht so häufig, doch sobald sich die Möglichkeit ergab, sah ich zu, dass ich für möglichst wenig Geld möglichst viel Musik bekam. So hatte ich es bei den Schallplatten auch immer gehandhabt und gerne die Wühltische durchstöbert – und dabei echte Perlen gefunden, die in den regulären Regalen nicht mehr auftauchten, weil sie nicht nachgepresst wurden.

Als meine CD-Sammlung wieder einen gefährlichen Umfang annahm, verkaufte ich meine Vinylsammlung. Ich hatte ja noch die Videokassetten und einfach keinen Platz mehr. Also setzte ich mich mit ein paar Klappkisten auf einen Flohmarkt und bot mein »schwarzes Gold« zum Schleuderpreis an. Hauptsache weg, dachte ich damals. Dass die Schallplatte Jahrzehnte später noch einmal zu neuem Ruhm gelangen würde, mit edlen Reissues und neu eröffneten Presswerken unter Vollauslastung, hatte ich natürlich nicht auf der Rechnung. Die Scheibe hatte den Abflug gemacht, galt als Relikt aus einer anderen Zeit. Ich bin wohl nicht der einzige ehemalige Plattensammler, der sich heute im Internet die Preise von Erstauflagen anschaut und bei so mancher LP zähneknirschend denkt: »Die hatte ich doch mal?« Im Großen und Ganzen habe ich diesbezüglich allerdings nie zurückgeblickt. Ich blieb fortan bei der CD, und zwar bis in die 2000er-Jahre hinein.

Oder, anders gesagt, bis Steve Jobs seinen Job bei Apple wiederbekam. 2006 kaufte ich mir seinen iPod. Plötzlich konnte ich meine auf den Festplatten herumliegende Musiksammlung überall mit hinnehmen. Was für ein Befreiungsschlag! Auf einmal hatte ich meine Lieblingsmucke griffbereit in der Hosentasche. Walkman und Discman hatte ich natürlich auch genutzt. Jetzt aber konnte ich Tausende Songs im Hosentaschenformat mit mir herumtragen und mir zum Beispiel die Zugfahrten von Buchloe nach München – und zurück – versüßen. Oder den Küchendienst. Oder den Hundespaziergang. Oder die Gartenarbeit. Stöpsel rein, Alltag raus.

Der Weg zur Arbeit und die Musik: Es scheint, als gehörten diese zwei Themen bei mir bereits damals zusammen. Während andere

Zeitung lasen oder Sudokus lösten, tauchte ich in meine Klangwelten ab. Vielleicht kam ich deshalb später auf die Idee, Musik nicht nur unterwegs zu hören, sondern sie im Auto selbst zu singen? Ich nutzte den Player im Zug, auf der Arbeit, zu Hause, beim Spazierengehen, im Urlaub. Da wo ich war, war auch meine Musiksammlung. Noch heute denke ich bei bestimmten Songs an ganz bestimmte Orte, weil ich sie dort mit dem iPod gehört habe. Fuhr ich mit dem Zug, bedauerte ich immer zutiefst, dass ich nicht lauthals mitsingen konnte, was ich gerade auf die Ohren bekam. Ich gebe zu: Ich könnte heutzutage auch mit der S-Bahn in die Werbeagentur fahren, in der ich seit 2014 einer der beiden Geschäftsführer bin. Aber sorry, Singen geht vor Klimaschutz. Ich versuche das auf diese und die andere Art wieder auszugleichen, etwa durch Nicht-Fliegen und weitgehenden Fleischverzicht.

Dass die illegalen Downloads, mit denen ich nun auch mein iPod-Hörvergnügen bestritt, den Musikern und der Industrie dahinter möglicherweise ein finanzielles Ende bescheren würden, war völlig klar. Doch viele, die in dieser Zeit auf den illegalen Tauschbörsen unterwegs waren, werden bestätigen: Es fühlte sich nicht nach Diebstahl an, sondern eher wie eine neu gewonnene Freiheit. Türen, die zuvor verschlossen gewesen waren, öffneten sich plötzlich und offenbarten die dahinter liegenden Songjuwelen. Wir Musikfans brauchten bloß noch hindurchzugehen und die Schätze einzusammeln. Ich verglich das Prinzip damals noch mit meinen Videotheken-Kopien oder dem Tausch von Disketten bei Videospielen. Es fühlte sich an wie ein harmloser Streich gegen das System – wie zu Punkrockzeiten. Heute weiß ich, dass der Down- und Upload von Musik im großen Stil anders zu bewerten ist als eine Privatkopie. Denn während ich ein Video aus der Videothek nur ein einziges Mal für meine Sammlung überspielte und der Prozess dann abgeschlossen war, standen Songs über Tauschbörsen wie Napster für Millionen User zur Verfügung, die diese wiederum weiteren Usern anboten. Aus einem harmlosen Download wurde so schnell ein globaler Schneeballeffekt.

Interessant an dieser Entwicklung finde ich im Nachhinein, dass die illegalen Downloads so etwas wie der ersten globalen Online-Musik-Community auf die Sprünge halfen. Die Idee, dass auch digitale Sounds Menschen verbinden können, hatte ihren Ursprung genau dort. Wenn auch auf verbotene Weise, schlossen sich damals Musikfans weltweit zusammen, tauschten Songs und versorgten sich gegenseitig mit den Hits ihrer Lieblingskünstler. Es war ein Austausch auf Augenhöhe, obschon keine Kommunikation zwischen den Tauschenden erfolgte. Stattdessen klickte man sich durch die Festplatten Fremder, im gegenseitigen Einverständnis, die eigene Musiksammlung mithilfe der gefundenen Dateien zu vervollständigen. Die Filesharing-User taten gemeinsam etwas Verbotenes, das Feindbild waren die bösen Musikkonzerne. In der Rückschau ist es fast ein bisschen romantisch: Downloads als ein kollektiver Akt der Rebellion gegen Verknappung. Menschen, die früher verstanden, wie sich Musik im Internet konsumieren ließ, als die Musikindustrie. Man gab und man nahm – und zum ersten Mal wurde Musikgeschmack unter Fans nicht auf lokaler Ebene verhandelt, sondern auf weltweiter. Es spielte keine Rolle mehr, ob jemand in Buchloe, in Barcelona oder in Brisbane saß – alle hatten Zugriff auf dieselben musikalischen Ressourcen. Ein kurzer, intensiver Moment der digitalen Freiheit. Besonders für Jugendliche in ländlichen Gegenden, zu denen ich als Teenager ja auch gehörte, eröffnete sich durch die Tauschbörsen eine neue Welt. Sie bekamen kein »Haben wir nicht« vom Elektronikhändler mehr zu hören, sondern Massen an Musik auf ihrem Weg zur Selbstentfaltung. Britischer Indie, Hip-Hop aus Brooklyn, japanischer Pop – alles war nur ein paar Klicks entfernt.

Am Ende fand die Musikindustrie zumindest für sich eine Lösung: Statt Tauschbörsen gibt's Streaming-Plattformen, die sozialen Netzwerken zum Thema Musik ähneln. Deren Abomodelle sind nicht nur legal, sondern eröffnen den Zugriff auf Millionen von Songs. Fast jede Veröffentlichung ist verfügbar und jederzeit abrufbar. Ihr kennt das natürlich: Es gibt personalisierte Vorschläge, ihr könnt eure Playlisten teilen und sehen, was eure Kumpels und Freundinnen gerade so hören. Schade nur, dass die Musiker nicht angemessen am Ertrag beteiligt werden. Die Film- und vor allem die Gaming-Branche konnten später von den Fehlern der Musikindustrie profitieren, sodass sie nicht in dieselben Fallen tappten. Sie hatten gesehen: Die Nutzer nehmen sich, was sie möchten, ob erlaubt oder nicht. Zum Glück gibt es heute legale Alternativen zum Filesharing.

Musik- und Computerfreaks werden sich auch an Winamp erinnern, die kastenförmige Abspielsoftware, die zwar nie schön aussah, doch aufgrund ihrer einfachen Bedienung legendär wurde. Das Interface wirkte wie ein amateurhaft zusammengeschraubtes Mischpult aus den frühen Neunzigern – in schrillen Farben, mit kleinen kryptischen Buttons und einem Equalizer, der aussah, als könne man damit Raumschiffe starten. Doch genau das machte den Charme der Software aus: Winamp war funktional, direkt und irgendwie nerdig. Das Programm weckte den Spieltrieb und jeder wurde gefühlt zum DJ, auch wenn sich die Möglichkeiten schwer in Grenzen hielten. Man konnte Songs auf Repeat schalten, Playlisten erstellen und diese sogar abspeichern. Heute weiß man: Auch das war ein Vorbote der inzwischen so erfolgreichen Playlistfunktion von Streamingdiensten.

Außerdem trug das Internet ab Mitte der 2000er zur Demokratisierung des Musikmachens bei. So ging damals zum Beispiel YouTube online. Die Videoplattform entwickelte sich sehr bald zu einer der wichtigsten Anlaufstellen für Nachwuchsmusiker. Nicht nur, dass man sich hier Musikvideos anschauen konnte, wie zuvor im Fernsehen auf MTV und VIVA. Es gab auch jede Menge Tutorials und Anleitungen für Menschen, die selbst Musik machen wollten.

Gitarrenlehrvideos, virtuelle Gesangsstunden, Tipps für die Musikproduktion im Homestudio: Wer musizieren wollte, hatte Zugang zu scheinbar unerschöpflichem Wissen – und das kostenlos. Das Bezahlabo, wie ihr es kennt, kam erst später, ebenso die nervige Werbung.

Bis dahin waren die Musikschule oder der teure Einzelunterricht nahezu die einzigen Möglichkeiten gewesen, das Spielen eines Instruments zu erlernen. Dazu gab es kaum Alternativen, höchstens noch Notenbücher aus dem Musikladen fürs Self-Learning. Doch wenn euch keiner erklärt, wie ihr das Gelesene in Töne verwandelt, muss das in Frust enden. Den Unterricht wiederum konnte sich nicht jeder leisten. Und wer hatte schon eine Freundin oder einen Freund, die bereits fit auf der Gitarre oder am Klavier waren und einem etwas beibringen konnten? Ich jedenfalls nicht.

Dass Musik seit Jahrzehnten etwas Elitäres war, zu dem nicht jeder Zugang hatte, nervte mich alten Punkrocker schon lange. Punk war Ende der Siebziger vor allem eine Selbstermächtigung: ein Bestreben, das Musizieren für jedermann zugänglich zu machen, ein Gegenentwurf zu den virtuosen, aber auch bombastischen und überproduzierten Rockalben der Siebziger. Es ging viel mehr um Haltung als um Können. Drei Akkorde und ein Schlagzeug, das hatte fast jeder im Griff – oder konnte es sich zumindest zutrauen. Bands wie die Ramones, The Clash und die Dead Kennedys vermittelten ihrem Publikum: »Du brauchst keine zehn Jahre Geigenunterricht. Du brauchst Wut, einen Verstärker und einen Proberaum!« Ganz ähnlich waren die Möglichkeiten, die mit YouTube einhergingen, also war YouTube irgendwie auch Punkrock, schätze ich?

Auch die professionelle Produktion von Musik war in der Pre-Internet-Ära einem Kreis Auserwählter vorbehalten gewesen: den Plattenfirmen, Studios und erfolgreichen Künstlern. Wer Musik in entsprechender Qualität veröffentlichen wollte, brauchte teures Equipment, erfahrene Produzenten, gute Beziehungen oder einen

Plattenvertrag. Ohne all das blieb man Hobbymusiker, und selbst wenn man sich in ein Studio einkaufte, war man auf das Know-how erfahrener Profis angewiesen, wenn man nicht gerade selbst Toningenieur war.

Doch mit dem frei zugänglichen Wissen und den neuen digitalen Möglichkeiten war es plötzlich möglich, für kleinstes Geld professionelle Aufnahmen einzuspielen. Eine Gitarre, ein Interface, ein Programm und es konnte losgehen. Statt Tausender Euro für Studiotage reichten plötzlich eine Mini-Ausstattung und ein möglichst schalldichter Raum. Der Sound war dann vielleicht nicht auf Abbey-Road-Niveau, aber das Ergebnis konnte sich hören lassen.

Auch bei dieser Demokratisierung der Musikproduktion spielte YouTube eine wichtige Rolle. In Videos vermittelten Tontechniker, ambitionierte Hobbymusiker und Produzentenneulinge jungen Künstlern, mit welchem Equipment sie mehr als nur respektable Ergebnisse erzielen konnten, ohne ein Vermögen dafür ausgeben zu müssen. Tipps zum Abmischen von Vocals, Empfehlungen für günstige Mikrofone, Tutorials zum Einpegeln von Gitarren: Jeder konnte mitmachen und sein Starpotenzial voll ausschöpfen.

Zusätzlich zu alldem brachte die Plattform noch eine weitere Möglichkeit mit sich, die sich sogar im ursprünglichen Slogan von YouTube widerspiegelte: »Broadcast yourself«, also »Sende dich selbst«. Zum ersten Mal entschieden nicht große Sendeanstalten, wer eine Plattform bekam, sondern die User. Die Gatekeeper verloren an Macht. Das hatte zur Folge, dass Menschen, die auf reguläre Art und Weise wohl niemals im linearen Fernsehen gelandet wären – zu schräg, zu unbekannt, zu gewöhnlich –, plötzlich weltweit Erfolge feierten. Da wäre zum Beispiel der junge Wundergitarrist, der sich Funtwo nannte und im Jahr 2006 eine Gitarrenversion von Johann Pachelbels »Canon« hochlud. Monatelang sprachen Schüler weltweit über seine Art, betörende Klänge zu erzeugen. In Gitarrenforen, im Musikunterricht, auf Schulhöfen wurde sein

Video geteilt, bestaunt, versuchte man, ihn zu kopieren. Noch heute ist das Video online und verzeichnet inzwischen mehr als 19 Millionen Aufrufe.

Zugegeben, verglichen mit aktuellen Maßstäben auf TikTok ist das eher niedlich. Tanzvideos und Comedyformate erreichen heute innerhalb weniger Stunden Hunderte Millionen Menschen. Aber ihr merkt, worauf ich mit diesem Kapitel hinaus möchte: Der Wandel begann damals. Die Möglichkeit, sich selbst ins Netz zu bringen, sich zur Marke zu machen, hatte ihren Ursprung nicht bei Instagram oder bei TikTok, sondern bei YouTube. Hier wurden die ersten Onlinestars geboren.

Als Musikschule der Gegenwart half YouTube bei der Hilfe zur Selbsthilfe und ermutigte eine ganze Generation junger Menschen zum Experimentieren, zum Aufnehmen – und zum Veröffentlichen. Außerdem konnten sie per Kommentarspalte Feedback für ihr Tun bekommen. Eltern finden ja meistens alles toll, was man so macht. Das zumindest steht in ihrer Jobbeschreibung. Das Internet hingegen kann ein Fegefeuer sein, gnadenlos hart, einfach ehrlich oder beides. Besonders Einsteigenden können Kommentare wie »Die Aufnahme klingt etwas zu basslastig« oder »Der Gesang ist zu leise« oder »Probiert für Trommel X mal Mikrofon Y aus« sehr hilfreich sein. Nur wenige Musiklehrerinnen oder -lehrer hätten diese Tipps so punktgenau geben können – und schon gar nicht kostenlos.

Die andere Seite ist, dass Lob junge Musizierende dazu ermutigt, ihren Weg weiterzuverfolgen. Viele Talente bekamen über YouTube zum ersten Mal ein Gefühl dafür, dass sie tatsächlich etwas konnten. Nicht, weil die Familie es sagte, sondern weil fremde Menschen auf der ganzen Welt ihnen dies bestätigten. Wenn man mit seiner Death-Metal-Band im heimischen Jugendzentrum auftritt und die Reaktionen eher höflich als begeistert ausfallen, liegt das vielleicht an der Qualität der Musik, vielleicht auch am falschen Publikum. Hören die Schulkameraden lieber Deutschrap, ist hartes

Zeug fehl am Platz. Im Internet ist die entsprechende Community meist nur einen Mausklick entfernt. Daraus lässt sich eine historische Wende ableiten: Das World Wide Web sorgte für mehr Freiheit und Menschen konnten zunehmend selbst darüber bestimmen, wer sie im Netz sein wollten und was sie interessierte. Für einen allseits neugierigen ehemaligen Klassenclown wie mich eine Offenbarung.

7

ICH POSTE, ALSO BIN ICH

Der Startschuss für die sozialen Medien in Deutschland fiel kurz nach der Jahrtausendwende. Im Juni 2001 ging Jappy online und zum ersten Mal gab es im Netz eine vielgenutzte Plattform, auf der man sein digitales Ich präsentieren konnte. Die Nutzer konnten sich mit Profilbildern, persönlichen Interessen und kleinen Textfeldern zur eigenen Person darstellen. Heute ist das Standard, damals war es Neuland. Klar, vorher hatte es Websites und Chats gegeben. Aber die ursprünglich als Single-Plattform gedachte Community Jappy verband beides miteinander: das Persönliche und das Soziale, das Schreiben und das Schauen. Jappy schrieb damit eine durchschlagende Erfolgsgeschichte bei jungen und später auch älteren Menschen. Ich selbst war dort allerdings nie angemeldet.

Und erinnert ihr euch an Tom? Wenn ihr ab Mitte der 2000er-Jahre MySpace-Nutzer wart, ganz bestimmt, denn wer immer sich bei dem großen sozialen Musiknetzwerk anmeldete, war automatisch mit ihm, dem Erfinder der Plattform, befreundet. Tom Anderson, wie er mit vollem Namen heißt, war auf seinem Profilfoto in einem weißen T-Shirt zu sehen und grinste in die Kamera – ein ikonisches Bild der 2000er-Jahre.

Für die Künstlerwelt war MySpace damals die nächste wichtige Entwicklung und eine Plattform mit Pioniercharakter. Im Gegensatz zu den ersten sozialen Netzwerken wie SixDegrees.com, ging es bei MySpace schwerpunktmäßig um das Thema Musik. Die Website ermöglichte es Newcomern, ihre aufgenommenen Songs aus dem Proberaum direkt ins Internet zu stellen – ohne Umwege, ohne Plattenvertrag, ohne Gatekeeper. Das Schöne daran: Im Gegensatz zu Napster war das Userverhalten auf MySpace völlig legal. Es handelte sich um eine offizielle Präsentationsfläche, ein Schaufenster im Netz, in dem man selbst bestimmen konnte, was man zeigt und wie man das tut. Bands konnten sich Profile anlegen, ihre Musik einem großen Publikum präsentieren, Konzertdaten eintragen und mit ihren Fans kommunizieren. Die Künstler-Fan-Beziehung fand im Netz ein neues Zuhause.

Von dieser Entwicklung profitierten viele damals noch kleine Bands, von denen einige zu festen Größen der heutigen Musikwelt wurden. Da wären zum Beispiel Ghost, eine der bekanntesten Gruppen der modernen Rockmusik. 2010, als der Stern von MySpace schon wieder im Sinkflug begriffen war, erhielten sie für ihre Demosongs jede Menge Lob von überallher. Heute füllen sie mit ihren düsteren Masken und ihren theatralischen Auftritten die größten Hallen. Auch Bullet For My Valentine, die im Metal-Bereich sehr bekannt sind, unternahmen ihre ersten Online-Schritte auf MySpace. Und für begnadete Rapper, die noch kein Produzent in L.A. oder New York entdeckt hatte, entwickelte sich die Plattform schnell zu einem wichtigen Werkzeug, um bahnbrechende Mixtapes unter die Leute zu bringen.

Radio- und Musik-TV-Sender verloren durch MySpace drastisch an Bedeutung, für Künstlerinnen und Künstler aber eröffnete sich ein Testfeld: Welche Songs kamen gut an? Welches Feedback bringt die Community ins Spiel? Gibt es Verbesserungsvorschläge, Lob, Kritik? Fragen, die auch mich beim Auto-Karaoke bis heute bewegen.

Auch die VZs wurden ab Mitte der 2000er-Jahre erfolgreich: das SchülerVZ für Schüler, das StudiVZ für Studierende und das meinVZ für alle. Auch dort war ich nie Mitglied, bekam im Freundes- und Kollegenkreis aber mit, worum es ging und was dort so ablief. Ich erinnere mich noch an das »Gruscheln« – halb Gruß, halb Kuscheln. Eine Art digitaler Schulterstupser, um Kontakt aufzunehmen. Das siedelte zwischen albern und Stalking, aber jeder probierte es aus. Ein weiteres zentrales Element der VZs waren die Gruppen, denen man beitreten konnte – allerdings nicht wegen tiefsinniger Diskussionen, sondern hauptsächlich wegen der Gruppennamen. Heute findet ihr ähnliche Sprüche auf T-Shirts, Jutebeuteln und Kaffeetassen. Weisheiten wie: »Ich wäre lieber reich als sexy, aber was soll man machen« oder »Wer braucht schon Mathe? Ich hab doch einen Taschenrechner«. Die zarten Anfänge der heutigen Meme-Kultur. Wer einer Gruppe beitrat, erhielt sie auf dem eigenen Profil angezeigt. Damit drückten User ihren Humor aus oder wollten einen Lifestyle widerspiegeln.

Wenn ich heute durch meinen Instagram-Feed scrolle, erkenne ich dieses Muster wieder – nur in einem anderen Format. Was früher ironische Gruppennamen im StudiVZ waren, sind heute sorgsam kuratierte Posts und Storys. Wir alle wissen: Nur selten stimmt das, was ihr bei Instagram zu sehen bekommt, mit der grauen Realität überein. Karibikstrände, Fünfgängemenüs, Weihnachten im kitschigen Pulli: Viele zeigen nur die beeindruckendsten Urlaubsfotos, die am schönsten angerichteten Speisen und die harmonischsten Familienbilder. So entsteht eine auf den ersten Blick paradiesischheile Onlinewelt, mitten im turbulenten Realo-Chaos.

Hinzukommen digitale Bearbeitungsmöglichkeiten. Schlankheitsfilter, Hautverschönerer, Weichzeichner: Mit einfachsten Mitteln können wir anderen vorgaukeln, dass wir demnächst den Supermodel-Status erreichen. Oft reicht ein Fingertipp und schon wirken die Gesichtszüge symmetrischer, die Haut makellos und der Bauch kleiner. Das kann bei den Rezipienten unrealistische Erwartungen an das eigene Äußere wecken, genau wie stark bearbeitete Fotos von Katalogmodels. Nur dass es nicht mehr Lichtgestalten wie Claudia Schiffer oder Heidi Klum sind, mit denen man sich vergleicht, sondern der Arbeitskollege, der Nachbar, der Freund.

Es besteht die Gefahr, dass sich manche Menschen durch die vermeintlichen Vorgaben von außen für nicht erfolgreich oder schön genug halten. Denn wir neigen dazu, uns an anderen zu messen, ob bewusst oder unbewusst – und wenn wir durch Social Media jeden Tag das Gefühl vermittelt bekommen, dass es allen da draußen besser geht als uns, dass sie hübscher sind oder trainierter, kann das bis zu einer handfesten Depression führen. Die Entwicklung ist schleichend: Erst scheint es, bei allen sei alles perfekt, nur bei einem selbst nicht. Das kann Neid und Minderwertigkeitsgefühle auslösen, das eigene Dasein fühlt sich grau und unvollständig an. Dabei ist nur logisch, dass niemand das perfekte Leben lebt. Niemand nimmt ein Foto davon auf, wenn Rechnungen in den Briefkasten flattern, die Kinder eine schlechte Note mit nach Hause bringen oder das Klo verstopft ist. Dinge, die allen Menschen passieren, die aber die wenigsten gern nach außen tragen. Das hat noch einen weiteren gefährlichen Effekt: Negative Emotionen werden tabuisiert. Traurigkeit, Einsamkeit und Scheitern passen nicht in die bunte Social-Media-Welt – und häufig auch nicht in die reale. Wie oft beantworten wir die Frage, wie es uns geht, mit »Alles gut«, obwohl wir im Inneren vielleicht gerade hilflos sind oder traurig oder wütend? Die sozialen Medien sind im Grunde ein einziges großes schwäbisches »Passt schon«, denn meist möchten Menschen genau das dort unter Beweis stellen. Nur dass diese Art von »Alles gut« bei anderen oft für negative Gefühle sorgt. Als ich mit meinen Instagram-Videos begann, beschloss ich, das Gegenteil zu tun: Ich wollte nicht perfekt wirken, sondern echt. Ich wollte die Menschen glücklich machen – nicht durch ein idealisiertes Bild von mir, sondern durch reale Momente. Einfach jemand, der im Auto sitzt, singt und sich freut, wenn er anderen damit ein Lächeln ins Gesicht zaubert.

Zurück ins Jahr 2006: Damals hieß das neue soziale Netzwerk nicht Instagram, sondern Facebook, und es war gerade dabei, Europa zu erobern. Austauschschüler und -studenten, die für ein Auslandssemester in die USA gereist waren, brachten es mit nach Hause. In den Vereinigten Staaten war Facebook damals längst ein Hit unter Collegestudenten, und viele von ihnen waren dort täglich aktiv – um sich zu daten, Nachrichten zu schreiben, Fotos zu teilen oder einfach mit anderen in Kontakt zu bleiben. Man konnte in diesem Netzwerk liken und kommentieren, Freunde hinzufügen und chatten. Außerdem konnte man Beiträge posten. Im Internet wurde damals ein neues Kapitel aufgeschlagen.

Meine eigene Social-Media-Reise begann ebenfalls 2006, als ich das Onlineforum und die Kommentarspalte des Münchner Computermagazins entdeckte, für das ich arbeitete. Zu Beginn waren die Reaktionen auf das Feature noch zaghaft gewesen – ein paar vereinzelte Kommentare, manchmal eine Frage, vielleicht ein kurzer Dank. Doch binnen weniger Jahre hatte es sich zu einer tragenden Säule des gesamten Magazins gemausert und generierte jede Menge Traffic. Für einige User war es sogar zum eigentlichen Grund geworden, unsere Website zu besuchen. Wer Fragen zu Hardware-Kompatibilitäten, BIOS-Updates und zur Verwendung von Treibern hatte, landete ziemlich sicher bei uns und tauschte sich mit der Community über seine Probleme aus. Es entstand so etwas wie ein kollektives Gedächtnis aus Trial-And-Error-Erfahrungen, das jedem zugänglich war und täglich wuchs. Genau wie auf den bereits beschriebenen Plattformen brachte das Internet auch hier eine wichtige Selbsthilfekultur mit sich, genauso wie ein starkes Gemeinschaftsgefühl.

Die Community des Magazins war ausgesprochen sachkundig, und die Gespräche fanden oft auf hohem Niveau statt. Das hatte allerdings auch zur Folge, dass die Mitglieder hin und wieder Einwände gegen die Arbeit der Fachredaktion formulierten und entsprechend posteten. Sie diskutierten nicht nur miteinander, sondern auch mit uns Redakteuren, und zwar auf Augenhöhe. Meine Kollegen nahmen diese Entwicklung eher mit Argwohn auf, und ich hatte das Gefühl, dass sie sich in ihrer journalistischen Deutungshoheit angegriffen fühlten. Das führte dazu, dass sie die Kommentare einfach weitestgehend ignorierten. Manche Zeitungsredakteure hielten sich damals noch für den lieben Gott. Sie nahmen sich selbst als höhere Instanz wahr, nicht als Gesprächspartner. Ich hingegen sah vor allem die Vorteile des Feedbacks im Forum. Klar, es ging schon ans Ego, wenn man einen Produkttest veröffentlichte und anschließend detailliert aufgezählt bekam, welche Fehler oder Ungenauigkeiten man dabei begangen hatte. Das war nicht immer angenehm – aber jedes Mal hilfreich. Objektiv gesehen hatten wir nichts zu verlieren, im Gegenteil: Entweder waren die Kommentare der User freundlich und wir bekamen ein Lob für unsere Arbeit – oder jemand äußerte Kritik und wir hatten die Chance, uns zu verbessern. Wer die Kommentare ignorierte, veröffentlichte unbemerkt Fehler, und das konnte ja auch nicht die Lösung sein. Außerdem spielte hier wieder meine Erziehung eine Rolle: Wenn sich schon jemand die Mühe machte und mir eine Nachricht schrieb oder sich im Forum mit meinem Text auseinandersetzte, konnte ich das unmöglich unbeantwortet lassen. Das hätte sich für mich angefühlt, als würde mir jemand auf der Straße zuwinken und ich würde absichtlich wegschauen. Bis heute reagiere ich auf so gut wie jede E-Mail und versuche, auf möglichst viele Kommentare meiner Follower einzugehen – auch wenn das mit wachsender Reichweite immer schwerer wird. Ich denke aber trotzdem: Was bringt einem die größte Reichweite, wenn man den Kontakt zu den Menschen verliert, die einem diese Reichweite ermöglichen?

Hasskommentare in dem Sinne waren 2006 noch nicht so verbreitet, also erschien mir der Austausch innerhalb unserer Kommentarspalte in den meisten Fällen sehr konstruktiv. Damals diente das Internet noch nicht flächendeckend als Ventil für Frust oder Wut, sondern eher als Ideen-, Gedanken- und Tippbörse für Gleichgesinnte. Die Gespräche waren, zumindest empfand ich es so, sachlicher, der Ton respektvoller und wenn es doch mal emotionaler wurde, beruhigten sich die Gemüter schneller wieder und wurden nicht so ausfallend wie heute. Noch immer begegnet man mir im Netz nur selten mit Hass. Natürlich, auch ich hatte hier und da ein paar »Hater«, meistens anonyme, aber keine nennenswerten. Entweder bin ich dafür nicht prominent genug oder ich liefere nicht genug Angriffsfläche. So oder so: Es kann mir nur recht sein.

Heute ist Hass leider ein Phänomen, das im Internet grundsätzlich häufiger anzutreffen ist. Das hat mehrere Gründe: Zum einen seht ihr euer Gegenüber im Netz in der Regel nicht von Angesicht zu Angesicht, bekommt folglich wechselseitig keine direkten Reaktionen mit, und auch Sanktionen sind eine Seltenheit oder lassen sich leicht umgehen. Das führt dazu, dass einige ungeübte Menschen, deren Zahl inzwischen gestiegen ist, denken, im Netz gäbe es keine Regeln, und sich ohne Scham danebenbenehmen. Sie nerven, beleidigen, trollen, stalken und drohen. Das führt mich zu einem weiteren Social-Media-Phänomen: Shitstorms. Wird auf Facebook, Instagram oder einem anderen sozialen Medium eine Äußerung gepostet, die teilweise schlecht ankommt, kann es schnell negative Kommentare hageln, und zwar in einem Ausmaß, das für die betroffene Person verletzend und kaum noch zu bewältigen ist. Ich möchte mir an dieser Stelle kein Urteil darüber erlauben, ob Shitstorms richtig oder falsch sind. Nur ein Tipp: Die Polizei ist inzwischen auch auf digitale Verbrechen eingestellt. Solltet ihr mit Mord- oder Vergewaltigungsdrohungen und ähnlichem Mist zu kämpfen haben, könnt ihr euch daher an sie wenden.

Ich selbst bekam zum Glück noch keine Mistkübel über den Kopf geschüttet und hoffe, dass das so bleibt. Bei so manchem wütenden Kommentar würde ich mir aber wünschen, dass die Absendenden ihn vor dem Abschicken noch einmal mit weniger Aufregung lesen und sich fragen würden, ob sie diesen Ton auch im echten Leben angeschlagen hätten.

Und: Manchmal geht es auch gerade darum, zu provozieren. Das ist psychologisch nachvollziehbar: Wer wenig Kontrolle über das eigene Leben hat, möchte wenigstens andere im Internet kontrollieren, und sei es nur emotional. Da geht es viel mehr um eine Illusion von Einfluss als um tatsächlich angebrachte Kritik. Deshalb werden oft erfolgreiche Menschen oder Minderheiten zur Zielscheibe von Internethass. Sie sind Feindbilder der Abgehängten, Projektionsflächen für Wut, Enttäuschung und Ohnmacht – und das bekommen sie leider auch zu spüren. Das entschuldigt nichts, aber es hilft beim Verstehen.

Soziale Netzwerke sind so programmiert, dass sie uns vor allem anzeigen, was wir gut finden, damit wir uns gerne dort aufhalten und möglichst viele Likes verteilen. Wir werden mit Inhalten versorgt, die unsere Meinung stützen, unsere Weltanschauung bekräftigen, unser Selbstbild untermauern. Das ist einerseits eine schöne Sache, denn es fühlt sich angenehm an, durch eine Onlinewelt zu surfen, die unsere Interessen widerspiegelt und in der wir uns verstanden und bestätigt fühlen. Andererseits sorgt diese Entwicklung dafür, dass wir auf Social-Media-Kanälen vergleichsweise selten mit anderen Meinungen und Weltbildern konfrontiert werden. Die Algorithmen sortieren vieles von dem aus, was unserem bisherigen Nutzerverhalten widerspricht. Andere Ansichten werden seltener, Irritationen bleiben aus. Das kann dazu führen, dass wir doch einmal auftauchende andere Meinungen als Bedrohung empfinden, einfach weil sich unser Weltbild im Laufe der Zeit vereinfacht hat. Manchmal driftet es auch in eine radikale Richtung ab. Ein echter Diskurs ist dann kaum noch möglich und artet in sich gegenseitiges Beschimpfen aus. Das ist ein Grund, warum ich den digitalen Dialog suche, wo immer es geht. Ich versuche, bewusst mit Menschen im Gespräch zu bleiben, die anders denken als ich, und ihre Sichtweisen nicht sofort abzulehnen. Damit mag ich manchmal nerven. Es ist einfacher, sich in seiner Meinung einzurichten und nur noch das zu konsumieren, was zur eigenen Perspektive passt. Aber ich finde es wichtig, dass man es sich nicht zu gemütlich macht und offen für das Leben bleibt. Es ist bunt, widersprüchlich, komplex – genau wie die Musik. Und genau wie die Musik verdient das Leben, dass man es in all seiner Vielfalt wahrnimmt. Wer nur Bestätigung sucht, wird nicht mehr überrascht. Und wer nicht mehr überrascht wird, hört auf zu wachsen.

Die Evolution der Social-Media-Welt, die ich in diesem Kapitel beschreibe, mag aus heutiger Sicht banal klingen. Doch nach der Jahrtausendwende sorgten diese Prozesse für eine reale Verschiebung von Machtverhältnissen. Das Gaming wurde vernetzter denn je. Labels und Musiker begegneten sich zunehmend auf Augenhöhe. Fans hatten viel leichteren Zugriff auf Musik und Informationen. Und die Kommentarspalten ermöglichten zum ersten Mal einen offenen Dialog zwischen Sendenden und Empfangenden. All das stellte die Weichen für die Entwicklungen der nächsten Jahre, die für meine heutige Leidenschaft von unendlicher Bedeutung sind: das Posten von Auto-Karaokevideos.

Wichtig dafür war auch, dass Facebook zum ersten Mal die Tür zum Internationalen öffnete. Während die VZs sowie deutsche Foren und Kommentarspalten klar an den DACH-Grenzen endeten, wurde Facebook weltweit genutzt. Amerika, das ich persönlich zwar schon von meinen Reisen als Sportjournalist kannte, viele andere hierzulande aber nicht in dem Maße, lag auf einmal nur einen einzigen Mausklick entfernt. Menschen, die sich nie zuvor begegnet waren, teilten plötzlich dieselben Inhalte, lachten über dieselben Witze oder diskutieren über dieselben Schlagzeilen – in Echtzeit und über Kontinente hinweg. Nicht nur das: Es war plötzlich möglich, dass sich weltweite Communitys bildeten. Ich habe eine Freundin, die eine Zeit lang in Kolumbien die Schule besucht hat. Die Menschen, die sie damals kennenlernte, treffen sich bis heute jedes Jahr im richtigen Leben, obwohl sie in der ganzen Welt verstreut sind. Ohne digitale Vernetzung wäre das fast unmöglich.

Informationen verbreiteten sich schneller und weiter. Memes,

Trends und Ausdrucksformen von Tanzschritten bis zu Fitnessvideos und Challenges (ja, ich war Ice-Bucket-Teilnehmer) wurden zu globalen Phänomenen. Was morgens noch in Kalifornien viral ging, konnte schon am Nachmittag in Köln zum Hit werden – oder umgekehrt. Doch das Tempo in den sozialen Medien sorgte auch dafür, dass News unkontrollierter kursierten. Quellen verschwammen, Absender undeutlicher wurden – Hauptsache die Klicks stimmen. Heute sprechen wir von »Fake News«, die über die Jahre ein echtes Problem geworden sind, und fragen uns, wer dafür in der Verantwortung steht. Die User? Die Social Networks? Donald Trump? Immer wieder hat uns die digitale Entwicklung gelehrt, dass sie rasanter fortschreitet als wir einen richtigen Umgang mit ihr finden können. Zumal wir in der Startphase von etwas Neuem gerne skeptisch sind und ihm keine Zukunft zubilligen. Wir lassen uns ja sogar von Entwicklungen überraschen, die sich lange abzeichnen, zum Beispiel von der Künstlichen Intelligenz und allem, was sie bringt und was sie über den Haufen wirft.

Der Hang zur Selbstdarstellung erreichte durch Facebook einen vorläufigen Höhepunkt. Durch den Siegeszug des Netzwerks lockerten sich die Grenzen zwischen privat und öffentlich, und einige User begannen, ihr Leben für ihr digitales Publikum zu inszenieren. Wie Superstars oder Politiker waren sie daran interessiert, der Welt zu zeigen, wie großartig bei ihnen alles ist. Das ging auch mit Gegenfragen einher, denn schon bald wunderte man sich: »Darf ich das auf Facebook teilen? Oder werde ich gefeuert, wenn mein Chef das sieht?« Das Familienfoto aus dem Urlaub? Kein Problem. Aber das Bild vom Partytrip zum Ballermann? Lieber nicht ... Ganz normale Menschen stellten sich Fragen, die vorher nur Prominente für sich hatten beantworten müssen – und das noch nicht einmal in solch einem enormen Umfang. Ich bin sicher: Wenn Facebook und Co. bereits in den Siebzigern und Achtzigern existiert hätten, wären wir wohl um viele Rockstar-Anekdoten ärmer. Immer wieder erklären die Bands von früher in Interviews, dass sie es damals auch deshalb so sehr haben krachen lassen, weil nichts davon dokumentiert werden konnte, außer vielleicht auf Fotos oder offiziellen Filmaufnahmen, die sie selbst in der Hand hatten. Heute trägt jeder von uns rund um die Uhr eine kleine Kamera mit sich herum. Vielleicht sorgt auch das dafür, dass viele Prominente immer vorsichtiger geworden sind, was ihre Äußerungen betrifft?

Dieses Kapitel soll eine persönliche historische Einordnung sein. Ich möchte aber auch verdeutlichen: Ich bin nicht naiv und die Schattenseiten im Netz sind mir über die Jahre nicht verborgen geblieben. Nicht nur das: Ich nehme diese Entwicklungen mit Besorgnis wahr und lehne sie ab. Hass, Desinformation, Ausgrenzung: All das gehört zu den dunklen Begleiterscheinungen der digitalen Welt. Genau deshalb soll es im restlichen Teil dieses Buchs um die positiven Möglichkeiten der Social-Media-Nutzung gehen. Die Uwe-Baltner-Community ist an fast allen Tagen eine friedliche, liebevolle – und ich glaube, dass man daraus viel lernen kann. Denn vielleicht macht man die Social-Media-Welt dadurch besser, dass man sie mit dem füllt, was man selbst vermisst. In meinem Fall war das immer: Authentizität.

Schon als ich Facebook zum ersten Mal ausprobierte, war mir klar: Diese Neuerung würde unser Leben verändern. Durch die Möglichkeit, eine Seite zu erstellen, der man folgen konnte, bot Facebook jedem User die Möglichkeit, schriftliche Inhalte zu veröffentlichen – ohne auf klassische Medien angewiesen zu sein. Ein Paradigmenwechsel. Jeder konnte zum Sender werden, jeder konnte Reichweite erzielen, jeder konnte seiner Stimme Gehör verleihen. Facebook wurde zum Multiplikator, auch im guten Sinne. Es war klar: Diese Entwicklung würde die klassische Zeitungs- und Zeitschriftenlandschaft weiter unter Druck setzen. Journalisten brauchten keine Verlage mehr. Doch zunächst hieß es, das Beste daraus zu machen. Immer mehr Medien und Firmen legten sich Facebook-Profile an, auch, wenn sie noch gar nicht so genau wussten, was in dem sozialen Netzwerk zu tun war. Es war ein Herantasten. Man konnte ihnen folgen, ihre Artikel und Beiträge kommentieren und sie rasch mit anderen teilen. Auch die Musik kam wieder ins Spiel, denn bald folgten alle auf Facebook ihren Lieblingskünstlern, sobald diese sich ebenfalls Profile anlegten oder anlegen ließen. Was auf YouTube und MySpace begonnen hatte, war nun in einem größeren Rahmen auf Facebook möglich: die Kommunikation mit den Fans ohne Umwege.

Außerdem war inzwischen klar, dass man mithilfe von Social-Media-Marketing Geld verdienen konnte, und die meisten wollten verständlicherweise ein Stück von diesem Kuchen abhaben. Große Marken erkannten das Potenzial, kleinere Unternehmen zogen nach und überall suchte man Profis, die sich in der neuen Onlinewelt auskannten. Als früher Nutzer war ich mit Social Media schon ziemlich gut vertraut und außerdem experimentierfreudig genug, um täglich neue Möglichkeiten zu entdecken. Ich testete Formate, beobachtete die Reaktionen darauf und erkannte schnell, welche Inhalte funktionierten und welche nicht. 2010 wurde dann ein neuer Job daraus. Ich wurde einer von drei Gründern einer Social-Media-Agentur, angeschlossen an die Werbeagentur eines meiner Mitgründer. Aber das war in diesem bewegten Jahr keineswegs das Wichtigste.

8

HASHTAG VERANTWORTUNG

August 2010, mitten in einem schmucken schwäbischen Städtchen. Ich schaue aus dem Fenster meines Büros auf die Durchgangsstraße. Ein Daimler fährt vorbei. Die Straßen sind noch leicht feucht vom Sommerregen, der sich am frühen Morgen über die Stadt gelegt hat. Das Kopfsteinpflaster glänzt. Meine neu gegründete Agentur ist in einem denkmalgeschützten, top sanierten Gebäude beheimatet, weit genug von der Straße weg, sodass es angenehm ruhig bleibt. Das Gebäude wurde Anfang des 18. Jahrhunderts gebaut. Von außen wäre es eine perfekte Filmkulisse, etwa für eine Sherlock-Holmes-Verfilmung. Innen ist es eine Mischung aus Marmor, Stuck und modernen Bauelementen, aufgeteilt in Einzel- und Großraumbüros. Zwischen den alten Wänden stehen höhenverstellbare Schreibtische, Monitore flimmern und irgendwo summt ein WLAN-Router vor sich hin. Ich habe ein Einzelbüro und genieße es sehr, mich nach vielen hektischen Jahren ganz auf die Arbeit konzentrieren zu können. Zumal ich beseelt bin vom Glauben an eine digitale Zukunft, in der Kommunikation offener, intensiver und direkter wird. Meine Mitgesellschafter und ich sind damals noch überzeugt davon, die aktuelle Entwicklung hat mich allerdings eines Besseren belehrt. Doch 2010 dominieren Faszination und Neugier meine Arbeit. Zumindest bis ich feststellen muss, dass die Kunden ganz anders denken. Sie suchen den Erfolg heute, nicht übermorgen. »Wozu brauche ich das?«, lautet eine der häufigsten Fragen, besonders bei uns im Schwabenländle, wo man lieber »schafft« als Zeit im Internet zu verlieren. Das verunsichert mich, aber ich muss erkennen: Im

Mittelstand hat man sich gerade erst an die E-Mail gewöhnt, und es gibt garantiert noch genug Büros mit Faxgeräten. Selbstdarstellung in den sozialen Medien? Das mag man hier nicht. Wir Schwaben leisten uns liebend gerne einen Mercedes – aber wir stellen ihn in die Garage, nicht vor das Haus. Auf der anderen Seite möchten aktuell alle wissen, wie sie Social Media fürs Geschäft nutzen können. Mein vorerst einziger Mitarbeiter und ich finden es für unsere Kunden heraus. Täglich tauschen wir uns über die neuesten digitalen Trends aus. Wir durchforsten Blogs, testen neue Plattformen, analysieren Nutzerverhalten – ein bisschen wie Abenteurer, die mit Karte und Kompass in neue Weltmeere vordringen. Ich mag den Gedanken, dass wir das in einem historischen Gebäude tun.

Dass ich meinen Mitarbeiter habe, ist ein großes Glück. Ohne ihn säße ich wohl bis in die Nacht über Konzeptpapieren. Außerdem: Manche Projekte sind frustrierend und geteiltes Leid ist halbes. Wenn man mit jemandem zusammenarbeitet, mit dem man zwischendurch mal über die Absurditäten des Alltags lachen kann, ist alles leichter. An das Leben als Dienstleister muss ich mich erst noch gewöhnen, denn die Spielregeln sind andere als im Journalismus. Während ich in meinen Jobs als Zeitungsredakteur überall hofiert wurde, Lachshäppchen und lobende Worte inklusive, und man mir das Gefühl gab, Teil eines Art Medienadels zu sein, habe ich nun Kunden zufriedenzustellen, die mich bestenfalls als eine Art gut funktionierendes, aber teures und laufender Kontrolle bedürfendes Werkzeug betrachten. Schlimmstenfalls glauben sie mir kein Wort, wenn ich ihnen von den Möglichkeiten berichte, die Social Media für das Marketing bereithält. Da helfen manchmal auch Zahlen und Fakten nicht, und nicht wenige sind immer noch der Meinung: »Dieses Internet wird schon wieder weggehen.« Vor allem beim Mittelstand ist viel Überzeugungsarbeit nötig, denn dort denkt man 2010 noch in Broschüren und Anzeigen im Gemeindeblatt, nicht in Posts und Interaktionen. Die Budgets für Social-

Media-Marketing sind klein bis winzig und knebeln Dienstleistern eher die Hände, als dass sie große Möglichkeiten eröffnen würden. Die Erwartungen an die Ergebnisse hingegen fallen groß aus: mehr Reichweite, mehr Kunden, mehr Umsatz, am besten gestern. Immer wieder sage ich Interessenten: »Bis wir eine Broschüre geplant, umgesetzt, redigiert, gedruckt und unter die Leute gebracht haben, sind so viele Euros den Fluss runtergegangen, dass wir dafür eine Eins-a-Social-Media-Strategie auf die Beine hätten stellen können, statt Facebook nur nebenbei laufen zu lassen.« Aber gut, das ist der Fluch der Early Adopter: Am Anfang schlägt ihnen blanker Argwohn entgegen. Sie stehen mit der Taschenlampe im Nebel und versuchen, den anderen den Weg auszuleuchten. Genau darum bin ich angetreten: um die Menschen von den Möglichkeiten des Social Web zu überzeugen. Eigentlich ist der größte Teil von mir gerne Dienstleister. Ich mag es, Menschen weiterzuhelfen, Probleme zu lösen, Knoten zu entwirren. Meine Eltern haben mich so erzogen, dass ich es als etwas Positives empfinde, anderen eine Freude zu bereiten. Ich höre allerdings auch gerne, dass ich anderen eine Freude bereite. Ein kleines »Danke« oder ein ehrliches Feedback wirken bei mir wie ein Verstärker. Dann weiß ich: Ich bin auf dem richtigen Weg – oder auf dem falschen.

Mein Wechsel in die Selbstständigkeit war nicht nur von der unbändigen Lust auf Social Media getrieben. Er hatte auch ganz private Gründe. So ganz heimisch waren wir im Allgäu nicht geworden, dort ist es ja ähnlich wie in Schwaben: Bis einer kein »Zuagroaster« mehr ist, muss er schon ein paar Jahrzehnte durchhalten. Ich hatte von 8 bis 19 Uhr meine Arbeit, aber die war immer mehr von Umsatzvorgaben und Vermarktungsthemen dominiert. Prinzipiell war ich also offen für eine Veränderung, auch räumlich. Doch es gab ein Problem: Vor vier Jahren erst hatten Birgit und ich das Haus in Buchloe gekauft. Wie also sollte ich einen neuen Job in der Region Stuttgart auf die Reihe kriegen, die etwa zweieinhalb Stunden entfernt lag? Und wie sollten wir unseren Kindern erklären, dass ein weiterer Umzug bevorstand, wo sie sich noch im Allgäu einlebten, gerade ihre Lehrer kennengelernt hatten und auf die ersten Geburtstage eingeladen wurden?

Aus finanziellen Gründen hatten wir uns einmal darauf geeinigt, dass ich in beruflicher Hinsicht den Vorrang habe. Birgit kümmerte sich um unser Zuhause und die Kinder und schaffte es nebenher noch, sich zur Heilpraktikerin ausbilden zu lassen. Ich habe großen Respekt davor, wie sie das alles gewuppt hat. Als das Angebot aus der Heimat auf dem Tisch lag, ermutigte sie mich, die neue Herausforderung anzunehmen. Sie wusste, was dieser Schritt für mich bedeutete und dass ich mit meiner Arbeit in München nicht mehr glücklich war. Ich freundete mich mit dem Gedanken an, zuzusagen. Ein Job, in dem ich mich den ganzen Tag mit Social Media beschäftigen konnte? Das klang gut, fühlte sich nach Zukunft an. Außerdem war es mir so möglich, auf meine älteren Berufstage doch noch Geschäftsführer zu werden, was ich im Rahmen meiner bisherigen Laufbahn nicht hätte erreichen können. Die klassischen Medienhäuser boten kaum Aufstiegschancen, es sei denn, man bewies jahrelang Sitzfleisch und hatte Gefallen an politischen Spielchen auf der Chefetage.

Was aus den bereits genannten Gründen nicht infrage kam, war ein Umzug in die Nähe der alten Heimat. Ein erneuter Umbruch war den Kindern nicht zuzumuten und uns selbst auch nicht. Das war der Kompromiss, den ich für den neuen Job eingehen musste: Ich beschloss zu pendeln, zumindest so lange, bis alle Kinder aus der Schule waren.

»Schau mal.« Ich zeige meinem Mitarbeiter einen Beitrag auf meinem Smartphone. Instagram ist seit einigen Wochen online und ich lerne gerade, wie das neue, bildbasierte soziale Netzwerk funktioniert. Noch ist alles übersichtlich und die Nutzerzahlen halten sich in Grenzen, aber man spürt: Da braut sich etwas zusammen. Schon bald werde ich dort meine ersten Fotos posten, von unseren Hunden, die treu in die Kamera blicken, und von meinen neuen Schuhen. Ja, auch Schnappschüsse vom Mittagessen werden dabei sein. Kleine Einblicke in ein sorgloses Familienleben, wie man sie in der App nun einmal zeigt. Dabei waren die vergangenen Monate im Hause Baltner alles andere als sorglos gewesen.

• • •

Dienstag, 27. April 2010, 21 Uhr. Zentralklinikum Augsburg. »Wir müssen noch heute mit der Chemotherapie Ihrer Tochter beginnen.« Fassungslos schauen meine Frau Birgit und ich den Chefarzt an. Seine Worte hallen nach, ohne dass wir es richtig begreifen. Stille in meinem Kopf. Ich weiß nicht, was ich fühle. Wahrscheinlich, weil ich unter Schock stehe, genau wie meine Frau.

Am Freitag zuvor war meine Tochter Maike beim Hausarzt gewesen, um ihre Blutwerte kontrollieren zu lassen. Sie wohnte wegen ihres Studiums nicht mehr zu Hause, hatte allerdings beschlossen, einen Heimatbesuch zu nutzen, um die Praxis aufzusuchen. Seit einigen Wochen litt sie an Schwindel, außerdem war sie oft müde. Nur mit Mühe kam sie die Treppen zu ihrer Wohnung im dritten Stock hinauf, und das mit Anfang 20. Eisenmangel vermutlich, dachte sie. Dachten wir.

Am Montag darauf bekam sie die Nachricht, dass sie dringend in der Praxis anrufen sollte. Ein Schreck, vor allem wenn man noch jung ist und nicht damit rechnet, dass die Diagnose ernst sein könnte. Die Leukozyten (weiße Blutkörperchen) in ihrem Blut hatten den Normalwert um das Doppelte überstiegen. Einen Tag später fuhr sie mit meiner Frau zum Onkologen, der das Ergebnis nicht nur bestätigte, sondern als beunruhigender einstufte als gedacht: Die Leukozyten hatten sich sogar noch weiter vermehrt. Diagnose: akute Leukämie. Zwei Worte, die alles veränderten. Von da an stand Maikes Leben kopf und unseres gleich mit.

Die meisten Menschen möchten sich nicht mit dem Thema Tod beschäftigen, schon gar nicht mit dem möglichen Tod ihrer Kinder. Es ist ein Gedanke, der so furchtbar ist, dass man ihn am liebsten sofort wieder verdrängt, was auch meistens erfolgreich gelingt. Bis zu dem Moment, in dem man keine Wahl mehr hat. Wenn einem das Universum einen derart unsanften Tritt verpasst, kommt man nicht mehr daran vorbei. Ich wünsche es meinem ärgsten Feind nicht. Es ist, als würde einem der Boden unter den Füßen weggezogen. Man fällt, ohne zu wissen, ob es je wieder festen Grund geben wird. Die Realität verliert ihre Konturen.

Als ich von Maikes Leukämie erfahre, hilft mir nichts von dem weiter, was mich bisher durchs Leben getragen hat. Alles um mich herum verschwindet hinter einem Schleier, bleibt stehen, bewegt sich in Zeitlupe weiter. Ich bin nicht mehr ich selbst und schalte auf Autopilot. Ich sorge mich, wobei dieser Begriff viel zu kurzgefasst ist, denn ich weiß ja noch nicht einmal, wovor genau ich mich sorge. Ich habe Angst um meine Tochter – eine archaische Angst, die mich in meinen Grundfesten erschüttert, wie ich es noch nie erlebt habe.

Maike wird im Augsburger Klinikum aufgenommen. Spät am Abend verlassen Birgit und ich das Krankenhaus. Die Ärzte leiten die wichtigsten Schritte ein, der medizinische Teil nimmt seinen Lauf – und wir können nichts tun. Es ist eine sternenklare Nacht in der Stadt, doch wir sehen nichts als dunkle Wolken. Wir setzen uns gemeinsam ins Auto – und beginnen bitterlich zu weinen. Wir umarmen uns nicht einmal, sondern sitzen vollkommen fassungslos nebeneinander. Jeder weint für sich. In diesem Moment bricht sich alles Bahn.

Um das einzuordnen: Birgit und ich sind keine Menschen, die weinen. Meistens haben wir keinen Grund dazu, das war damals schon so und ist heute nicht anders: Ich bin bald Mitte 60, und meine Eltern leben beide noch. Das ist ein großes Glück. Echte Trauer habe ich bisher nicht erlebt. Da weine ich eher mal bei einem Song oder bei einem Film, wenn er mich emotional packt, aber das ist etwas völlig anderes und kontrollierbarer. Birgit vergießt noch nicht einmal beim *König der Löwen* eine Träne. Familiär hatte sie ebenfalls Glück. Ihre Mutter ist 100 Jahre alt geworden. In solchen Fällen trauert man möglicherweise weniger, man freut sich eher darüber, dass es so ein stattliches Alter geworden ist. Warum wir so selten weinen, kann ich nicht sagen. Vielleicht anerzogene schwäbische Selbstbeherrschung, die uns mitgegeben wurde. Gefühle zeigen: je nach Situation okay. Aber man lässt sich nicht von ihnen überwältigen. Ich habe kein Problem damit, Tränen zu zeigen, aber es wird einen Grund dafür geben, dass ich es in der Regel nicht mache.

Doch in dem Moment, als die niederschmetternde Nachricht der Leukämieerkrankung richtig ins Bewusstsein drang, war es mit der Selbstbeherrschung erst mal vorbei. Birgit steigt aus, sie bleibt gleich in der ersten Nacht im Krankenhaus. Sie möchte jetzt keine Sekunde von Maikes Seite weichen, und ich verstehe das. Ich fahre heim und packe ein paar Sachen zusammen. Zahnbürste, frische Kleidung, ein Buch, das meine Tochter gerade liest: Dinge, die sonst eher beiläufig wirken, auf einmal aber existenziell scheinen. Ich lege alles mit Bedacht in die Tasche, als könnte die Art, wie ich sie packe, irgendetwas besser machen.

Maike selbst verkraftet die Diagnose zu Beginn augenscheinlich gut, und sie bleibt einigermaßen gefasst. Es ärgert sie bloß, dass sie ihre Abschlussprüfungen nicht mitschreiben kann. Eindeutig das Kind ihrer Eltern. Wenige Tage später realisiert auch sie, was los ist, nach ein paar Wochen verlassen sie im Zuge der beinharten Chemotherapie Stück für Stück die Kräfte – wie sollte es auch anders sein. Nacht um Nacht verbringt sie im Krankenhaus, bei Neonlicht, piependen Monitoren und schlechtem Essen. An manchen Tagen stellt man ihr eine halbe Kartoffel mit Salz hin und verkauft es ihr als »Baked Potatoes«. Darüber kann man nur bitter lachen. Gleichzeitig folgt eine Chemo auf die nächste. Zwischendurch das zermürbende Warten auf Ergebnisse, die dann auch noch ernüchternd ausfallen. Keine Entwarnung, sondern bestenfalls ein »Wir müssen abwarten«. Maikes Stimmung schwankt. Manchmal ist sie guter Dinge und motiviert, klammert sich an Pläne, ist sogar ein bisschen albern. An anderen Tagen glaubt sie an gar nichts mehr und verkriecht sich unter der Decke. Das ist schwer mit anzusehen.

Ein wichtiges Ventil für Maike ist ihr Blog, auf dem sie Tagebuch schreibt. Viele Leser verfolgen ihre fast täglichen Einträge. Zu ihrem 21. Geburtstag erhält sie Glückwünsche aus ganz Deutschland und bekommt Mut zugesprochen. Es ist keine Bühne für sich, sondern ein Schutzraum – einer, den sie sich selbst geschaffen hat. Was für ein kluges Kind, dass sie sich diese Hilfe holt. Ich hätte mir Kummer erspart, wenn ich mir die Idee von ihr abgeschaut hätte, aber dazu kommen wir später.

Nicht nur in dieser Hinsicht sind wir Eltern weniger klug. Nachdem wir von Maikes Leukämie erfahren haben, packt uns der Drang, alles zu verstehen. Wir durchstöbern das Internet, möchten die Erkrankung begreifen: Ursachen, Behandlungsmethoden, Erfahrungsberichte. Wir erhoffen uns Trost, etwas, an das wir uns klammern können. Doch im Internet ist von Wahrscheinlichkeiten die Rede, als spräche man vom Wetter – dabei geht es um Leben und Tod. Je mehr wir googeln, desto hoffnungsloser wird das Bild, das sich in unseren Köpfen formt. Die Zahlen sind unerbittlich, und wir rutschen noch tiefer in die Verzweiflung. Es ist ein Tipp, den fast jeder schon einmal gehört hat, den aber kaum jemand beherzigt: Gib niemals Symptome oder Krankheiten in die Suchzeile einer Suchmaschine ein. Wir hätten darauf hören sollen, hatten aber Angst, womöglich entscheidende Hinweise zu verpassen. Womöglich gab es ja eine neue Therapie, die noch nicht in Augsburg angekommen war? Einfach Blödsinn diese Annahme – und im Rückblick nur als Strohhalm zu verstehen. Wir rechneten eben mit dem Schlimmsten.

Was Maikes Geschwister betrifft, ist uns in dieser Zeit schnell klar, dass es nicht gut wäre, ihnen in dieser Situation nicht die Wahrheit zu sagen. Auch überdramatisieren wollen wir nicht. Ein schmaler Grat. Doch wir haben in der Erziehung immer daraufgesetzt, dass Kinder so ziemlich alles verstehen und es nichts bringt, ihnen etwas vorzumachen. Transparent erklären wir, dass Maike schwer erkrankt ist und dass wir uns unbedingt um sie kümmern müssen. Das ist nicht leicht für die Kinder, aber zu Konflikten kommt es nicht. Alle verstehen, dass die Lage ernst ist. Wie zwei Erwachsene, die sie in ihrem damaligen Alter von 17 und 12 eigentlich noch gar nicht sind, bewältigen unsere Jüngsten ihre Nachmittage allein, kochen sich Mittagessen und sind auf diese Weise für die Familie da. Nicht mit großen Worten, sondern mit Taten. Ich bin stolz. Und dankbar. Und traurig. Alles auf einmal.

Einige Wochen später ist klar: Ohne eine Stammzellentransplantation wird Maike nicht überleben. Ein unumstößlicher Fakt, der sich wie Blei über uns legt. Die Suche nach einem Spender hat bereits im Mai begonnen, ziemlich bald nach der Diagnose, doch es geht nicht darum, irgendwie und irgendwann einen Spender zu finden, sondern in absehbarer Zeit – und zwar einen, der infrage kommt. Der naheliegendste Gedanke: Können die Eltern oder die Geschwister spenden? Schließlich sind wir Blutsverwandte, was die Wahrscheinlichkeit erhöhen kann. Doch die genetischen Puzzleteile, die wir in uns tragen, wollen nicht zueinanderpassen und wir müssen weitersuchen. Immer mal wieder erhalten wir die Meldung, dass es gut aussieht, aber meistens wird nichts daraus. Es ist ein anstrengendes Auf und Ab, ein Schweben zwischen Hoffen und Bangen, an dem das Leben unserer Tochter hängt. Sie braucht eine Art Zwilling, irgendwo da draußen. Die Batterien werden leerer und leerer.

Durch die Chemotherapie verliert Maike ihre Haare. »Das muss schrecklich sein«, mag man nun denken, und das ist es natürlich auch. Doch eigentlich ist es nur das optische Anzeichen einer Krankheit, die längst unseren Alltag bestimmt. Wir denken beim Aufstehen und beim Zubettgehen an Maike und dazwischen auch. Noch nie habe ich mich so machtlos gefühlt, so ausgeliefert. Ich bin es gewöhnt, Dinge in den Griff zu bekommen, Probleme schnell zu lösen – als Journalist, als Vater. Aber nun kann ich nur zusehen, warten und hoffen. Maike kämpft weiter.

Auch Birgit kämpft damals. Jeden Tag, ohne Ausnahme, von 9 bis 17 Uhr ist sie bei unserer Tochter im Krankenhaus, am Wochenende ebenfalls. Sie begleitet die Untersuchungen, spricht mit Ärzten, organisiert Termine, hält Maikes Hand. Mehr als 20 000 Kilometer fährt Birgit in zwölf Wochen. Maike ist dankbar dafür, kann manchmal aber auch nicht anders, als ihre schlechte Laune rauszulassen. Die Medikamente, die Müdigkeit, die Angst: All das sucht sich einen Kanal. Und wer könnte es ihr verdenken? Sie weiß: Bei ihrer Mama darf sie das und wird trotzdem geliebt. Mit einer Engelsgeduld unterstützt Birgit unsere Tochter dabei, wieder gesund zu werden. Praktisch, aber auch seelisch. Sie hört ihr zu, wenn die Zweifel laut werden – und erträgt das Schweigen, wenn alles zu viel ist. Sogar der Chefarzt sagt, so einen familiären Rückhalt habe er noch bei keinem Patienten erlebt. Ein Satz, der hängen bleibt, weil er so viel bedeutet. Für diese Fürsorge bin ich Birgit bis heute dankbar, denn ich bin zu jener Zeit selten eine große Hilfe.

Meine Frau ist ein sehr eigenständiger Mensch, war sie schon immer. Gleich bei unserem Kennenlernen hatte sie mir klargemacht, dass man sich um sie nicht groß kümmern muss und sie auch keinen familiären Anschluss sucht. Sie braucht niemanden, der sie an die Hand nimmt. Auch ich habe gern meinen Freiraum und ließ sie wissen, dass ich Journalist sei und deshalb oft unterwegs. Später durchschaute sie diese Aussage als das, was sie eigentlich war: eine Vorabentschuldigung für meine Abseilaktionen, wenn ich mich mal wieder in der Arbeit vergrub.

In Extremsituationen aber bin ich anders. Als Maike krank ist, möchte ich am liebsten täglich mit Birgit sprechen, mich mit ihr austauschen. Ich bekomme das tiefe Bedürfnis nach Nähe, nach Verbindung. Verarbeiten durch Reden. Das ist mein Werkzeug. Das Problem ist: Unterhaltungen mit mir sind oft eher ein Monolog als ein Dialog. Ich glaube, das mache ich, damit ich meine Gedanken nicht hören muss. Dafür hat Birgit aus nachvollziehbaren Gründen keine Kapazitäten. Ihre Tage bestehen aus Entscheidungen, Fürsorge, Warten, Zuhören, Tragen. Da braucht sie keinen Mann, der ihr seine Unsicherheiten ins Ohr schüttet. Und wenn ich dann anrufe und aus der Ferne versuche, Lösungen vorzuschlagen, obwohl ich von den Problemen keine Ahnung habe, dann ist das nicht hilfreich, sondern anstrengend. Ich realisiere, dass wir uns in der aktuellen Situation nicht aneinander anlehnen können, obwohl man sich das wünschen würde. Es wäre einfach zu viel verlangt. Und ich kenne auch kein Ehepaar, das in solch einer Zeit näher zusammengerückt wäre. Man ist hilflos, individuell und miteinander. Jeder ist in seinem eigenen Orbit. Da muss man durch und kann nur hoffen, dass man es gemeinsam und allein bewältigt – und sich an der Ziellinie wiedertrifft.

Hinzukommt, dass ich eher auf Autoritäten vertraue, während Birgit viel infrage stellt. So bin ich aufgewachsen: Lehrer haben recht und Ärzte wissen, was sie tun. Birgit ist skeptischer. Ein Beispiel: Als Maike den Wunsch äußert, keinen Besuch mehr vom Krankenhauspfarrer zu bekommen, dieser aber trotzdem weiterhin bei ihr erscheint, schaltet sie sich sofort ein – so deutlich, dass ihr fast verboten wird, Maike weiterhin zu besuchen. Aus meiner Sicht hegte der Pfarrer wohl damals den Verdacht, Birgit würde unsere Tochter zu stark beeinflussen. Doch Maike verleiht ihrem Wunsch auch noch einmal selbst Nachdruck und von da an bleiben ihr die geistlichen Besuche erspart. Schade, dass diese Vehemenz im 21. Jahrhundert noch notwendig ist.

Auch mit den Ärzten ist Birgit damals im ständigen Austausch, während ich dem Krankenhauspersonal blind vertraue. Das mache ich unter anderem, um mich aus der Verantwortung zu ziehen. Wer nicht involviert ist, kann auch keine Fehlentscheidungen treffen, und ich mache es mir vermutlich zu einfach. Kein bewusstes, aber ein im Nachhinein saublödes Ausweichmanöver. Da ist Birgit deutlich stärker, und erst viel später wird mir klar werden, wie unglaublich viel sie während Maikes Erkrankung leistet. Menschen sind Meister der Verdrängung; Männer wahrscheinlich noch mehr als Frauen – und ich ganz besonders. Ich habe Glück, dass meine Frau ohnehin so gestrickt ist, dass sie sich nicht gerne von mir reinpfuschen lässt. Vielleicht hat sie gespürt, dass ich nicht so stabil war, wie es in dem Moment gefragt war. Und statt mich dafür zu verurteilen, hat sie mich einfach machen lassen – oder besser: nicht machen lassen. Das ist auch eine Form von Stärke.

Zu Beginn versuche ich noch, die familiäre Situation und meine Arbeit in der Münchner Redaktion unter einen Hut zu bekommen – obwohl ich im April bereits gekündigt und gedanklich schon fast mit meinem alten Job abgeschlossen habe. Doch auf einmal ist alles anders: Statt in Ruhe meinen Arbeitsplatz zu räumen, jongliere ich zwischen zwei Welten: der einen, in der gerade alles kopfsteht, und der anderen, die einfach weiterläuft, als wäre nichts geschehen. Ich stehe morgens auf, fahre ins Büro, schreibe Artikel – äußerlich wirkt alles wie immer. Fehler mache ich auf der Arbeit keine, denn ich erledige meinen Job quasi automatisch. Auf der Strecke bleiben Dinge, die über das bloße Erledigen hinausgehen, wie Strategie, Weiterentwicklung und Personalgespräche, die eigentlich zu den Tätigkeiten einer Führungskraft gehören – für die ich gerade aber nun wirklich keinen Kopf habe. Ich bearbeite das Nötigste, damit unsere Inhalte online gehen können. Danach sehe ich zu, dass ich möglichst schnell zu meiner Familie komme. Erst nach einigen Wochen finde ich die Kraft, zu meinem Chef zu gehen und ihm offen zu sagen, dass es nicht mehr geht. Dass ich zwar körperlich anwesend bin, innerlich aber nicht so, wie ich es sein sollte. Er hört mir zu, zeigt volles Verständnis und ich werde für vorerst sechs Wochen krankgeschrieben. Von da an bin auch ich täglich bei Maike in der Klinik.

Am 9. Juni 2010 erhalten wir eine freudige Nachricht: Die Ärzte haben einen Stammzellenspender für Maike gefunden. Ein Moment, der sich anfühlt wie das Aufatmen nach wochenlangem Luftanhalten. Das Risiko, das mit solch einem Eingriff einhergeht, und die Frage, ob wirklich alles klappt, verdrängen wir. Denn zum ersten Mal seit vielen Wochen tritt Hoffnung vor die Zweifel: endlich, ein Lichtblick, inmitten eines Dickichts aus Angst, Verzweiflung und Ohnmacht. Schon in einigen Tagen soll Maike auf die KMT-Station verlegt werden (KMT steht für Knochenmarktransplantation). Es könnte nun endlich bergauf gehen.

Zunächst beginnt aber eine der schwierigsten Zeiten. Die ersten drei Chemotherapien hatte Maike einigermaßen gut vertragen. Die vierte setzt ihr zu. Ihr ist übel und sie möchte sich noch nicht einmal mehr mit dem neuen Tablet ablenken, das mein Schwager ihr gegen die Langeweile geschenkt hat. Sie hört auf zu essen und wird wochenlang künstlich ernährt. Außerdem dürfen wir sie nun nur noch mit Handschuhen, Mundschutz, Haube und Kittel besuchen. Es ist unbeschreiblich, was es in einem Elternteil auslöst, wenn man das schwerkranke Kind nicht mehr in den Arm nehmen darf.

Am 29. Juni ist es so weit. Die Stammzellentransplantation kann beginnen. Das Ganze funktioniert wie eine Bluttransfusion, ist aber natürlich viel schwerwiegender. Maike hat nach wie vor keinen Hunger und auch sonst schlägt sie sich mit allerhand körperlichem Unbehagen herum. Nach zehn Tagen soll die Genesung einsetzen. Sie streicht die Tage im Kalender ab. Tatsächlich: Es *wird* besser. Wir alle sind erleichtert. Es sieht aus, als würde die Behandlung anschlagen.

Am 20. Juli darf Maike für einen Spaziergang in den Park. Es ist das erste Mal seit Wochen. Schon nach einigen Schritten geht ihr die Puste aus, doch es ist ein Teilerfolg, ja, ein Wunder. Und es wird noch besser: Die Ärzte teilen ihr mit, dass sie sich langsam da rauf einstellen soll, bald nach Hause zu dürfen. Die Aussicht auf die Rückkehr in das Bett in ihrem alten Kinderzimmer, mit vertrauten Geräuschen und Gerüchen, gibt unserer Tochter Kraft. Sie fängt an, wieder etwas zu essen.

Als sie endlich wieder daheim ist, hat Maike mehr als drei Monate im Krankenhaus verbracht. Danach geht der Kampf gegen ihre Leukämie zu Hause weiter. Ihr Immunsystem ist stark geschwächt, weshalb wir alle Gesundheitsrisiken von ihr fernhalten. Unsere Katzen Fee und Cleo müssen wir weggeben. Fee kommt bei einer Nachbarin unter, wo sie gleich am ersten Tag entwischt und für immer verloren geht. Ein großes Trauma für unsere Kinder, die in den letzten Monaten ohnehin viel zu früh viel zu erwachsen sein mussten. Unseren älteren Hund geben wir in die Hände meiner Eltern – schweren Herzens, aber in dem Wissen, dass er dort gut aufgehoben ist. Den jüngeren verfrachten wir eine Zeit lang in den Hobbykeller. Mehrfach am Tag steigt Birgit nach unten, zieht sich komplett um, geht über eine Leiter durch das Kellerfenster mit dem Hund raus, kommt durch das Kellerfenster wieder rein, zieht sich erneut komplett um, ehe sie oben wieder erscheint. Alles für das Tier, aber vor allem: alles für die Tochter.

Bis man nach einer Leukämie von einer vollständigen Heilung sprechen kann, dauert es fünf Jahre. Fünf Jahre voller Untersuchungen, Blutbilder und Kontrolltermine, für die man jedes Mal mit einem flauen Gefühl beim Arzt vorstellig wird. Doch seit dem 29. Juni 2015 ist es so weit: Maike ist wieder vollständig gesund. Die Sorge um sie wird Birgit und mich wohl bis an den Rest unseres Lebens begleiten, und noch heute schießen mir manchmal die Tränen in die Augen, wenn ich an ihre Krankheit zurückdenke. Birgit hat unsere Kinder seit alldem noch viel besser im Blick als vorher sowieso schon. Wir können uns so glücklich schätzen, dass Maike den Krebs besiegt hat.

Später verbringt sie ein Wochenende bei dem Spender, dem sie ihre Heilung zu verdanken hat. Mit seiner Familie ist er auch Gast bei Maikes Hochzeit, als ganz besonderer Teil ihres Lebens. Solche Treffen passieren nicht einfach so, sondern man muss gezielt darum bitten und beim Krankenhaus nachfragen, ob man Kontakt aufnehmen darf. Ich war beim ersten Treffen nicht dabei, aber es war laut Maike ein besonderes Zusammenkommen. Wann kann man schon mal die Person treffen, die einem das Leben gerettet hat? Und die, deren Leben weitergeht, weil man Stammzellen gespendet hat? Man ist sich nie zuvor begegnet und doch ist man auf existenzielle Weise miteinander verbunden. Nach dem Kennenlernen entsteht eine kurze Brieffreundschaft. Heute haben die beiden meines Wissens nach keinen Kontakt mehr zueinander. Aber zwischen den Zeilen dieses Kapitels versteckt sich ein riesiges Dankeschön!

9

ENTKOPPELT

Anfang 2011. Vorausplanen, aufs Geld achten, Rücklagen bilden: alles schwäbische Tugenden, die mir leider nicht in die Wiege gelegt wurden. Ich behalte das Konto im Blick und meckere, wenn jemand Geld ausgeben will, das nicht unbedingt ausgegeben werden muss, aber mehr Energie bringe ich für die Finanzplanung nicht auf. Birgit war es, die durchgesetzt hat, dass wir in Wohneigentum investieren, nicht in monatliche Mieten. Wenn sie sich nicht darum gekümmert hätte, würde ich vielleicht heute noch in meiner Junggesellenbude leben und rumlaufen wie zu Studentenzeiten im alternativen Tübingen.

Auch als ich die Social-Media-Agentur ankurbele, blickt sie genauer aufs Geld als ich. »Läuft doch super«, freue ich mich, während ich eine große Rechnung nach der anderen stelle – und sich die Einnahmen viel zu schnell in Ausgaben verwandeln. Birgit warnt mich, das Finanzamt nicht zu vergessen. Aber das Thema Geld beschäftigt mich kaum. Ich arbeite um der Arbeit willen, möchte nur kreativ sein und empfinde auch mangels Vorwissen die Finanzbuchhaltung als lästige Pflicht.

Die Quittung dafür bekomme ich ein Jahr später. Als voll im Arbeitsleben stehender Verantwortungsträger mit Frau und drei Kindern möchte man seine Eltern nicht mehr um Geld bitten. Aber als ich im Sommer 2011 den Steuerbescheid fürs Vorjahr bekomme, bleibt mir nur die Wahl zwischen privater Pleite oder Kniefall. Eine saftige Nachzahlung ist fällig, und zwar in einer Höhe, die man nicht mal eben in der Schublade liegen hat – vor allem, wenn man wie ich viel zu selten Rücklagen gebildet hat. Meine Eltern helfen, und meine Geldprobleme sind vom Tisch. Mein Selbstvertrauen hat aber einen ordentlichen Knacks weg. Habe ich mich bisher als unabhängigen, hart arbeitenden Macher gesehen, stehe ich plötzlich da wie ein überforderter Schüler, der seine Hausaufgaben nicht erledigt hat.

Nicht nur mein fehlender Umgang mit Geld erweist sich als schwierig, sondern auch meine Einstellung meiner Position gegenüber. Ich bin zwar ein fleißiger Typ. So etwas wie Krankheitstage kenne ich nicht, und wenn man mir einen Stapel mit Aufgaben vor die Nase legt, arbeite ich ihn ab – bis zur letzten Seite, zur Not auch nachts und am Wochenende. Doch das simple Wegarbeiten von Dingen wird von Geschäftsführern selten gefordert. Im Gegenteil: Eigentlich sollte ich die Arbeit delegieren, größere Zusammenhänge im Blick behalten, vorausschauen. Meine Aufgabe wäre es, strategisch zu denken und mich um Kunden zu bemühen, doch für beides fehlen mir drei Dinge: Zeit, Erfahrung und das Gen des gnadenlosen Akquisiteurs. Kurz gesagt: Ich habe keine Ahnung, was ein Geschäftsführer an Aufgaben zu bewältigen hat. Darum taste ich mich vorsichtig voran und verhalte mich oft zu zögerlich. Eben wie ein Redakteur, der wartet, bis ihm jemand sagt, was zu tun ist. Ihr könnt euch vielleicht vorstellen, wie froh ich über die nächste berufliche Veränderung war: Die Social-Media-Agentur schloss sich offiziell mit der Werbeagentur eines meiner beiden Mitgründer zusammen, deren Kunden ich bereits mit betreute. Das war 2014, und zumindest von da an hatte ich das Thema Buchhaltung von der Backe.

Kreativ sein und Kundenwünsche aufgreifen, das kann ich gut. Ich liebe es, mich in neue Themen einzuarbeiten und sie so zu übersetzen, dass meine Gesprächspartner sich verstanden fühlen. Mit Menschen zu reden und ihnen Dinge erklären zu dürfen, gehört zum größten Luxus, den ich mir vorstellen kann. Es macht mir wirklich Freude, wenn ich den Eindruck habe, dass bei meinem

Gegenüber der sprichwörtliche Groschen fällt. Ja, oft mansplaine ich auch, das muss ich zugeben. Ich arbeite an mir. Wirklich. Aber in der Kundenbetreuung macht mir keiner was vor. Ich bin erreichbar, antworte schnell, begleite meine Kunden intensiv und verlässlich. Das liegt vermutlich daran, dass ich Projekte nicht abhake, sobald der Deal eingetütet ist, sondern auch ein Jahr später noch das Beste für die Unternehmen möchte, mit denen ich zusammenarbeite. Ich bin mit Leib und Seele dabei. Doch als ich als Geschäftsführer auf mich allein gestellt bin, fehlt es mir an Einnahmen. Die Firma kommt aus dem unruhigen Fahrwasser der Anfangszeit nicht heraus, trotz meiner Leidenschaft und des handwerklich soliden Outputs, den wir liefern. In manchen Monaten weiß ich nicht, wie ich die Kosten decken soll – Miete, Gehälter, Rücklagen für Steuern und Neuanschaffungen. Von personellem Wachstum gar nicht zu reden. Ab 2014 lerne ich das Geschäft der Werbeagenturen dann so richtig kennen und stelle fest: Wer ruhig schlafen will, muss sich einen anderen Job suchen. Beständigkeit ist hier ein Fremdwort, Kunden kommen und gehen, geschäftlich geht es auf und ab. Meiner Psyche tut auch das nicht gut, denn immer, wenn es mal gut läuft, frage ich mich, ob es so bleibt. Ein Gefühl der Überlastung macht sich breit, das auch berufliche Erfolge nicht vertreiben können.

• • •

Das Leonberger Dreieck. Einer der Orte, an denen sich die moderne Mobilität von ihrer zermürbendsten Seite zeigt. Wer hier schon einmal durchmusste, weiß, dass man dabei Stunden im Stau verbringen kann, als würde sich die gesamte Autofahrerschaft Baden-Württembergs zu einer täglichen Geduldsprobe verabreden. Obwohl ich seit einigen Monaten im Dachschrägenzimmer bei meinem Bruder übernachte, ruckele ich täglich durch den Pendlerverkehr, von Böblingen ins Büro und zurück. Oder ich stehe. Denn in der Rushhour können schnell zwei zähe Stunden zusammenkommen – einfache Strecke. Morgens geht es im Stop-and-Go-Verkehr an Baustellen und Zubringerstraßen vorbei, abends dasselbe Spiel in umgekehrter Reihenfolge.

Zu Beginn genieße ich die Freiheit im Auto noch. Nur die Straße und ich. Im Radio läuft, was ich will. Ich singe mit. Ich halte den schwarzen Geschäfts-Mini an, wann ich will. Er wird zu meiner kleinen Festung, meinem Rückzugsort auf Rädern. Pendler werden das kennen: Am Anfang erzählt man sich das Märchen von der gut genutzten Zeit. Ich höre Hemingway und den Podcast »Lage der Nation«, lasse dabei die Gedanken schweifen. Ich telefoniere. Manchmal versuche ich, das Alleinsein in den vier Karosseriewänden zur Erholung zu nutzen, und rede mir ein, dass es wertvolle Me-Time ist, wie man heute sagen würde. Doch die Freiheit im Auto nutzt sich schneller ab als ein Satz Bremsbeläge auf dem Nürburgring. Die Monotonie der Strecke, das ewige Anfahren und Anhalten, das Rauschen der Klimaanlage: All das wird schon bald zur Reizkulisse. Bereits nach wenigen Wochen denke ich darüber nach, wie ich mir eine Wohnung gleich neben der Agentur leisten könnte. Leider vergeblich.

Noch mehr Zeit kosten die Heimfahrten nach Buchloe am Freitagnachmittag. Meistens fressen die über 200 Kilometer ins Allgäu drei bis vier Stunden, bisweilen sogar fünf, wenn es ganz schlecht läuft. Die A8 Richtung Ulm ist zu Recht gefürchtet, das totale Chaos ist dort keine Ausnahme, sondern die Regel. Jeden Freitagabend komme ich völlig platt zu Hause an, meistens erst gegen neun oder zehn. Im Winter ist es dann längst dunkel. Mein Abendessen schaufele ich in Windeseile in mich hinein. Meine Frau freut sich, mich nach der langen Woche auf den Stand der Dinge zu bringen – Kinder, Termine, Einkäufe, Reparaturen, was eben so anfällt, wenn man eine Familie und ein Haus hat. Doch ich habe keinerlei Rede- oder gar Zuhörbedarf. Mein Akku ist leer, ich möchte ins Bett. Möglichst schnell – und am nächsten Tag bitte nicht gestört werden. Das wird nicht klappen, das weiß ich jetzt schon. Und es nervt mich, bevor das Wochenende richtig begonnen hat.

Als Pendler, der jede Menge Ausweichmanöver vollführt, um der Familie zu entkommen, bin ich einfach ungenießbar. Oder, um den damaligen Jugendslang zu kopieren: total ätzend. Unter der Woche bin ich nicht da und enthebe mich jeder Verantwortung. Telefoniere ich mit Birgit, möchte sie sich mit mir über das Leben zu Hause austauschen. Doch ihre Probleme fühlen sich für mich wie das an, was sie sind: 230 Kilometer weit entfernt. Ich habe ja schließlich selbst welche, zum Beispiel Stress bei der Arbeit. Nach zwölf Stunden im Büro fehlt mir jegliche Motivation, mich mit dem zu beschäftigen, was eigentlich am wichtigsten ist. Es ist absurd: Ich arbeite wie ein Pferd, um die Familie zu ernähren, reiße mir den Hintern auf, um einen sicheren Hafen für meine Liebsten zu schaffen – zugleich gehen mir ihre Sorgen sonstwo vorbei. Birgit erzählt mir, was bei unseren Töchtern so los ist: Schulstress, Streit unter Geschwistern, neue Hobbys, kleine Alltagskatastrophen. Ich höre ihr mit einem Ohr zu, mehr geht nicht. Ich kann nicht aufnehmen, nicht reagieren, nicht wirklich bei ihr sein. Mein Kopf ist voll mit Gedanken, die ich nicht abstellen kann. Dabei liebe ich meine Töchter über alles auf der Welt, das war nie anders gewesen. Aber Liebe allein reicht nicht. Sie muss sich auch in Taten ausdrücken, in Nähe, in Gesprächen, in Präsenz. Ich schaffe es, mich dermaßen abgekapselt von zu Hause zu fühlen, dass ich den Eindruck habe, in einer Blase zu leben. Innen Uwe, außen der Rest der Welt. Jeder Versuch, zu mir in die Blase durchdringen zu wollen, scheitert. Ich fühle mich einsam. Ich vermisse meine Familie. Ich stoße sie weg. Denke mir irgendetwas aus, um die Telefonate beenden zu können, zum Beispiel, dass ich noch einen Termin habe oder dass ich noch irgendwo hinmuss, nur, damit ich mich wieder in mein Schneckenhaus verkriechen kann. Dafür schäme ich mich heute in Grund und Boden. Nicht für die Erschöpfung und meine Ängste, denn die waren real – sondern für meinen Umgang damit. Für das Fliehen.

Wie schlecht meine Laune abends ist, hängt von vielen Faktoren ab. Habe ich mich mit einem doofen Kunden herumgeschlagen? Oder wieder stundenlang im Verkehr festgesteckt? Ist der Himmel wolkenverhangen? Das Radio voller schlechter Nachrichten? Irgendwas ist immer. Jeder Tag scheint etliche kleine Gemeinheiten für mich persönlich bereitzuhalten. Ich fresse den Frust in mich rein und fahre im Kreisverkehr, nicht auf der Straße, sondern in meinem Kopf: Nach dem Stress kommen der nächste Stress und das gleich doppelt schlechte Gewissen – gegenüber dem Job, weil ich *denke*, dass ich zu wenig leiste, und gegenüber der Familie, weil ich *weiß*, dass ich zu selten da bin. Meine gesamte Stimmung ist fremdgesteuert und ich versäume es, mir die Kontrolle darüber zurückzuerobern. Es wäre so einfach, könnte man meinen: ein Moment der Reflexion, einfach mal durchatmen. Aber ich lasse mich vom Autopiloten lenken – und der fliegt durch Turbulenzen. Manchmal bin ich genervt, weil ich genervt sein möchte, um mich abzureagieren. Ich weiß, wie albern das klingt, aber es ist ein innerer Reflex, ein Ventil ohne Funktion. Ich will meinen Groll spüren, weil ich von meinen Emotionen abgekapselt bin. Ich möchte mich abreagieren, und meine Frau muss es viel zu oft ausbaden.

Um es mal ganz klar zu sagen: Ich bin meinem Bruder unendlich dankbar dafür, dass er mich zu jener Zeit aufnimmt. Ohne seine Gastfreundschaft und sein Verständnis hätte ich den neuen Job nicht antreten können, zumindest nicht in einer organisatorisch machbaren Form. Er kann absolut nichts dafür, dass ich auch bei ihm nicht in den Wohlfühlmodus komme. Nein, es liegt an meiner Rastlosigkeit. Daran, dass ich mich fühle wie ein Reisender, der nicht ankommt. In dem für mich freigeräumten Zimmer im Dachgeschoss gibt es einen Schrank und ein altes Holzbett. Für einen Tisch ist der Raum zu klein und wenn ich mich anlehnen möchte, bleibt mir nur eine ungemütliche Verrenkung zwischen Matratze und Zimmerwand. Äußerlichkeiten, die ein in sich ruhender Mensch locker wegstecken, vielleicht sogar als charmanten Rückzugsort interpretieren würde, als Zwischenstation auf dem Weg zu einem spannenden neuen Lebensabschnitt. Aber mir würde zu der Zeit auch kein Fünfsternehotel helfen. Ich könnte auf einem Designerbett mit Daunendecken schlafen, Frühstück ins Zimmer serviert bekommen und von der Dachterrasse auf die Weinberge blicken: Es würde nichts ändern. Egal, wo ich unterkommen würde: Es gäbe dort nur mich und mein diffuses Unbehagen.

Ich schaffe es ja noch nicht mal, einen dezenten Hilferuf an meinen Bruder zu senden. Der wäre sicher für mich da, wenn ich nur den Mund aufbekäme, wie sonst auch immer – selbst wenn er abends so müde ist, dass er nicht gerade nach stundenlangen Gesprächen lechzt. Verständlich: In seinem damaligen Job als Bankberater führt er bereits den gesamten Tag lang Gespräche, muss zuhören, reagieren, präsentieren. Wer würde sich da abends noch von seinem zu ausufernden Monologen neigenden Bruder zutexten lassen wollen? Manchmal gehen wir zusammen ein Bier trinken, das schon. Aber meistens ziehe ich mich in das Zimmer im Dachgeschoss zurück, verkrieche mich wie ein erschöpftes Tier in seinen Bau und schlage die Zeit tot, schaue Filme und Serien. Esse zu viel. Trinke zu viel. Jeden Abend das Gleiche. Irgendwann habe ich Netflix zu Ende geschaut. Und am nächsten Morgen wartet wieder derselbe Job auf mich.

Birgit und ich streiten fast täglich. Ich versuche ihr klarzumachen, dass ich im Job funktionieren muss, dass der Druck groß ist und dass ich ja auch noch meine Eltern besuche. Von ihnen habe ich gelernt, es allen recht zu machen, doch Birgit wirft mir vor: »Immer möchtest du es allen recht machen, nur bei mir ist es dir egal.« Eine Aussage, die ins Schwarze trifft. Vorher fühlte ich mich noch befreit, wenn wir auflegten, nun läuft mir unser Streit den ganzen Abend hinterher. »Schwamm drüber« kann ich nicht gut – Birgit dafür umso besser, was mich fertigmacht. Ich möchte die Dinge ausdiskutieren, meine Frau auf ein Endergebnis festnageln, damit so was nicht mehr vorkommt. Doch ich muss akzeptieren, dass es aktuell keine Lösung für unser Problem gibt. Wir funktionieren nebeneinanderher, wie zwei Menschen in getrennten Welten, die früher ein gemeinsames Zuhause hatten.

Ich verpasse Geburtstage, Schulabschlüsse. Ich verpasse einfach alles. Während zu Hause die Kerzen ausgepustet werden, stehe ich auf der Autobahn. Während meine Töchter voller Stolz einen Lebensabschnitt beenden, hetze ich zum nächsten Kundentermin. Es ist nicht so, als bekäme ich all das nicht mit. Im Gegenteil: Ich weiß sehr genau um all die Ereignisse, die an mir vorbeirauschen wie viele verpasste Züge. Ich müsste an zwei Orten gleichzeitig sein, aber das kann ich nicht.

Ein Umzug der Familie steht nach wie vor nicht zur Debatte. Zwar ist Birgit nicht allzu begeistert vom Allgäu, denn es gibt dort zu wenig Anschluss für jemanden, der von woanders herstammt. Doch Maike ist nach ihrer Leukämie gerade erst wieder auf dem Weg der Besserung, und es wäre unverantwortlich, sie einem stressigen Umzug auszusetzen, der nicht nur einen körperlichen, sondern auch emotionalen Kraftakt bedeuten würde, auch wenn unsere Tochter damals eigentlich nicht mehr bei uns wohnt. Unsere beiden anderen Mädchen gehen noch zur Schule. Sie haben Freunde gefunden, Routinen entwickelt und möchten nicht neu anfangen. Also pendele ich und pendele ich, ohne mich jemals gefühlsmäßig einzupendeln. Ich bin weder richtig hier noch richtig dort. Das klingt frustbeladen, aber ich bin ehrlich: Ein Teil dieses Ziehharmonikalebens gefällt mir immer noch. Ich mag die Freiheit und habe mir erfolgreich eingeredet, dass ich mich zu Hause um nichts kümmern muss. Fast fühle ich mich wie in meiner Studentenbude damals, nur dass ich nun nicht mehr als heimlicher Untermieter im Durchgangszimmer wohne, sondern zum ersten Mal meinen eigenen kleinen Raum habe. Ich sitze auf dem Bett, schaue noch eine Netflix-Serie, futtere Süßigkeiten und meine Frau hält mir den Rücken frei. Wovon genau möchte ich noch gleich meine Ruhe haben?

Wenn ich am Wochenende da bin, biete ich Birgit meine Hilfe an. »Soll ich den Müll rausbringen, Schatz?«, frage ich in einem Tonfall, der Fürsorglichkeit vorgaukeln soll. Meine Frau erkennt meine Angebote als die kläglichen Versuche der Wiedergutmachung, die sie sind. Kleine Alibigesten, mit denen ich mein schlechtes Gewissen übertünchen möchte. Wobei ... Eigentlich möchte ich nur einem Streit zuvorkommen und durch kosmetische Handreichungen dafür sorgen, dass ich möglichst lange auf dem Sofa herumliegen kann, ohne angemeckert zu werden. Bloß nichts, was mir den Spiegel vorhält.

Am Montagmorgen wartet wieder die Autobahn. Ich fahre, halte an, stehe im Berufsverkehr. Die Staumeldungen kann ich inzwischen mitsprechen. Die Zeit zerrinnt mir zwischen den Fingern. Mensch, was mache ich hier eigentlich? Ich bin fast 50. Ich habe doch nicht ewig Zeit! Irgendwann werde ich sterben und was soll dann auf meinem Grabstein stehen? Dass ich im Stau ganz viel Geduld hatte? Dass ich geschlafen, nie genug Geld verdient, Abgase eingeatmet und dann wieder geschlafen habe? Ich drehe das Radio auf und singe mit. Ich werde immer lauter. Der Typ im Auto neben mir guckt komisch – mir doch egal! Soll er doch schauen, ich möchte gerade keine Erwartungen erfüllen. Ich trommele auf dem Lenkrad herum und singe mir den ganzen Frust von der Seele.

Verdammt noch mal, meine Tochter wäre fast gestorben!

• • •

Man mag es nach dem Lesen dieser Zeilen nicht glauben, aber ich bin ein partnerschaftlicher Typ. Dass ich alleine rumhängen muss, macht auch mich unglücklich. Ich sehne mich nach Nähe, nach einem Abendessen zu zweit, nach einem Spaziergang, bei dem man nicht immer gleich Probleme wälzt. Aber es gelingt mir nicht, meine Sehnsucht in etwas Produktives zu verwandeln. Ich bin zu müde, zu überfordert, zu sehr in meiner eigenen Schieflage gefangen.

Wenigstens habe ich noch meine Kollegen, mit denen ich mich täglich unterhalten kann. Eine Parallelwelt, in der ich Erwachsener bin und mich von den Problemen zu Hause ablenken kann. Aber es ist ein brüchiges Konstrukt, das in sich zusammenfällt, sobald ich vom Firmenparkplatz fahre. Meine Frau ist aktiv, baut ihre Stellung als Heilpraktikerin aus und stemmt nebenher noch den Haushalt. Sie lebt ein echtes Leben, während ich in meinem eigenen wie ein Statist herumgeistere. Ich nehme den Job als Vorwand, um mir Freiheiten herauszunehmen. Dabei merke ich nicht, dass mein Kopf überhaupt nicht freier wird. Im Gegenteil: Je mehr Raum ich mir nehme, desto eingeengter fühle ich mich.

Dass ich unsere allabendlichen Differenzen damals bis ins Letzte klären will, Birgit aber nicht, liegt auch daran, dass sie schlicht Wichtigeres im Kopf hat, als sich mit meiner schiefen Weltsicht zu beschäftigen. Während ich abends Netflix gucke, hält sie die Familie zusammen. Wenn unsere Töchter krank sind, kümmert sie sich. Gespräche mit der Schule? Ihre Aufgabe. Der Hund muss zum Tierarzt? Birgits Job, zumindest der eine, von der Berufsausbildung ganz abgesehen. Und ich frage sie am Wochenende, ob ich mal den Müll rausbringen soll, stolz auf meine Großzügigkeit.

Am liebsten wäre es mir, Birgit würde mich behandeln wie einen Mitarbeiter, nicht wie ihren Mann. Klare Anweisungen, denen ich folgen kann, damit ich nicht mitdenken muss. Das mache ich lieber, wenn ich meckern kann: Wenn Birgit wochenlang plant, wie sie unser Haus schöner gestalten kann, kritisiere ich sie dafür, dass sie 200 Euro im Möbelhaus ausgegeben hat. Inneneinrichtung ist mir egal, ich bin ja eh nie da. Ich sehe nicht das Zuhause, das sie erschafft, sondern einen Posten auf dem Kontoauszug. Es geht nur augenscheinlich um das Geld, denn eigentlich streiten wir über Lebensentwürfe. Ich gebe ja schließlich auch Geld aus, aber für Dinge, die *mir* wichtig sind.

Während ich mich über die Ausgaben in unserem Haushalt aufrege, denkt Birgit an mich und schlägt vor, was ich im Stau selbst manchmal dachte: dass ich mir eine kleine Wohnung oder wenigstens ein Zimmer in Agenturnähe mieten sollte. Das Geld dafür hätten wir irgendwann, aber allein der Gedanke an den Aufwand, den ein Umzug bedeutet, lähmt mich. Etwas suchen, den Mietvertrag unterschreiben, Kisten packen, Möbel organisieren ... Und nach dem Arbeitstag noch aufräumen oder Fenster putzen? Nein danke! Wer nach einer Definition für »Macho« sucht, wäre bei mir damals auch nicht verkehrt gewesen, fürchte ich.

Was ist das bloß ... Allen, denen ich gefallen will, schenke ich bereitwillig meine Zeit, bis ich völlig ausgelaugt bin. Ich bin freundlich, mache Überstunden, damit mir niemand vorwerfen kann, ich hätte nicht alles gegeben. Nur meiner Familie gebe ich jahrelang das Gefühl, sie sei ein Störfaktor, der mich von allem anderen abhält. Fürs Staubsaugen hätte ich am liebsten noch Applaus oder zumindest ein Dankeschön.

Bin ich nicht einfach bloß ein ganz und gar typisches Arschloch?

Ich weiß es nicht, denn ich denke nicht darüber nach. Es ist Sonntagmittag, und ich bin mit dem Kopf schon wieder auf der A8 Richtung Böblingen.

10

KALORIENRAUSCH

Die Sache mit dem Essen hat im Auto angefangen, nach den Wochenenden mit meiner Familie. Ich hatte das Gefühl, mich auf der langen Fahrt von Buchloe zu meinem Arbeitsplatz zu Beginn meiner Pendlerwoche belohnen zu müssen. Oder zu motivieren? Vielleicht auch zu betäuben. Was weiß ich, es ist doch einfach verrückt – eine Belohnung für ein überstandenes Wochenende mit der Familie??? Als wäre es eine Last, Zeit mit den Liebsten verbringen zu dürfen, eine Hürde, deren Überwindung eines Glücksgefühls bedarf, herbeigeführt durch Leckereien und Alkohol. Die Menschen, die Abend für Abend allein in Deutschlands Kneipen sitzen, würden mir einen Vogel zeigen.

Oder war es doch der Schmerz? Das Gefühl, meine Frau und die Kinder wieder verlassen zu müssen? Vor einer weiteren Abfahrt die Tür hinter mir zuzuziehen, mit der Notebooktasche in der Hand und einem Kloß im Hals, wissend, dass ich am Freitag wieder als Besucher heimkomme, nicht als Familienvater? Wieder nicht da zu sein und alles zu verpassen? Geburtstage, Schulabschlüsse? Wieder eine gesamte Woche ausschließlich der Arbeit unterzuordnen und von dem abgekapselt zu sein, wofür ich zuallererst arbeite: meine Familie?

Vielleicht war es auch eine paradoxe Mischung aus beidem. Die anstrengende Woche ohne meine Frau und die Kinder. Und am Wochenende die unvereinbaren Wünsche: Zeit für mich allein zu haben und Zeit mit der Familie zu verbringen. Ich wollte beides, aber das ging nicht, zumindest nicht gleichzeitig. Zudem lastete auf den Wochenenden der Druck, die fehlende Freizeit der gesamten Woche nachzuholen. Und es weiß auch jeder: Was unter der Woche nicht erledigt werden kann, muss am Samstag von der To-do-Liste abgehakt werden. Jeden Freitagnachmittag war klar: Es wird sowieso wieder unmöglich sein, alles unter einen Hut zu bringen. Also beschloss ich, es gar nicht erst zu versuchen – ein Teufelskreis.

Am liebsten wäre es mir wohl gewesen, ich hätte die Welt an den Wochenenden autonom steuern können. Dann hätte ich die Zeit von Freitagabend bis Sonntagmittag so gestaltet, wie ich es für richtig hielt. Filme, Hörbücher, joggen, Sprachen lernen, die Weltlage checken. Das Wochenende sinnvoll nutzen, teilweise auch mehrfach. Auch so ein Irrsinn: Von Geschäftsterminen abgesehen, hatte ich drei Abende pro Woche komplett frei und nutzte sie für die aufgezählten Dinge. Und das reichte mir nicht?

Familienzeit wollte ich am Wochenende nur dann, wenn sie mir in den Kram passte. So machte ich es mir zumindest vor. Denn die Wahrheit ist: Meine Familie konnte mir mit ihren Wünschen nur in die Quere kommen. Es gab keinen richtigen Zeitpunkt – und hätte man mich machen lassen: Ich hätte nur mein Ding durchgezogen. Den Wünschen meiner Familie nachzugeben, hätte mir gutgetan, aber das wusste ich damals noch nicht und wollte es auch nicht wissen. Ich wollte das Wochenende nach meinem Gusto gestalten, denn Streit gab es aufgrund der Unvereinbarkeit von To-dos und Nichtstun ja sowieso. Ich richtete mich in meinem kleinen Kokon der Realitätsverweigerung gemütlich ein und verbrachte so viel Zeit mit Vermeidungsmanövern, dass ich gar nicht bemerkte, wie wenig von mir noch bei meiner Familie ankam.

Eigentlich hätte mir vollkommen klar sein müssen, dass die Familie zunächst einmal das Wichtigste ist. Man spricht von »Quality Time«. Das kann ein gemeinsames Abendessen sein, ein Spiel oder ein Ausflug. Dann hätte ich mich an den Wochenenden vielleicht besser erholt und nicht alle sieben Tage aufs Neue den Spießrutenlauf um die Haushaltstätigkeiten begonnen. Hätte, hätte, Fahrradkette. Damals wollte ich diese simplen Überlegungen nicht an mich ranlassen. Zu unbequem. Ich dachte: Je mehr man mich in Ruhe lässt, desto besser kann ich mich entspannen. Wobei, eigentlich dachte ich gar nicht, das war ja eben der Fehler. Wenn ich nur kurz mein Hirn eingeschaltet hätte, wäre ich darauf gekommen, dass sich familiäre Nähe und Erholung keinesfalls ausschließen. Doch ich blieb in meinem Tunnel. Und daraus entstand mein fataler Irrtum. Denn auch wenn man mich komplett in Ruhe ließ, stand ich an den Wochenenden ständig unter Strom. Kein Wunder also, dass ich nie Ruhe fand, egal, was passierte. Es lebe der Egoismus, auch wenn er die unvermeidlichen Konflikte noch verschärft.

·

Entsprechend ausgelaugt war ich eines Sonntagnachmittags. Die Differenzen mit meiner Familie steckten mir noch in den Knochen, und ich blickte einer weiteren Arbeitswoche sowie den nächsten einsamen Abenden in meinem Dachschrägenzimmer entgegen. Schon vor der Abfahrt aus Buchloe sank meine Laune in den Keller. Ich begann an jenem Tag nicht mit dem Essen, weil ich wirklich daran glaubte, dass es helfen würde. Ich begann damit, weil ich – wie so oft – das Gefühl hatte, *irgendetwas* unternehmen zu müssen. Nun würde ich endlich mal etwas für mich selbst tun, sagte ich mir – als wäre das nicht ohnehin ständig der Fall. Als würde sich in meiner Welt nicht sowieso alles um meine Befindlichkeiten drehen. Als hätte ich nicht ohnehin schon viel mehr Freiheiten und Schlupflöcher als meine Frau.

Ich steuerte eine Tankstelle an, beziehungsweise eine Futterstelle mit Zapfsäulen. Quarktaschen, Donuts, Schokoriegel, mit zu viel Remoulade und Käse belegte Brötchen: Ich versorgte mich für die Autofahrt mit allem, wonach mir gerade der Sinn stand – süß, salzig, fettig, egal. Als ich den Parkplatz der Tankstelle wieder verließ, war mein Mini zur fahrbaren Snackbar geworden. Zeit hatte ich beim Pendeln ja zur Genüge, und wie so oft beschloss ich, sie mehrfach zu nutzen. Das Essen diente als Beschäftigung, Pausenfüller, Stimmungsregulierer. Für einen Moment fühlte sich alles ein bisschen weniger trostlos an.

Im Auto zu essen ist eine dieser Angewohnheiten, von denen man weiß, dass sie nichts Gutes bedeuten. Zum einen, weil die Nahrungsaufnahme unbewusst abläuft, quasi nebenbei. In meinem Fall sah das so aus, dass ich mir zwei Stunden lang eine Süßspeise nach der anderen in den Mund schob, ohne darauf zu achten, ob ich eigentlich noch Hunger hatte – oder je welchen verspürt hatte. Ganz abgesehen davon, dass Quarktaschen und Donuts ohnehin nicht sättigen, sondern Gelüste befriedigen, hätte ich den Punkt sowieso verpasst. So lange, wie die Autofahrt dauerte, aß ich weiter, ohne Pause. »Sie haben ihr Ziel erreicht.« Ein Bissen noch. Dann aussteigen, durchatmen und hoffen, dass die Woche irgendwie vorübergeht. Vor allem die Abende.

Kalorienreich waren auch die Rückfahrten am Freitagnachmittag, denn hier stand mir aufgrund der Verkehrssituation zum Wochenende noch mehr Zeit zum Essen zur Verfügung. Insbesondere, wenn man stundenlang im Stau steht und es nur im Schneckentempo vorangeht, kann man sich mit Cheeseburgern, Chips und Schokoriegeln hervorragend die Fahrtdauer verkürzen.

Überhaupt ist es furchtbar leicht, sich unterwegs ungesund zu ernähren. In Deutschland wartet die Verführung an jeder Raststätte: Fast-Food-Restaurants, deren Leuchtreklamen schon aus weiter Ferne sichtbar sind. Cafés, Süßigkeiten- und Chipsregale, Soft- und Energydrinks, abgepackte Sandwiches und Bockwürste, die in Hot-Dog-Stationen warm gehalten werden. Croissants (manchmal sogar im günstigeren Doppelpack), Paninis, Frikadellen. Das Benzin wird zur Nebensache. Viel lieber tankt man sich selbst auf, und zwar mit Zucker und Fett in Massen.

Schließlich gibt es eine ganze Industrie, die sich auf ungesunde Ernährung spezialisiert hat. Scheinbare Vielfalt, bunte Verpackungen und TV-Spots mit Belohnungsszenarien erreichen Menschen tief im Unterbewusstsein. »Möchten Sie noch eine Apfeltasche dazu?«, wurde ich nach dem Tanken gefragt, scheinbar beiläufig, aber mit routiniertem Lächeln. Ungesunde Ernährung ist kein Zufallsprodukt, keine Befriedigung einer natürlichen Nachfrage, sondern ein milliardenschweres Geschäftsmodell, das auf unserem Wunsch nach dem kleinen und großen Glück basiert und mit immer neuen Produkten Gelüste weckt, von denen wir vorher noch gar nichts wussten.

Habt ihr schon mal gefriergetrocknete Süßigkeiten probiert? Bevor die auftauchten, hätte wohl niemand gesagt: Die haben uns noch gefehlt! Und doch sind sie plötzlich da, knusprig, bunt, absurd teuer und ungesund. Die Labore der Lebensmittelhersteller werfen ständig ein zuckersüßes oder fettiges Produkt nach dem anderen auf den Markt, als wäre es ein sportlicher Wettkampf darum, wer uns zuerst schwach werden lässt. Dann entdeckt man im Laden auf einmal Muffins oder Kekse mit einer neuen Füllung, Currywurst-Chips oder Weingummi für die Tiefkühlung. Erfindungen, nach denen niemand gefragt hat, bei denen aber viele irgendwann zugreifen. Von allem ein bisschen soll es sein und vor allem: immer etwas Neues. Die Versorgung weicht der Verführung, denn es geht nicht nur darum, sich zu ernähren, sondern darum, sich glücklich zu essen. Die nächste Belohnung für Rastlose wie mich wartet schon. Dafür gehen die Hersteller mitunter weite Wege. Sie geben sich transparent und natürlich, sprechen von Nachhaltigkeit und Heimat, drucken Getreidefelder und Vitamintabellen auf ihre Verpackungen – doch sie »designen« Ungesundes, wo es nur geht.

Wusstet ihr, dass man in der Lebensmittelindustrie vom sogenannten »Glückspunkt« spricht? So nennt man es, wenn die Zutaten Salz, Zucker und Fett in einem Produkt perfekt ausgewogen sind und es den meisten Menschen gut schmeckt. Dagegen kann eine Möhre, die im Boden wächst und *nicht* zehn Laborschritte durchläuft, natürlich kaum mithalten. (Anmerkung: Wie schon gesagt, heute bin ich der allergrößte Möhrenfan. Ein Kilo in drei Tagen schaffe ich locker, am liebsten pur. Was für eine Entwicklung.) Wir verlernen systematisch, Bitterstoffe als lecker zu empfinden. Man muss sich das vorstellen: Da sitzen jede Menge Forscherinnen und Forscher und entwickeln Lebensmittel, die weder gesund noch nahrhaft sein müssen, Hauptsache sie lösen etwas in uns aus. Leere Kalorien (viel Zucker, wenig Nährstoffe) ohne Ende. Von Lebensqualität keine Spur. Nein, diese Produkte sollen vor allem eins: sich gut verkaufen. Nicht nur das: Im schlimmsten Fall machen sie süchtig.

Es ist tatsächlich so: Auf manche Lebensmittel reagiert der Körper wie auf eine Droge. Für eine Studie fragten einige Forscher um Dr. Nicole M. Avena vom Obesity Research Center in New York insgesamt 504 Probanden danach, welche Lebensmittel bei ihnen am ehesten suchtähnliches Verhalten auslösten, also Heißhunger, Kontrollverlust, das Gefühl, nicht aufhören zu können. Hier die Top 10 von Platz eins bis zehn: Pizza, Schokolade, Chips, Kekse, Eis, Pommes frites, Cheeseburger, Softdrinks, Kuchen und Käse. Fällt euch etwas auf? Der Käse auf Platz zehn ist das einzige (mehr oder weniger) unverarbeitete Lebensmittel in der Liste – wobei es natürlich darauf ankommt, ob es sich um einen Bergkäse handelt oder um Scheibletten aus der Plastikhülle. Pommes frites könnte man auch noch wohlwollend dazuzählen, wenn sie aus selbst gemachten Kartoffelschnitzen zubereitet sind. Doch die restlichen Plätze belegt das Who's Who der stark verarbeiteten Kalorienkost. Lange Zutatenlisten, perfektes Salz-Zucker-Fett-Verhältnis und maximaler Convenience-Faktor. Alles, was schnell geht, gut schmeckt und danach ein schlechtes Gewissen hinterlässt – aber eben auch diesen kurzen befriedigenden Moment bietet.

Ein Blick in die Supermärkte bestätigt die Gültigkeit des Rankings. Die Pizza-Kühlfächer platzen aus allen Nähten. Es gibt so viele Schokoladenprodukte, dass ich mich schon gefragt habe, warum es keine eigenen Schoko-Supermärkte gibt. Was Softdrinks betrifft, sind wir in Deutschland auf dem besten Weg, die USA einzuholen, wo Dosen und Plastikflaschen in allen Regenbogenfarben ganze Regalreihen belegen und schon beim bloßen Hinsehen Zahnschmerzen verursachen.

Wer sich morgens aus dem Bett quälen und früh fit sein muss, hat natürlich das gute Recht, sich ab und zu mit einem Energydrink zu pushen. Aber es empfiehlt sich durchaus, die Wachmacher einmal genauer unter die Lupe zu nehmen: Zucker, Koffein, Säure und das berühmte Taurin ergeben zusammen einen folgenreichen Kick. Zu den Nebenwirkungen eines regelmäßigen Konsums zählen Nervosität, Kopfschmerzen sowie Übelkeit – und das ist nur die Spitze des Eisbergs. Die aufputschende Wirkung ist ohnehin umstritten und lässt bei ständigem Genuss auf jeden Fall stark nach. Der Körper stumpft ab: mehr Energydrink, weniger Effekt. Auffällig sind hier vor allem die aufwendig designten und schön bunten Gebinde, die in erster Linie junge Menschen ansprechen sollen. Die Industrie weiß genau, was sie tut – vor allem deren Marketingabteilungen.

Auch sensorische Kriterien spielen bei der Entwicklung von Lebensmitteln eine Rolle. Die Kartoffelchips knuspern nur deshalb so schön, weil in langen Tests das beste Knuspergefühl im Mund erforscht wurde. Es geht um das Geräusch dabei, aber auch um das Verhalten auf der Zunge und zwischen den Zähnen. Nuancen bei der Bissfestigkeit entscheiden über Erfolg oder Misserfolg. Welche Zusatzstoffe es dafür braucht, steht auf den langen Verpackungsangaben, aber wer liest (und versteht) die schon? Immerhin gibt es inzwischen den Nutri-Score, die Lebensmittelampel von grün (gute Nährstoffzusammensetzung) bis rot (Finger weg!). Der lässt sich zwar mit ein paar Tricks schönrechnen, liefert aber wenigstens eine grobe Orientierung. Sei's drum: Spätestens, wenn in einer Tüte Chips keine Kartoffeln mehr drin sind, sollten alle Alarmglocken läuten, denn dann ist der Snack endgültig ein Chemiebaukasten.

Diabetes, Adipositas, Bluthochdruck, Herz-Kreislauf-Erkrankungen: Der Preis, den wir für die schnelle Belohnung zahlen, ist hoch. Viel zu hoch. Für den Einzelnen ebenso wie für unsere Gesellschaft. Trotzdem geht die Rechnung immer wieder auf – nur für wen eigentlich? Die Verantwortung wird dem Individuum zugeschoben. »Du musst diese Sachen ja nicht essen.« Eine Belehrung, die wohl die meisten Übergewichtigen kennen, und die genauso überheblich wie unnütz klingt. Dabei ist das System so programmiert, dass es uns täglich zur ungesunden Ernährung verleitet, im Supermarkt, an der Tankstelle, in der Kantine, beim Bäcker, ja, selbst bei vielen Ärzten, die es eigentlich besser wissen sollten, aber auch im 21. Jahrhundert noch kleine Tüten mit Gummibärchen an Kinder verteilen, wenn sie sich bei einer Impfung pieksen lassen. So verinnerlichen schon die Jüngsten: Wer brav ist, wird mit Süßem belohnt. Ein Muster, das sich schlimmstenfalls durch ihr gesamtes Leben zieht.

Da muss ich an eine ehemalige Nachbarin denken. Wann immer eines der Mädchen oder Jungs aus unserer Straße hingefallen war oder aus einem anderen Grund weinte, hatte sie ein »Tröschterle« zur Hand: eine Süßigkeit, die dem Kind wieder ein Lächeln ins Gesicht zauberte, trotz aufgeschlagenem Knie. Es war sicher gut gemeint, doch es ist leider genau dieses Verhalten, das dazu beiträgt, dass wir im Erwachsenenalter immer wieder naschen, um glücklicher zu sein, und zu Süßmäulern werden, die Trost lieber aus dem Bonbonglas holen statt aus Gesprächen oder Bewegung. In vielen Schulen und Kitas wird heute erfreulicherweise dagegengesteuert, zum Beispiel durch Zuckerverbote in den Brotdosen und durch das gezielte Thematisieren von Ernährung im Sachkundeunterricht. Trotzdem, wie weit entfernt sind wir von der französischen Esskultur, die dem Nachwuchs schon in der Grundschule das nötige Wissen vermittelt– ganz praktisch, beim Selberkochen. Da wird nicht nur gegessen, sondern auch begriffen.

Habt ihr bemerkt, was ich eben gemacht habe? Ich habe den Konsum von Zucker verniedlicht, indem ich ihn als »Naschen« bezeichnet habe. Dieser Sprachgebrauch zieht sich durch das gesamte Spektrum gesundheitsschädlicher Ernährungsgewohnheiten. Wir »naschen«, gönnen uns was, essen »Soulfood« und sind »Süßmäuler«. Wenn meine Mutter zu mir sagt, »Du bist halt ein Süßer«, dann ist das durchaus doppeldeutig gemeint. Schon das Vokabular, das mit der ungesunden Ernährung einhergeht, klingt nach Wohlfühlmomenten, Kindheit und Geborgenheit.

Wer einen genaueren Blick auf die Zutatenliste unterschiedlichster Produkte wirft, stellt fest: Zucker ist praktisch überall drin. Schaut euch bloß mal eine Ketchup-Flasche an – was als herzhafte Tomatensoße daherkommt, ist eigentlich ein Dessert im Kostüm einer roten Flasche. Wichtig ist, dass man die Zutatenlisten richtig lesen kann, denn nicht immer steht dort demonstrativ: Zucker! Nein, die Hersteller wissen genau, wie sie die süßen Bestandteile von Brot, Wurst und Soßen möglichst verschleiern. Glukosesirup, Maltodextrin, Fruktose, alles unterschiedliche Namen für mehr oder weniger das Gleiche – und sie stehen meist weit oben auf der Liste. Dass Fruchtzucker gesünder ist als Industriezucker, ist leider ein Irrglaube. Er kann vom Körper nur dann besser verarbeitet werden, wenn er auch dort zu finden ist, wo er hingehört: in Obst. Denn nur dann verdaut der Magen ihn langsam und er kann Stück für Stück in unseren Kreislauf gelangen, eingebettet in Ballaststoffe, Vitamine und sekundäre Pflanzenstoffe. Ganz im Gegenteil zu einem Glas Saft oder einem Smoothie, die den Blutzucker in die Höhe schnellen und genauso rasch wieder absinken lassen.

Eine große Rolle bei ungesunder Ernährung spielt wie gesagt die Werbung. Schon im Kindesalter werden wir daran gewöhnt, und heute mehr denn je: Zeichentrickfiguren auf Frühstücksflocken, süße Joghurts mit Plastikspielzeug und Fast-Food-Menüs mit Sammelfiguren. All das wirkt auf den ersten Blick nett und kinderfreundlich, doch dahinter steckt zielgruppenorientierte Kundenansprache, ausgeklügelt bis ins Detail, denn die farbenfrohen Verpackungen sprechen genau die Sinne an, die für rationale Kaufentscheidungen noch gar nicht geschärft sind. Die bittere Folge der süßen Konditionierung: Wer einmal gelernt hat, Spiel, Spaß, Trost und Glücksgefühle mit tröstenden Lebensmitteln zu verbinden, wird dieses Muster nur sehr schwer wieder los – auch im Erwachsenenalter, wenn man es eigentlich längst besser weiß. Die Lebensmittelindustrie verdient prächtig daran.

Ich möchte eines klarstellen: Es geht mir an dieser Stelle nicht darum, den Zeigefinger zu erheben, zu diktieren, was man darf und was nicht. Und schon gar nicht geht es mir darum, Themen wie eine Zuckersteuer oder gar Verbote auf den Tisch zu bringen. Ich möchte niemandem das Schokocroissant oder den Feierabendsnack madig machen – ganz sicher nicht. Mir geht es bloß um eines: Viele Menschen machen sich ihr Essverhalten nicht bewusst. Sie greifen automatisch zu, folgen gewohnten Routinen oder Emotionen, ohne darüber nachzudenken, was sie da eigentlich gerade tun. Zwar empfinden die meisten ein Schamgefühl, wenn sie am Süßigkeitenregal sündigen und eine Packung Gummibärchen für den Fernsehabend in den Einkaufswagen legen. Das heimliche »Ich weiß, dass das nicht ideal ist« ist weitverbreitet. Doch eine wirkliche Auseinandersetzung mit der Frage, warum man überhaupt ein Interesse an solchen Leckereien hat, findet oft nicht statt.

Die empfohlene Zuckermenge pro Tag für Erwachsene liegt laut Weltgesundheitsorganisation WHO bei etwa 50 Gramm. 50 Gramm, also etwa 14 Stück Würfelzucker. Das hört sich viel an, doch gemessen an dem, was wir den lieben langen Tag zu uns nehmen, ist dieser Rahmen schnell erschöpft. Man muss nun wirklich kein notorischer Nascher sein, um drüber zu liegen – meist reicht ein normales, alltägliches Essverhalten. Wer morgens zum Beispiel ein kleines Glas Orangensaft trinkt, befindet sich bereits auf dem Halbzeitlevel. Wer hinterher noch ein Brot mit Schoko-Haselnuss-

Creme frühstückt, dürfte den restlichen Tag eigentlich keinen Zucker mehr zu sich nehmen. Das ist nahezu unmöglich. Er ist in fast jeder Mahlzeit drin – manchmal sichtbar, oft wie gesagt gut versteckt. Ich behaupte: Selbst wer den ganzen Tag versucht, bewusst keinen Zucker zu sich zu nehmen, konsumiert mehr davon als ihm lieb ist – und ist das nicht verrückt? Man müsste ein absoluter Zutatenlistenprofi und ein Meister der Selbstbeherrschung sein, um sich konsequent zuckerarm zu ernähren. Mir sind im Supermarkt sogar schon einmal tiefgefrorene Erbsen und Möhren begegnet, denen künstlicher Zucker hinzugefügt wurde. Tiefkühlgemüse! Der Wahnsinn.

Die Folgen ungesunder Ernährung werden in Deutschland immer sichtbarer. Und auch die Zahlen sprechen für sich: 2021 waren 62,4 Prozent der deutschen Männer übergewichtig, 18,7 Prozent davon stark. 2005 waren es noch 57,9 Prozent gewesen, davon nur 14,4 Prozent stark. Die Frauen lagen 2021 bei einer Übergewichtsquote von 42,5 Prozent, davon 14,8 Prozent mit starker Ausprägung. 2005 waren es noch 41,5 Prozent mit einem Anteil von 12,8 Prozent stark Übergewichtigen gewesen. Der Trend ist eindeutig. Und das Problem ist längst kein individuelles mehr allein, sondern auch ein gesellschaftliches: Übergewicht belastet das Gesundheitssystem. Doch anstatt diese Entwicklungen zu hinterfragen, drehen wir uns weiter im Kreis, mit dem Schokoriegel in der Hand.

Auch der Nachwuchs ist von der Problematik betroffen. In Deutschland sind jedes sechste Kind und jeder sechste Jugendliche übergewichtig, die meisten davon in unteren Bildungsgruppen. Das beweist einmal mehr, dass es nicht nur um individuelle Entscheidungen geht, sondern auch um soziale Voraussetzungen. Sind unsere Kinder nicht zu schützenswert, um sie einer Industrie auszusetzen, die ihr Geld damit verdient, ganze Generationen krank zu machen? Das Thema Rauchen haben wir als Gesellschaft drastisch bekämpfen können, mit Aufklärung und Warnhinweisen. Vielleicht bekommen wir das mit der ungesunden Ernährung ja noch besser in den Griff. Ungesunde Ernährung tarnt sich als Genuss. Genau das macht sie so tückisch – und umso dringlicher ist es, das Thema ernst zu nehmen.

Durch das Singen habe ich den Absprung in dieser Hinsicht geschafft. Sonst wäre ich heute übergewichtig, denn ich hatte schon von 69 auf 78 Kilogramm zugelegt, und ein Ende war nicht in Sicht. Kein Wunder, denn jede und jeder von euch weiß sicher: Es gibt nichts Schwierigeres als seine Gewohnheiten zu ändern. Bei mir: Gewohnheiten aus meiner Zeit als Journalist, als ich an den Gratis-Büfetts der Rennställe so viel aß, wie ich konnte, um Geld zu sparen. Gewohnheiten aus meiner Zeit als Pendler, mit Zucker und Fett als Beifahrer auf der Autobahn.

Stress war immer ein Thema. Je stärker ich beruflich unter Druck stand, desto mehr aß ich, um mir auf Knopfdruck ein gutes Gefühl zu verschaffen. Ein schneller Stimmungsumschwung, der mich kurz vergessen ließ, wie erschöpft ich war. Zwischenfrage: Wer machte den Druck? Ich mir selbst natürlich. Ich war mein härtester Chef, mein strengster Antreiber, mein gnadenlosester Kontrolleur. Es dauerte lange, bis ich das gute Gefühl per Essen hinterfragte, obwohl es stets nur von kurzer Dauer war und schnell dem schlechten Gewissen wich – ein Echo, das sich zuverlässig einstellte, sobald die letzte Verpackung meiner Sündenanfälle im Mülleimer lag. Heute weiß ich: Wer gerade wenn's stressig zu werden droht oder schon ist, kurz durchatmet und Momente bewusst erlebt, statt zu hetzen, erspart sich viel Kummer. Stichwort 4 – 7 – 8. Probiert's mal: vier Sekunden einatmen, sieben Sekunden Luft anhalten, acht Sekunden ausatmen. Das gibt dem Gehirn Zeit, gegen das Bauchgefühl zu protestieren. So einfach, so wirkungsvoll. Möglicherweise kommt sogar die Sinnfrage hoch: Was mache ich hier gerade? Warum? Was wäre eine Alternative?

Oft ist der vermeintliche Stress auch nur ein Vorwand. Eine bequeme Ausrede, um im alten Muster bleiben zu dürfen, weil Veränderung immer anstrengender ist als Gewohnheit. Ich stelle mir heute in brenzligen Situationen immer die Frage: Was kann dir im schlimmsten Fall passieren? Diese Frage entwaffnet, entzieht dem Drama den Nährboden und rückt Dinge wieder ins rechte Licht. Das hilft meistens, wenn auch nicht immer. Wer Angst vorm Fliegen hat, stellt sich ja auch genau diese Frage. Das Worst-Case-Szenario ist in dem Fall allerdings nicht sehr ermutigend, muss ich zugeben. Aber im Alltag funktioniert's, denn die meisten Katastrophen, die wir uns im Kopf ausmalen, treten nie ein. Und selbst wenn, sind sie meist nicht so verhängnisvoll, dass sie uns komplett aus der Bahn werfen müssten, zumindest nicht langfristig.

Der Auslöser zu Ungesundem zu greifen, liegt also in der Regel im Wunsch, sich zu belohnen. Wir übertünchen damit Anspannung, Müdigkeit oder Frust. Das funktioniert kurzfristig und wir fühlen uns für einen Moment lang besser. Doch Essen löst keine Probleme, abgesehen von echtem Hunger. Was dagegen helfen kann, sind Dinge, die den Kopf wirklich frei machen. Dinge, bei denen man nicht konsumiert, sondern gestaltet. Bei der einen ist es Sport, beim anderen die Autowäsche. Und bei mir eben das Singen.

An dieser Stelle muss ich noch ein Wörtchen zu einer anderen Suchtmaschine verlieren: Alkohol. In kaum einem Land der Welt ist der Konsum von Bier, Wein, Aperol Spritz oder Doppelkorn gesellschaftlich so akzeptiert wie in Deutschland. Wir sind eine der größten Bier- und Weinnationen. Immerhin belegen wir in den Top Ten der Länder mit dem weltweit höchsten Alkoholkonsum einen stolzen neunten Platz. Mit der Legalisierung von Cannabis haben wir uns viel Zeit gelassen, da fehlte es einfach an der historischen Verankerung. Geht's dagegen darum, auf etwas anzustoßen, ein Bierchen zu trinken oder zum Frühschoppen zu gehen, sind wir ganz vorn mit dabei.

Da sind sie wieder, die Verniedlichungen. Folgt jemand dem kulturellen Skript, kann er in Deutschland wunderbar Alkoholiker sein. Das merkt kein Mensch. Ja, es ist ganz öffentlich möglich, bei Volksfesten, Firmenfeiern und in den Supermärkten, wo es viel Pegel für wenig Geld gibt. »Ja, er trinkt halt gerne mal einen über den Durst«, heißt es dann. Genau diese tief verwurzelte Haltung zum Alkohol – seine Selbstverständlichkeit, seine Verharmlosung, seine allgegenwärtige Präsenz – ist es, die mich Ende 2010 kalt erwischt. Auch hier ist der Kopf wieder anderweitig beschäftigt. So kann sich der Alkohol in meine abendliche Routine schleichen, ohne dabei auf nennenswerten Widerstand zu stoßen. Im Gegenteil, ich begrüße ihn wie seinerzeit Herbert Grönemeyer: »Alkohol ist dein Sanitäter in der Not, Alkohol ist dein Fallschirm und dein Rettungsboot«.

Man sollte meinen, dass ein Mann meines Alters ein gewisses Niveau hält, wenn es um das Thema Alkohol geht. Viele werden ja zu Weinkennern oder brauen zu Hause ihr eigenes Craftbeer, philosophieren über Hopfensorten und Zitrusnoten. Ich mochte Rotwein, am liebsten spanischen Rioja. Aber wenn's den nicht gab, war mir an meinen einsamen Abenden auch alles andere recht. Sogar die Schnapsangebote im Supermarkt. Zum Verhängnis trug sicher bei, dass ich immer alles ausprobieren muss, selbst das billigste Teufelszeug. Den halb bewusstlosen Zustand des Betrunken-im-Bett-Liegens empfand ich quasi als Gipfel der Alltagsflucht. Ob ich ihn absichtlich herbeiführte, weiß ich nicht mehr genau. Aber zumindest akzeptierte ich ihn anstandslos, denn er war auch eine Art Gipfel des Genusses. Voll ausgereizt, könnte man wohl sagen. Eben bis zum Umfallen.

Meldete sich mein Kopf dann doch mal, beruhigte ich mich mit den üblichen Floskeln von Menschen, die täglich trinken: »Es schmeckt eben gut«, »Sprudel hängt mir zum Hals raus«, und so weiter. Diese Sätze funktionieren erstaunlich gut, solange man sie nicht hinterfragt. Ich bin damit wohl nicht allein. Der vermeintliche

Genuss ist der Deckmantel, unter dem der massive Alkoholkonsum in Deutschland legitimiert, ja, vorausgesetzt wird. Aber bei einer Dose Bier für 49 Cent soll es um Genuss gehen? Oder bei einem Weinbrand für fünf Euro pro Flasche? Das glauben die Hersteller doch selbst nicht – und einmal mehr verdient eine ganze Industrie an der Krankheit der Gesellschaft.

Ich wundere mich nicht darüber, dass an beinahe jeder Supermarktkasse kleine und größere Flaschen mit Spirituosen zu finden sind. Von zwei Zentilitern bis zum Flachmann: Hier gibt es alles für Alkoholanfällige, dosiert für den schnellen Konsum. Von Kirsche über Kräuter bis hin zum Klaren: Wer blau werden will, braucht kurz vor dem Kassieren nur die Hand auszustrecken, genauso beiläufig wie beim Griff nach Kaugummi. Ich fände es besser, wenn an der Kasse die Karotten warten würden.

Das werden die letzten Statistiken in diesem Buch sein, versprochen. Aber laut Bundesministerium für Gesundheit konsumieren in Deutschland 7,9 Millionen Menschen zwischen 18 und 64 Jahren Alkohol in gesundheitlich riskanter Form. Gemeint ist damit ein Alkoholkonsum, der das Risiko von körperlichen, psychischen und sozialen Schäden erhöht. Bei weiteren 9 Millionen Personen dieser Altersgruppe liegt bereits ein problematischer Alkoholkonsum vor, was bedeutet, dass er bereits zu negativen Folgen führt. Das können körperliche oder psychische Beeinträchtigungen sein, soziale oder berufliche Probleme oder der Kontrollverlust darüber, wie viel man trinkt. 9 Millionen, von denen ganz sicher nicht alle der Meinung sind, sie hätten ein Alkoholproblem – vielleicht, weil sie noch nie ihren Führerschein verloren haben oder betrunken auf einer Parkbank eingeschlafen sind. Auch dafür gibt’s einen Begriff, er lautet »Volkskrankheit«.

Die einzige Person, die mich jemals auf meinen Alkoholkonsum ansprach, war Birgit. Ich sagte ihr natürlich, dass alles im grünen Bereich wäre. Was auch sonst? Jeder um mich herum trank Alkohol.

Außerdem erschien ich immer gut gelaunt und pünktlich bei der Arbeit und erledigte meinen Job. Was sollte also nicht stimmen? »Solange ich nicht morgens trinke, ist doch alles okay« – und solange ich funktioniere. Das sind die Dinge, die man sich einredet, wenn man abends nicht mehr ohne Alkohol kann. Wenn der Drink zur Bedingung wird. Und genau das war der Unterschied: Wenn ich abends ohne ein Glas Whiskey ins Bett musste, fühlte ich mich unwohl. Ich war nervös, unausgeglichen, mehr noch als sonst. Es fehlte etwas, und ich kam nicht zur Ruhe. Ich trank nicht aus Freude an der Geselligkeit, sondern aus Einsamkeit und Frust. Der Alkoholkonsum war meine private kleine Belohnung und mein Aus-Schalter – aber sicher nicht mehr im grünen Bereich.

In meiner Familie war übermäßiger Alkoholkonsum noch nie ein Thema. Was dort so getrunken wird, würde jeder Arzt als unbedenklich einstufen. Ein Glas Wein zum besonderen Abendessen, ein Sekt an Feiertagen, vielleicht mal ein Bier im Sommer – das war's. Bei mir hatte sich das Ganze anders entwickelt. Warum? Schließlich waren mir meine Eltern kein schlechtes Vorbild gewesen. Vielleicht habe ich nie gelernt, mit Stress, Frust und Überforderung umzugehen. Passt schon.

Im Nachhinein glaube ich, dass auch unser Umzug ins Allgäu dazu beigetragen hat, meinen Umgang mit Alkohol zu lockern, die dortige Trinkkultur fiel bei mir jedenfalls auf fruchtbaren Boden. Wer in Bayern kein Bier mag, muss »a Zuagroaster sei«, also ein Zugezogener sein. Um Stuttgart herum waren Whiskey und Co. für mich nie ein großes Thema gewesen. Nicht nur das: Als Jugendlicher hatte ich mich nach einem einmaligen Ausrutscher jedem Pubertätsrausch verweigert, wie er für viele meiner Altersgenossinnen und -genossen typisch war. Ihr merkt schon, ich schwimme gern ab und an gegen den Strom. Als wir ins Allgäu zogen, war davon aber keine Rede mehr. Hier wollte ich plötzlich dazugehören, statt mich abzugrenzen.

Unbestreitbar ist für mich: Ein Weißbier unter Kastanien im

Biergarten schmeckt im Sommer besser als ein Pils in einem schwäbischen Landhof-Restaurant. Schon gut, ich übertreibe, aber mir geht es wie beim Singen um das Feeling. Das Allgäuer Lebensgefühl ist mediterran, fast ein wenig Dolce Vita, mit Bergen statt Meer, Kühen auf der Weide und einem leichten Wind, der durchs Tal weht. Aber genau deshalb lässt es sich dort eigentlich auch wunderbar ohne Alkohol aushalten. Es muss also an mir gelegen haben, dass ich das Allgäugefühl nicht vom Weißbier trennen konnte. Ob Stadtfest oder Almabtrieb, ich ließ die Genusstage ab 16 oder 17 Uhr leicht beschwingt (beziehungsweise beschwipst) ausklingen. Natürlich war ich bei Weitem nicht der Einzige. Exzessiv war mein Konsum sowieso nicht und ich bin nie richtig abgestürzt – aber ich hatte eine Richtung eingeschlagen und der Weg in Richtung Abgrund war geebnet. Oder?

• • •

2015, unser Keller in Buchloe. War das wirklich alles unser Kram? Es ist unfassbar, wie viel Zeug sich ansammelt, wenn man den Platz dafür hat. Man hortet, stapelt, lagert ein. Durch meine Sammelwut weiß ich: Zu viel Krempel kann eine Belastung sein. Spätestens, wenn man mit seiner Videosammlung einmal umgezogen ist, überlegt man sich beim nächsten Mal doppelt, ob man sie wirklich behalten möchte. Das war auch jetzt die Motivation. Birgit und ich wussten: Wir würden nicht ewig in Buchloe bleiben, denn meine Pendelei konnte keine Dauerlösung sein. Damit wir nicht mit zu viel unnötigem Zeug umziehen mussten, verkleinerten wir schon jetzt den Hausstand. Alte Kleidung, nicht mehr benötigte Möbel, betagte Weihnachtsdeko: Was nicht mehr gebraucht wurde, flog raus. Das fühlte sich befreiend an. Gegenstand für Gegenstand schufen wir im Keller mehr Luft zum Atmen – und im Kopf.

Plötzlich entdeckten wir mitten im Gerümpel meinen kleinen Marshall-Übungsverstärker von früher. Ein bisschen staubig, aber immer noch gut in Schuss. Auf dem Schrank lag meine E-Gitarre und ich nahm sie in die Hand wie ein altes Fotoalbum. Ich erinnerte mich an die Zeiten mit den Blue Fingers zurück – an unsere Bandproben und die zahlreichen wunderbaren Auftritte in Sindelfingen und drum herum. Wir waren keine Rockstars gewesen, logisch. Aber die Zeiten waren schön damals.

»Brauchst du den noch?«, riss Birgit mich aus meinen Gedanken und zeigte auf den Verstärker. Ich dachte: »Warum eigentlich nicht.« Ich hatte seit Ewigkeiten nicht gespielt. Wäre das nicht die perfekte Beschäftigung für meine einsamen Abende im Dachschrägenzimmer in Böblingen? Besser als Netflix und Whiskey, besser als Chips und Selbstmitleid. Eine Rückkehr zu etwas, das mir früher viel Freude bereitet hat. Ich beschloss, darüber nachzudenken – und warf den Verstärker erst einmal nicht auf den Müll.

Nach der nächsten traurigen Pendelwoche entschied ich mich. Was konnte schon passieren? Elektroschrott ließ sich auch in Böblingen entsorgen. Jetzt aber war erst einmal Vorfreude angesagt. Ich lud Gitarre und Verstärker ins Auto und nahm beides mit zu meinem Bruder. Meine alten Notizen von früher packte ich dazu, auch die Bob-Dylan-Akkordfolgen – vergilbt, aber nach wie vor aktuell. Dazu ein Blues-Lernheft, das ich mir vor Jahren zugelegt und nie angerührt hatte. Nach dem Arbeitstag schleppte ich das Equipment die Treppe hinauf und verbrachte den ersten Abend damit, die Saiten zu polieren und die Gitarre zu stimmen. Mein Bruder nahm den Lärm gelassen. Wir hören nicht unbedingt die gleiche Musik. Ich mag Blues und Rock – er steht auf Metal und war früher viel auf Festivals unterwegs, auf denen ich mich nie zu Hause gefühlt hätte. Aber in unserer Liebe zur Musik an sich sind wir uns einig.

Ich spielte also mal mit, mal ohne Strom und freute mich, dass ich nicht komplett eingerostet war. Komplette Songs waren mir zu anstrengend, ich konzentrierte mich auf Akkordfolgen. Dann fiel mir der »Redemption Song« von Bob Marley wieder ein, den konnte ich noch. Nicht perfekt, aber hörbar. Das war eine Überraschung, aber die viel größere war eine andere: Dadurch, dass meine Hände beschäftigt waren, zögerte ich meine Binge-Eating- und Alkoholphase ein wenig hinaus. Chips essen und Gitarre spielen gleichzeitig: Das funktionierte einfach nicht. Während ich Musik machte, war mir egal, ob ich gerade Schokolade zur Hand hatte oder nicht. Es war nicht so, dass ich damals aus dem Stand gar nichts mehr gegessen und keinen Alkohol mehr getrunken hätte, aber da ich durch mein neues Hobby abends weniger Zeit hatte, reduzierte sich mein Konsum zumindest.

Leider stellte ich auch diesmal fest: Ich bin einfach nicht zum Gitarristen geboren. Schon wenn ich versuchte, einzelne Töne zu zupfen, geriet ich ins Straucheln. Ich habe durchaus schlanke Finger, doch ausgerechnet in diesem Fall fehlte mir die sonst reichlich vorhandene Ausdauer. Super, da hatte ich gerade etwas gefunden, das mich von meinem ungesunden Lebensstil ablenkte, und schon war der Spaß wieder vorbei. Eine kleine aufflackernde Hoffnung, ausgetreten vom eigenen Unvermögen.

An das Singen traute ich mich zu diesem Zeitpunkt noch nicht heran. Es wäre mir peinlich gewesen, wenn mein Bruder mich gehört hätte. Er hätte sich nie beschwert, im Gegenteil. Aber ich war zu gehemmt, denn schließlich war ich inzwischen ein paar Jahre älter als zu Schulzeiten und wusste gar nicht, ob meine Stimmbänder noch so mitmachten wie früher. Zum anderen waren die Wände meines Dachschrägenzimmers sehr dünn. Die Streitigkeiten der Nachbarn nachts um drei bekam ich beinahe Wort für Wort mit und hatte keinerlei Interesse daran, dass sie mir beim Singen lauschten. Die Gitarre konnte ich leiser drehen oder den Verstärker ganz abschalten. Aber leise singen? Das geht auf keinen Fall, wenn's richtig klingen soll.

Dann kam mir die zündende Idee. Wenn ich schon Stunden um Stunden im Auto verbrachte: Warum sang ich dann nicht einfach dort? Das hatte ich ja schon immer mal gemacht, also warum eigentlich nicht richtig, mit Üben und allem Drum und Dran? Im Auto konnte ich machen, was ich wollte. Keiner hörte mich und die eventuell schiefen Töne. Da waren nur ich, meine Stimme und die Straße.

Ich druckte mir die Texte der Songs aus, die ich früher mit den Blue Fingers gesungen hatte. Bob Dylan, Tom Petty, Albert King, die volle Packung Folk, Rock und Blues. Das war wie ein Wiederhören mit alten Freunden, das sich anfühlt, als hätte man sich gestern zuletzt gesehen. Von den Texten wusste ich noch erstaunlich viel – zur Auffrischung nahm ich sie überallhin mit, ins Bad ebenso wie an den Frühstückstisch. Im Auto sang ich dann aus voller Kehle dazu, oft bis ich heiser war.

Ins Repertoire kamen meine Lieblingsbands wie Queen oder Radiohead. Ihre Platten hatte ich so häufig rauf und runter gespielt, dass ich mich sehr gut an die Texte erinnern konnte. Außerdem: Wenn einen niemand hört, kann man sich auch an die Gesangslinien von Thom Yorke heranwagen. Es ist unfassbar, was dieser Mann mit seiner Stimme anstellen kann. Das fängt beim Umfang an und endet noch lange nicht damit, was für ein atemberaubendes Melodieverständnis er hat. Jede Zeile klingt, als würde sie aus seinem Innersten kommen. Und auch, wenn ich gesanglich Welten von ihm entfernt bin, spüre ich beim Nachsingen etwas von dieser Dringlichkeit.

Stück für Stück entdeckte ich damals das Singen wieder und fragte mich, warum ich es eigentlich jemals aufgegeben hatte. Die Antworten darauf liegen auf der Hand: Job, Familie, Verpflichtungen. Der Fokus hatte sich verschoben. Fürs Musikmachen war irgendwann keine Luft mehr geblieben. Aber nun hatte ich ja wieder jede Menge Zeit – zumindest unterwegs. Ich versüßte mir die langen Autofahrten, nun ganz ohne Süßkram. Bei wenigen Gelegenheiten durchströmt so viel Freude meinen Körper wie beim Singen. So richtig los wurde ich meine Sucht aber noch nicht.

• • •

2016 endete die Pendelei. Schon länger waren Birgit und ich auf der Suche nach einem Baugrundstück bei Stuttgart gewesen. Sie war im Allgäu nicht mehr glücklich, denn zum einen bestand die Nachbarschaft inzwischen vor allem aus Familien mit kleinen Kindern, während unsere drei Töchter alle schon erwachsen waren. Zum anderen war ich nie zu Hause. Außerdem kam sie mit den Menschen im Schwabenland einfach besser klar und sehnte sich danach, alte Bekanntschaften wieder aufleben zu lassen. Fündig wurden wir in Backnang, etwa 40 Autominuten von Stuttgart entfernt. Beinahe schon alte Heimat. Das Grundstück lag zudem fast direkt am Waldrand – für Labradorbesitzerinnen ein unschlagbarer Vorteil. Birgit freute sich riesig, auch darüber, unser neues Haus so gestalten zu können, wie sie es wollte. Die Doppelhaushälfte in Buchloe hatten wir zwar auch im Erstbezug gekauft, doch damals stand bereits der Rohbau und wir hatten kein Mitspracherecht mehr, was die Gestaltung betraf. Nun konnten wir ein frei stehendes Haus nach unseren Vorstellungen bauen. Genauer gesagt: Birgit konnte das. Denn wenn ich auf einem Baugrundstück stehe, sehe ich erst mal einen Acker. Noch nicht einmal, als der Keller fertig war, hatte ich eine Ahnung davon, wie das Haus später einmal aussehen könnte. Nur falls jemand glaubt, ich sei auf allen Ebenen ein Kreativgenie, weil ich im Auto singe. Meine Frau wusste bereits genau, wo das Wohnzimmer hin sollte, wo das Schlafzimmer und wo die Terrasse. Ich versuchte ihr gedanklich zu folgen, hätte dazu aber wohl eine 3D-Animation gebraucht, am besten mit Virtual-Reality-Brille.

Das Haus in Buchloe verkauften wir und verdienten sogar ein paar Euro daran, obwohl es noch größtenteils der Bank gehörte. Unsere Kinder waren zu diesem Zeitpunkt schon ausgezogen, bis auf die Jüngste, der wir für ihr letztes Halbjahr am Mädchengymnasium eine kleine Wohnung mieteten, damit sie nicht mitten im Abschluss wechseln musste. Es war nicht leicht, sie allein zurückzulassen, mit all der Verantwortung auf ihren Schultern, aber am Ende die beste Lösung, und sie schaffte ihren Abschluss mit Bravour.

Pendelei vorbei, Probleme weg, sollte man nun meinen. Doch die Macht ist stark in mir. Leider die Macht der Gewohnheit, nicht die der Jedi-Ritter.

Was ich nicht für möglich gehalten hätte, trat ein: Nicht nur, dass ich meine schlechten Angewohnheiten trotz meiner wiederentfachten Musikbegeisterung nicht loswurde, ich behielt sie auch daheim bei meiner Familie bei – obwohl ich nicht mehr pendelte. Selbst in den wenigen Momenten der Selbsterkenntnis, als mir schwante, dass meine Ernährung zum Problem geworden war, hatte ich alles darauf geschoben, dass ich ständig unterwegs gewesen war. Doch nun war das vorbei und ich kam trotzdem nicht von meinen schlechten Angewohnheiten los. Ich kaufte weiter Süßigkeiten und Alkohol, obwohl sich die äußeren Umstände verändert hatten. Was war nur los?

Ich kann von Glück reden, dass sich Birgit weigerte, meinen gesteigerten Alkoholkonsum hinzunehmen. Während meiner Pendelei konnte sie nicht viel bemerkt haben. Jetzt saß ich allabendlich neben ihr und trank einfach. Ich bin selten durch die Wohnung gewankt, aber wenn ich mir zu *Dr. House* das zweite oder dritte Glas Whiskey verpasste, fragte sie mich, ob das denn wirklich sein müsse. Außerdem wies sie mich darauf hin, wenn das Glas mal wieder eher halb voll war als halb leer. Solche Dinge sollte man bei seinem Ehepartner unbedingt ansprechen, um ihm zu spiegeln, dass der Alkoholkonsum aus dem Ruder läuft – und das war er bei mir definitiv. Ich erinnere mich sogar an Situationen, in denen ich mir ein Glas Whiskey gönnte, weil ich mit den Kindern spazieren gewesen war.

Am Anfang reagierte ich noch abwehrend (»Schmeckt mir halt«) oder gar wütend auf die besorgten Hinweise – obwohl ich insgeheim genau wusste, dass Birgits Kritik berechtigt war. Wer je den Filmklassiker »The Lost Weekend« gesehen hat, weiß: Alkohol macht erfinderisch. Ich trank einfach heimlich, stellte mir ein

Glas Whiskey unters Bett. »Ich geh noch ein wenig lesen, Schatz«, rief ich Birgit zu und klinkte mich aus. Statt meinen Tag dadurch zu verarbeiten, dass ich über ihn nachdachte, schüttete ich ihn zu. Doch steter Tropfen höhlt den Stein und irgendwann erkannte selbst ich, dass hier irgendwas aus dem Ruder lief.

Tagsüber in der Agentur war ich voll engagiert, da wirkte das Ende der Pendelei befreiend. Doch nach Feierabend zog ich mich in den wärmenden Würgegriff des Alkohols zurück, der sich von innen anfühlt, als würde einen das Universum im Arm wiegen. Rituale geben Halt, auch wenn sie einen mürbe machen. Von hier aus ein aufrichtiges Sorry an Birgit. Ich kann sie nur um Verzeihung dafür bitten, dass ich ihr damals wohl das Gefühl gegeben habe, die Situation zu Hause nur mit Alkohol ertragen zu können. Denn einsam war ich eigentlich nicht mehr. Ich war nur allein – mit mir und meinen Dämonen, denen ich aus dem Weg gehen wollte.

• • •

Wir haben immer noch 2016, als etwas Entscheidendes passiert: Bei der Suche nach neuen Social-Web-Marketingmöglichkeiten für unsere Agenturkunden stolpere ich über eine neue App namens Musical.ly, die speziell fürs Lipsynching entwickelt wurde. Das bedeutet: Die App spielt einen Song ab und man bewegt die Lippen zum Gesang, genau wie bei einem Playback. Ich lade sie mir herunter und lege los. Natürlich nicht ohne Bedenken. Ist das Ganze zu jung, zu albern, zu viel Selbstdarstellung? Egal. Ich beschließe, es einfach mal auszuprobieren. Die fertigen Videos poste ich bei Instagram. Meine Liebe zur Musik und meine Begeisterung für Social Media wachsen zum ersten Mal zusammen. Am 8. April 2016 geht meine Lipsynch-Version des Oasis-Songs »Wonderwall« online – die Premiere. Einen Tag später folgt »Pet Sematary« von den Ramones. Da ist der Punkrock wieder. Beim Aufnehmen singe ich die Songs natürlich tatsächlich mit und bewege nicht bloß den

Mund. Leider hört es niemand, denn die Software nimmt nur das Video meiner Performance vor der Smartphonekamera auf. Das ist auch ganz nett, aber mit den ganzen jungen Profis im Musical.ly-Netzwerk kann ich nicht mithalten. Es ist erstaunlich, wie sehr man das Lipsynching professionalisieren kann. Bei manchen Usern entsteht tatsächlich der Eindruck, als würden sie selbst singen – mit perfektem Timing, minimalen Gesten und der exakt richtigen Mimik. Für mich hingegen ist genau das der Knackpunkt: Ich möchte nicht nur so tun, sondern wirklich selbst singen. Am 19. Juni 2016 poste ich das letzte Video, das ich mit Musical.ly aufgenommen habe: »Mony Mony« des Pop-Rebellen Billy Idol, einem meiner Achtzigerhelden. Danach nutze ich Instagram wieder so, wie ich es schon vorher tat: für Familien-, Natur- und vor allem für Hundefotos. Doch die Videos mit Musical.ly waren einer der vielen Anfänge meiner Heilung.

11

UWE 2.0

Anfang 2018. Das Singen im Internet fehlt mir. Ich spüre: Da ist noch so viel Musik in mir, die rausmuss. Sie war viel zu lange verschüttet, unter Pendelfahrten, Terminen und Einsamkeit. Musical.ly war für mich ein Reinfall. Das Konzept passte nicht zu mir, ich möchte keine Playback-Show veranstalten, sondern selbst singen. Also überlege ich, wie ich das Ganze anders angehen könnte. Mit Blick auf meine Arbeit als Social-Media-Berater kommt mir die zündende Idee: Bereits seit 2013 ist es möglich, bei Instagram nicht nur Fotos, sondern auch Videos hochzuladen. Warum also nicht das Naheliegende tun? Warum nehme ich mich nicht einfach beim Karaokesingen auf und poste das Ergebnis? Ohne Lipsynching, ohne Effekte, einfach Uwe Baltner, ohne Filter? Gesagt, getan: Am 2. September 2018 lade ich das erste Video hoch, in dem ich selbst zu hören bin. Meine Bühne ist da noch das Wohnzimmer. Ich erinnere mich genau daran, wie ich auf »Veröffentlichen« drücke: mit ein bisschen Herzklopfen, feuchten Händen und Erwartungen unter der Teppichkante. Sorge um die Reaktionen? Natürlich, haben die nicht alle, die sich auf die Instagram-Bühne wagen? Zumindest, wenn sie persönliche Dinge teilen, und für mich gibt es nichts Persönlicheres als Musik. Wenn ich heute sehe, wie unsicher und bierernst ich in diesem Clip gucke, muss ich grinsen. Es ist der Tag, an dem meine Karriere als singender Geschäftsführer beginnt. Der Song: »Bang Bang (My Baby Shot Me Down)«. Ein Lied über Verlust und emotionale Verletzungen, das in seiner Schlichtheit unter die Haut geht. Geschrieben wurde die Nummer von Sonny Bono, dem Sonny aus Sonny & Cher. Die wohl berühmteste Interpretation stammt allerdings von Nancy Sinatra, stark, irgendwie kühl und doch zerbrechlich. Spätestens, wenn ihr den Film *Kill Bill* gesehen habt, kennt ihr den Song auf jeden Fall, denn er läuft dort schon in den ersten fünf Minuten.

Das Video wird für meine damaligen Verhältnisse ein voller Erfolg. Noch nie habe ich so viele Likes für einen Post bekommen – noch nicht einmal für die süßesten Hundefotos, obwohl die bislang immer besonders gut abgeschnitten haben. Alte Freunde, entfernte Bekannte, Kollegen, sogar wildfremde Menschen drücken auf »Gefällt mir« und kommentieren. Und was noch viel wichtiger ist: Noch nie hat mir das Aufnehmen eines Clips so viel Spaß gemacht. Ich merke, wie das Singen etwas in mir löst, ich für ein paar Minuten ganz bei mir bin. Endlich wieder öffentlich selbst zu singen und anderen damit eine Freude oder einen Heidenspaß zu bereiten: Die Aussicht darauf macht mich euphorisch. Das ist kein flüchtiger Kick, sondern ein echtes Glücksgefühl, das länger anhält als jeder Abend mit Chips und Promille. Schnell wird mir klar: Ich will mehr davon – mehr Musik, mehr Freude, natürlich auch mehr Feedback. Wie also kann ich meine Videos weiter umsetzen? Zu Hause bin ich selten allein und will meiner Familie nicht mit meiner Singerei auf den Keks gehen. Schließlich wollen nicht alle mit Elvis zu Abend essen – auch wenn ich eine ganz gute Interpretation von »Hound Dog« draufhabe, wie ihr hören könnt, wenn ihr auf meinem Instagram-Profil lange genug nach unten scrollt.

Außerdem ist ein Wohnzimmer akustisch betrachtet kein Konzertsaal. Im Bad wäre die Akustik vielleicht besser, aber unter der Dusche zu singen wäre zu laut – und zu nass für mein Smartphone. Zum anderen geht mein neues Hobby mit einer entscheidenden Frage einher: Woher nehme ich die Zeit, die eigentlich Familie und Beruf gehört? Ich frage mich: Darf ich das? Kann ich das verantworten? Ich beschließe, zunächst nichts von meiner neuen

Leidenschaft zu erzählen. Nicht unbedingt, weil ich etwas verbergen möchte, sondern weil ich mir noch nicht sicher bin, wohin das Ganze führen wird. Irgendwie ahne ich aber auch schon, dass sich mein Hobby nicht auf Dauer verheimlichen lassen wird.

Ich frage mich: Findet sich die Lösung des Problems dort, wo ich ohnehin viel nutzlose Zeit verbringe – im Auto? Taugt der kleine Flitzer zum mobilen Tonstudio? Ich probiere es aus, gleich am nächsten Tag. Am 3. September 2018 poste ich mein erstes Video auf vier Rädern: meine Interpretation von »Wishing Well« von den Screaming Females. Die Band hatte einen viralen Mini-Hit mit einer »Tiny Desk Concerts«-Version von Taylor Swifts »Shake It Off« (findet ihr auf YouTube), aber das war wohl eher ein Versehen der Indie-Rocker aus New Jersey. Ich allerdings fand ihre aktuelle Platte toll und nahm den Song daher ins Programm auf. Das bestand am Anfang einzig und allein aus Stücken, die ich kenne und liebe. Aus Musik, die mich persönlich berührt. Auf die Screaming Females folgen Huey Lewis & The News, die für mich das Gute-Laune-Gefühl der Achtziger transportieren. »The Power Of Love« – der perfekte Soundtrack, wenn man sich ein wenig motivieren muss. Am nächsten Tag singe ich »Sweet Home Chicago« in der Version aus dem Blues-Brothers-Film. Den Song habe ich schon mit meinen Bands zum Besten gegeben, und er steht für das Bluesfeeling, das mich wohl Zeit meines Lebens nie komplett loslassen wird. Dann probiere ich es noch einmal mit Oasis: »Wonderwall«, diesmal nicht als Musical.ly-Playback, sondern mit meiner eigenen Stimme. Ich suche weitere alte Bandklassiker heraus, die wir mit den Blue Fingers gespielt haben. Einer davon stammt von Tom Petty. »I Won't Back Down« ist ein Song, der mir Kraft gibt, heute würde es wohl heißen: der mich empowert. Ich fühle mich beim Singen der Nummer wie ein junger Mann auf einem endlosen Highway – aber auf die staufreie Art, nicht als Pendler. Dann lande ich wieder bei »Creep« von Radiohead. Dabei hoffe ich natürlich, dass die Zuschauenden mich weder als »Creep« noch als »Weirdo«

sehen, sondern verstehen: Hier versteht ein alternder Mann, mit welchen Unsicherheiten junge Menschen zu kämpfen haben.

Ich tobe mich nach Herzenslust aus, jeden Tag ein bisschen mehr, und je mehr ich singe, desto besser geht es mir. Schnell werden die Auto-Karaokevideos zur angenehmen Routine, zur Gute-Laune-Therapie. Das kommt bei mir an und bei meinen Followern auch. Überrascht stelle ich fest: Die Reaktionen fallen zu 99 Prozent positiv aus. Viele schreiben mir, wie viel Freude ihnen meine Clips bereiten, wie erfrischend ehrlich und unprätentiös sie seien. Zum ersten Mal fühle ich mich von Herzen mit der Social-Media-Welt verbunden. Und ich erlebe am eigenen Leib, welches Erfolgsrezept ich meinen Kunden vermittle: »Bleibt authentisch, locker und persönlich.«

Im Oktober 2018 traue ich mich an meinen absoluten Favoriten: Freddie Mercury. Ich trage diesen Plan schon lange in mir herum, habe ihn aber immer wieder vertagt – aus Respekt. Meiner Meinung nach war Freddie einer der größten Sänger aller Zeiten. Sein Stimmumfang war opernreif, seine Bühnenpräsenz unerreicht. Schaut euch zum Beispiel mal den Auftritt von Queen bei »Live Aid« an. Ein Wahnsinn. Dementsprechend schwierig ist es, die Songs der britischen Band nachzusingen. Das sehe nicht nur ich so. Was glaubt ihr, warum es so wenig Coverversionen von Queen-Songs gibt? Aber ich will meinen Followern unbedingt meine absolute Lieblingsband vorstellen. Ich greife dafür auf keinen der großen Hits wie »Don't Stop Me Now« oder »We Are The Champions« zurück, sondern entscheide mich für das etwas unbekanntere Stück »Spread Your Wings«. Ich glaube, ich habe in dem Video ganz gut abgeliefert. Ruhe in Frieden, Freddie.

Ich genieße es so sehr, in meine Jugend abzutauchen und all die Songs zu singen, die mich seit Jahren begleiten. Mein Auto wird zur Zeitkapsel, die mich überall hinbringt, wo ich gerade hinmöchte, zum Beispiel in die Siebziger und die Achtziger. Jeder Song ist ein kleiner Film. »The Weight« von The Band, »Lay Back In The Arms Of Someone« von Smokie und »Mamma Mia« von ABBA: alles kleine Ausflüge in meine Zeit als Teenager und junger Mann.

Dazu gehört auch die Musik von Frank Zappa. Ich weiß noch genau, dass ich seine Platte »Sheik Yerbouti« (für den Wortwitz einfach noch mal laut lesen und englisch aussprechen) als Jugendlicher liebte und meine Eltern dazu überreden konnte, das Album während fast einer gesamten Autofahrt in den Urlaub auf Kassette zu hören. Die Texte verstanden meine Eltern Gott sei Dank nicht, denn mit Songs wie »Broken Hearts Are For Assholes« hätten sie wohl nicht viel anfangen können. Bei Instagram findet ihr meine Coverversion von »Bobby Brown Goes Down«, einem vermeintlich harmlosen Stück von Zappa, in dem es um Themen wie Homosexualität, Sadomachismus und Urophilie geht. In Deutschland war die Single ein Hit, in den USA nicht. Wahrscheinlich weil man den Text dort sehr wohl verstand.

Zu »Every Breath You Take« von The Police war ich mit 16 zum ersten Mal verliebt. Ich weiß noch, wie ich fühlte: Das ist der schönste Song aller Zeiten. Ich schrieb Briefchen mit Songzitaten, so wie wir das mangels WhatsApp damals so machten. Heute ist mir klar, dass es in dem Lied nicht um Liebe geht, sondern um Kontrolle, um Besessenheit, um einen Stalker, der nicht loslassen kann. Unangenehm zugegeben. Doch ich bin wohl nicht der Einzige, der den Song falsch interpretiert hat, wenn man bedenkt, wie oft er auf Hochzeiten gespielt wird. Und außerdem gehört das zur Musik: Dass man die Bedeutung von Songs mit der eigenen Geschichte überschreibt, selbst wenn es im Text um etwas ganz anderes geht.

Auch der »Boss« Bruce Springsteen begeisterte mich früher – und tut es auch jetzt noch. Seine Musik war schon immer mehr als nur Rock 'n' Roll. Sie ist ein Lebensgefühl, der Soundtrack für Menschen (vor allem in den USA), die arbeiten, täglich kämpfen, hoffen, leben. Von ihm singe ich »I'm On Fire«, einen seiner schönsten

Songs. Ruhig, eindringlich, reduziert auf das Wesentliche – und zugleich magisch, fast hypnotisierend. Keine Angst, ich habe keinen Unfall gebaut, aber das sind eben Songs, bei denen ich jede Note im ganzen Körper spüre. Und dann muss ich einfach singen.

Mehr davon? Wie wäre es mit »All My Loving« von den Beatles. Drei Minuten pure Melodie. Das »Rote Album« habe ich als Jugendlicher in Dauerschleife gehört – und Jahrzehnte später sitze ich in meinem Auto und gebe alles, um John, Paul, George und Ringo Ehre zu machen.

Auch Ry Cooder taucht in meinem Repertoire auf, genauer gesagt sein Song »Little Sister«. Ich hatte eine Plattenkritik gelesen, in der vom kristallklaren CD-Sound des Albums durch eine neue Aufnahmetechnik die Rede war. Musste ich natürlich haben, und zum Glück war und ist »Bop Till You Drop« wirklich toll. Als ich im Auto die ersten Takte anstimme, denke ich wieder: Musik hält die Welt zusammen – und irgendwie tut sie das ja auch.

Stilistisch wage ich mich nach und nach auch an härtere Sachen, auch wenn ich kein Metal-Head bin. Was mir mehr liegt: die rohe Überwältigungsmechanik guter Punksongs. Die Ramones, WIZO und Green Day lassen mich nicht los, und das ist auch gut so. Schließlich stehe ich zu meinen Jugendsünden, vor allem, wenn sie so viel Energie geben. Ich bin zwar kein Teenager mehr und meinen grünen Ledermantel vom Flohmarkt habe ich schon vor langer Zeit entsorgt. Doch Punk bin ich irgendwie doch geblieben, was ich zum Beispiel dann merke, wenn ich mit Gleichaltrigen über Politik diskutiere. Für mich bedeutet Punk, auch mal über den Tellerrand zu schauen, nicht alles einfach hinzunehmen. Ich bin kein Revoluzzer und komme auch in der Mitte bestens zurecht. Aber ab und zu stelle ich die Dinge gerne auf den Kopf. Und wenn ich heute Songs wie »Basket Case« von Green Day im Auto singe, dann ist das auch eine kleine Verneigung vor meinem damaligen Ich, die bedeuten soll: Du warst schon okay als Jugendlicher.

Dazwischen streue ich immer wieder auch Neuentdeckungen ein, die mich begeistern, überraschen oder inspirieren. Uncle Kracker zum Beispiel, mit seinem lässigen Country-Pop-Sound. Tocotronic mit ihren klugen Texten und ihrer Haltung. Oder Daft Punk. Ja, ich habe auch eine Schwäche für Dance und Electro. Die lebe ich allerdings selten im Auto aus.

Irgendwann singe ich »Drive My Car« von den Beatles – ein absolutes Muss, wenn es um Auto-Karaoke geht, denn der Song passt einfach zur Szenerie. Da bleibt einem gar nichts anderes übrig als laut mitzusingen. Über die Beatles wurde schon so viel gesagt und geschrieben, dass ich all das an dieser Stelle nicht wiederholen muss, aber eine Sache möchte ich dennoch loswerden, denn ob »All My Loving« oder »Drive My Car«: Erst, als ich die Songs der »Fab Four« im Auto singe, wird mir so richtig bewusst, wie genial diese Band war. Wenn man die Lieder der Briten nachsingt, bekommt man ein Gefühl für die Struktur, die Wechsel, die ganzen kleinen Brüche und Ideen, mit denen die Stücke gespickt sind. Was Paul McCartney und John Lennon mit ihren Stimmen anstellten, wie sie sämtliche Konventionen umkrempelten und wie sie gleichzeitig verspielt, präzise, rau und zärtlich sein konnten, ist einfach nur beeindruckend. Ich verstehe heute noch besser als früher, warum ihre Musik so viele Menschen berührt hat – und warum sie heute auch mich berührt, wenn ich durch Backnang fahre und ihre Songs mitsinge.

Meinen letzten Schluck Whiskey trinke ich im Dezember 2018. Im Nachhinein kann es dafür viele Gründe gegeben haben: Es lief besser im Beruf, ich machte mir Sorgen um die Gesundheit. Am Ende war das Singen ausschlaggebend: Die Glücksgefühle und den wachsenden Erfolg konnte und wollte ich unverschleiert genießen, mit vollkommen klarem Kopf. Beim Singen geht es um Präsenz, da ist es wie im Leben. Ich will im Hier und Jetzt sein, für die Musik, für andere, für mich und meine Familie. Der Abschied vom Alkohol fühlte sich goldrichtig an.

Ich sitze in dieser Zeit neben Birgit auf der Couch, das Smartphone immer dabei. Denn meine Videos erreichen immer mehr Menschen, teilweise in den entferntesten Ecken der Welt. Jeden Tag kommen neue Follower dazu, jeden Tag werden es mehr Kommentare. Menschen schreiben mir, dass ich ihnen den Tag versüße, sie zum Lächeln bringe oder an ihre Jugend erinnere. So viel ist klar: Ich bereite ihnen eine große Freude und sie mir. Jedes positive Feedback ist ein Beweis dafür, dass ich auf dem richtigen Weg bin. Dass meine Leidenschaft und meine Ehrlichkeit beim Singen ankommen, auch wenn manche es vielleicht peinlich finden. Ich habe seitdem nie wieder einen Tropfen Alkohol getrunken. Keine Ausnahmen, kein »Nur einmal«. Es lebe die Trockenzeit. »Saved by music«, würde ich sagen.

Probleme mit dem Verzicht? Die haben wohl eher andere. Ich bin überrascht, dass es die Menschen heutzutage immer noch irritiert, wenn jemand nicht trinkt. Wer Alkohol aus seinem Leben verbannt, kennt die Sprüche: »Sie trinken gar nichts, Herr Baltner?« – oft begleitet von hochgezogenen Augenbrauen und einem skeptischen Blick. Wenn es um meine Abstinenz geht, unterscheide ich zwischen den Floskelschleuderern und Menschen, die aus echtem Interesse fragen – und sich häufiger als gedacht als Leidensgenossen entpuppen.

Keinen Alkohol zu trinken, ist nichts zum Angeben, sondern einfach eine Entscheidung, die ich für mich getroffen habe. Nicht immer ist es leicht. Ich würde gerne ab und zu ein Gläschen Rotwein genießen, in gemütlicher Runde oder bei einem guten Essen. Aber ich habe Angst, was danach passieren könnte. Nicht direkt nach dem ersten Glas, aber was, wenn daraus wieder zwei oder drei werden? Ich kenne das Muster, ich kenne mich – und ich möchte nicht zurück in diese Spirale.

Keinen Alkohol zu trinken, ist aber schon gar kein Handicap und kein Makel, der erklärt werden muss, auch wenn es sich in

Deutschland manchmal so anfühlt. Unsere Gesellschaft ist in dieser Hinsicht einfach noch nicht so weit. Wer keinen Alkohol trinkt, wird schnell zum Exoten erklärt, zum Außenseiter. Ich kenne das schon und komme damit klar, doch ich möchte nicht wissen, wie viele Menschen in Deutschland nur deshalb mittrinken, weil sie möchten, dass ihnen schiefe Blicke erspart bleiben. Als müsste man sich rechtfertigen, wenn man ein Glas Wasser trinkt, dabei sollte es, wenn überhaupt, umgekehrt sein: Warum trinken eigentlich viele so furchtbar selbstverständlich Alkohol?

Es sagt viel über unsere Gesellschaft aus, dass man vor allem dann auffällt, wenn man *nicht* trinkt. Wer bei einer Feier das Glas Sekt ablehnt, sorgt damit häufiger für Gesprächsstoff als jemand, der drei davon nimmt. Für mich war damals und ist bis heute völlig klar: Die Vorteile überwiegen beim Alkoholverzicht. Ich beobachte genau die gleichen positiven Veränderungen auf meinen Körper, von denen nahezu alle berichten, die dem Suchtmittel abschwören. Ich schlafe besser, meine Konzentration hat zugenommen, ich fühle mich fitter und meine Laune ist insgesamt besser. Mein Kopf ist klarer, und mein Alltag fühlt sich weniger nach Dauerlauf an. Morgens komme ich ohne Kopfschmerzen aus dem Bett und mein Körper muss nicht erst auf Betriebstemperatur gebracht werden. Ich bin ein besseres Vorbild für meine Kinder, weil ich vorlebe, was ich ihnen mitgeben möchte: Selbstverantwortung, Ehrlichkeit, Achtsamkeit.

Und ein paar Euro spare ich auch noch. Eigentlich eine Nebensache, aber nicht für einen Schwaben. Und es ist schon toll, wenn man merkt, dass all das Geld, das man vorher für seine zahlreichen Laster ausgegeben hat, plötzlich übrig bleibt. Win-win-win, wie man so schön sagt. Das Beste daran ist, dass ich auf nichts verzichten muss, im Gegenteil: Ich habe dazugewonnen, vor allem an Lebensqualität.

Extrovertiert wie ich bin, erzähle ich meine Geschichte gern, aber nur, wenn ich echtes Interesse vermuten kann. Dann öffne ich mich. Ich finde, dass wir viel mehr über diese Themen sprechen sollten, denn das Nicht-darüber-Sprechen ist genau der Punkt, der die Probleme bei mir in Gang gebracht hat. Statt mich damit zu beschäftigen, was eigentlich los ist und Methoden zur Stressbewältigung zu finden, habe ich meine Schwierigkeiten mit Zucker und Alkohol betäubt. Das soll anderen erspart bleiben und deshalb sollten wir mit einem offenen Ohr für die Sorgen unserer Mitmenschen durchs Leben gehen. Nicht missionieren, nicht moralisieren, aber eben aus beiden Richtungen nicht, und vor allem: ehrlich sein. Vielleicht bringt mein Lebensweg ja den ein oder anderen zum Nachdenken – auch darüber, wie man darauf reagiert, wenn jemand nüchtern bleiben möchte.

Durch Supermärkte schlendere ich übrigens heute noch gerne, am liebsten durch möglichst unterschiedliche. Das hat für mich nach wie vor etwas Meditatives. Kürzlich habe ich einen neuen Discounter um die Ecke entdeckt und die Gänge erkundet. Sonderangebote faszinieren mich, nicht nur wegen der kleinen Preise, sondern weil sie oft Einblicke in die Wünsche und Gewohnheiten anderer geben. Und wenn es internationale Abteilungen gibt, zum Beispiel aus Fernost oder Osteuropa, wird es für mich erst richtig spannend. Dann studiere ich die Verpackungen und freue mich wie ein kleines Kind darüber, neue Produkte kennenzulernen.

Während meiner Binge-Eating- und Alkoholphase war mein Blick nicht von Neugier geprägt, sondern ich fokussierte mich auf das, was ich mir abends einverleiben wollte. Eine kleine Suchtschnitzeljagd zwischen Schnapsregal und Süßigkeitenabteilung. Letzteres interessiert mich auch heute noch – mit dem Unterschied, dass ich inzwischen nicht mehr den Drang habe, alles zu kaufen, was mir im Laden begegnet. Ich genieße die Auswahl, brauche sie aber nicht mehr als Ersatz, um eine Leere zu füllen. Panik bekomme ich nur, wenn mir zu Hause die Karotten ausgehen.

Mit dem Singen mache ich weiter, weil es mir leichtfällt und so gut klappt. Die Musik bildet ein Gegengewicht zu beruflicher Anstrengung und Alltagssorgen. Da helfen keine Pillen, aber der nächste Hit von Queen, etwas von Creedence Clearwater Revival oder Seal. Geht nicht? Gibt's nicht. Von Genregrenzen lasse ich mich nicht abhalten, sondern nehme das, was mir gefällt und was ich singen kann – oder wenigstens versuche zu singen. Ich probiere mich durch die gesamte Musikgeschichte und schrecke vor nichts zurück, vom Soul der Sechziger über den Grunge der Neunziger, bis hin zu aktuelleren Hits. Mal lande ich Volltreffer, mal geht's ein bisschen daneben, aber das ist mir egal. So bin ich einfach, und wenn ich »I Don't Want To Grow Up« von den Ramones singe, kann ich das aus vollster Überzeugung tun. Nicht, weil ich mich der Realität verweigere, sondern weil ich glaube, dass man sich etwas kindliche Neugier und Unangepasstheit bewahren darf. Niemand, das hoffe ich zumindest, muss beim Erwachsenwerden den Spaß an der Tür abgeben.

Auch meine Filmbegeisterung treibt mich an, also schmettere ich zum Beispiel »Ghostbusters« von Ray Parker, Jr. Ich liebe es, wenn Musik und Film so eng miteinander verknüpft sind, dass schon die ersten Takte Erinnerungen wecken – an die Nachmittage im Kino während meines Studiums oder an bestimmte Lebensphasen. Bei der Zeile »I ain't afraid of no ghost« sehe ich sofort den Marshmallow Man vor mir und fühle mich in meine Jugend zurückversetzt.

Später werde ich auch »All Star« von Smash Mouth aus dem Film *Shrek* singen, ebenso die Aerosmith-Ballade »I Don't Want To Miss A Thing« aus dem Katastrophenstreifen *Armageddon*, in dem ein Meteorit die Erde zu zerstören droht. Großes Hollywood-Gefühl dramatisch und pathetisch – und genau deshalb macht es so viel Spaß, den Song zu singen. Da schließt man automatisch die Augen und versetzt sich in die Lage, wie es sich wohl anfühlt, wenn man gleich mit einer Rakete ins All geschossen wird, um die Welt zu retten. Außerdem: Liv Tyler! Sie ist die Tochter von

Aerosmith-Frontmann Steven Tyler und spielte in dem Streifen den Love Interest von Ben Affleck.

Auch über *Armageddon* hinaus starte ich musikalisch in den Weltraum, mit David Bowie und seiner »Space Oddity« – und ich hebe mit Tom Schilling ab, lange bevor die deutsche Nationalmannschaft es tut. Ich bin in meiner Mitte, singe mir die Seele aus dem Leib – und lasse meine persönlichen Probleme mit jedem Meter im Auto weiter hinter mir. Ich streame mich nach Österreich, rappe Falcos »Kommissar« und bin begeistert vom Bilderbuch-Hit »Maschin«. Zwei sehr unterschiedliche Songs, doch sie haben ihren Charme. Außerdem gehört Österreich gefeiert. Kaum irgendwo gibt es so viel Wanderurlaub fürs Geld. Ich liebe Berge ohne Seilbahnrummel, eiskalte Seen in der Sommerhitze und die klare Luft. Früher gönnte ich mir nach einem Aufstieg ein großes Weizenbier. Heute ist mein Lohn das Gefühl, etwas geleistet zu haben und über den Dingen zu stehen.

Was für ein Unterschied zu meiner Kindheit. Mit 12 hasste ich es, durch die Wanderpläne meiner Eltern aus dem Lesefieber gerissen zu werden. Dabei hatte ich in meinem Opa einen wunderbaren Begleiter. Wir waren nur nicht kompatibel: Er liebte den Wald, ich liebte Karl Mays wildes Kurdistan. Da kam es bei mir leider auch nicht gut an, dass mein Opa das Mansplaining quasi im Vorbeigehen miterfand: Bäume, Sträucher, der Kuckuck und die Waldameisen, alles konnte er wunderbar erklären. Damals nervte mich das, heute wäre ich froh drum. Nicht nur, so einen tollen Opa zu haben, der sich mit uns Enkeln beschäftigt hat, sondern auch um diesen ganz besonderen Zugang zur Natur. Er war kein Biologe, sondern ging einfach mit offenen Augen durchs Leben. Ich versuche inzwischen, es ihm gleichzutun, zum Beispiel beim Joggen. Das ist so schön einfach: Schuhe an und los geht's. Außerdem startet man mit einer Dosis Dopamin viel entspannter in den Tag. Endlich eine Droge, die garantiert keinen Schaden anrichtet.

Manchmal schaffe ich es sogar, die In-Ear-Kopfhörer zu Hause zu lassen und einfach das Laufen in der Natur zu genießen. Kreuzen dabei Dachs, Fuchs oder Feuersalamander meinen Weg, hole ich allerdings das Smartphone aus der Hose: Glückliche Momente verdienen es, festgehalten zu werden.

Am 20. Februar 2019 beginnt dann meine persönliche Zeitenwende: Ich rappe. Zum ersten Mal rappe ich. Die Ehre steht Marteria zu, und natürlich hat auch dieser Song entfernt mit Filmen zu tun: »Scotty beam mich hoch«, rappt der Rostocker – eine mehr als eindeutige *Star Trek*-Referenz. Ich starte den Song und frage mich passend zum Text, ob ich jetzt doch noch die Bodenhaftung verliere. Stattdessen entdecke ich begeistert unbekanntes Terrain: den Rap-Flow, eine echte Herausforderung, die ich unbedingt verstehen und meistern will.

Marteria ist ein interessanter Typ, hatte zunächst eine Fußballkarriere beim FC Hansa Rostock vor sich, arbeitete als Model und wurde dann zum Rapper, der in seiner Freizeit gerne angelt. Klingt schräg? Finde ich auch und genau deshalb finde ich ihn so faszinierend. Seine Texte gefallen mir, denn sie sind bildhaft, klug und sehr tiefgründig. Das passt natürlich überhaupt nicht zu den Vorurteilen, mit denen die Rap-Szene konfrontiert ist. Das bekomme auch ich in kleinem Rahmen zu spüren. Nicht online, wo in der Kommentarspalte weiterhin die Sonne scheint, sondern im richtigen Leben.

Dazu müsst ihr wissen: Ich habe um diese Zeit etwa 300 Follower auf Instagram, und die meisten davon waren schon vor dem Gesangsstart an Bord. Fragen gibt es eigentlich keine, aber ein gewisses Unverständnis wird spürbar: Rap? Das ist doch keine Musik. Und diese ganze Gangsterkultur mit ihren teuren Autos, Goldketten, Trainingsanzügen. »Hast du keine Angst, dich lächerlich zu machen?«, fragt mich jemand. Ganz ehrlich? Nein, habe ich nicht. Denn was soll falsch daran sein, dass ich mir neue musikalische

Welten erschließe? Im Übrigen gilt für mich bei Filmen wie bei Musik: Gute Kunst spiegelt das Leben. Alles singe ich nicht – aber alles, was ich fühle und was mir gefällt.

Es wird in unserer Gesellschaft immer gesagt, wir müssten versuchen, die Jugend und ihre Lebenswelt zu verstehen. Man solle das Gespräch suchen, sich interessieren, Verständnis aufbringen. Aber wenn es ans Handeln geht, wird es schnell schwierig. Sich mit dem seltsamen Zeug beschäftigen, das Teenager gut finden? Das überlassen wir doch allzu gerne Profis wie Lehrern oder Jugendarbeitern. Rap und Hip-Hop sind das beste Beispiel: manchmal laut, hässlich, unbequem, vielleicht sogar schwer zu ertragen. Ich verlange nicht, dass sich das ändert. Ich verlange nur Empathie, also das Bemühen, zu begreifen. Wer das möchte, kommt an der Musikkultur nicht vorbei. Und die wird seit vielen Jahren dominiert vom Rap, der inzwischen alle anderen Genres vereinnahmt hat. Also raus aus der Sackgasse: Jugend verstehen ohne Hip-Hop, das geht einfach nicht. Rock und Pop sind nicht mehr, was die Welt bewegt, sondern es sind die Beats und Reime, die ursprünglich von den Straßen New York Citys stammen. Sie erzählen von ganz unten und vom Aufstieg, von Wut und Träumen, ja, von Identität und der Suche danach. Wie immer möchte ich herausfinden, was hinter der Oberfläche steckt. Dass es mir über das Singen möglich ist? Ein absoluter Glücksfall.

Es wäre so einfach, Jugendlichen über die Musik zu begegnen, denn sie bietet eine direkte und emotionale Möglichkeit, sich ihr Lebensgefühl zu erschließen. Wer sich einen Konzertausschnitt von Kendrick Lamar auf YouTube anschaut, weiß, was ich meine. Ein Beat sagt mehr als tausend Worte, in seinem Fall oder auch bei Marteria kommen ernst zu nehmende Inhalte noch hinzu. Seien wir ehrlich: Wer die Lyrics von Marteria mit so manchem Text der Beatles vergleicht – und das sage ich als Pilzkopffan –, wird schnell feststellen, dass es bei ihm ein wenig wortgewandter zur Sache geht.

Lennon und McCartney waren musikalische Genies, keine Frage. Aber Songs wie »I Want To Hold Your Hand« und »Love Me Do« sind eben Produkte ihrer Zeit und der gesellschaftlichen Verhältnisse. Genauso wie der Rap. Zu Beginn der Sechziger war Popmusik häufig schlichter als schlicht. Ich sage nur: »Yummy yummy yummy, I've got love in my tummy«. In den Siebzigern wurde es dann eher noch schlimmer. Auch hier funktioniert der musikalische Blick in die Vergangenheit, um die Dinge ins Verhältnis zu setzen.

Was die Gewalt in Hip-Hop-Texten betrifft, insbesondere gegen Frauen, stimme ich zu. Wie gesagt, man muss das überhaupt nicht mögen, darf aber gern versuchen, es zu verstehen. Musik war schon immer eine Protestform, mit der sich die Jugendlichen von der Elterngeneration und ihrem Werteverständnis abgrenzten. Darin unterschied sich der Rock 'n' Roll keinen Deut von Punk oder den Hits des Wu-Tang Clan. Ob Elvis-Tolle, elektrische Gitarren oder Lederkluft, ob Sicherheitsnadeln oder Tattoos – das ist Abgrenzung, die für die persönliche Entwicklung unverzichtbar ist. Meine Generation und jede andere ruft letztendlich: »Wir sind da und wir sind anders.« Konformität einzufordern, wäre absurd, gerade heutzutage, wo Individualität so gefeiert wird wie nie. Im Übrigen: Eine Rebellion, die gefällig ist, ist keine. Und dadurch, dass jede Mode, jede Musikrichtung und jeder Star sofort von der Industrie kopiert oder vereinnahmt wird, ist es ohnehin fast unmöglich zu provozieren. Ich glaube, die heutige Jugend verdient ihre eigene Rebellion, genau wie meine Generation damals. Es wird ihr nicht schaden, im Gegenteil: Sie wird daraus Kraft schöpfen, um dringend nötige Änderungen durchzusetzen. Also, ihr Lieben, geht den Erwachsenen gehörig auf den Keks. Sie haben als Teenager nichts anderes getan. Und sobald sie sich an Rap und Hip-Hop gewöhnt haben, lasst ihr euch was Neues einfallen – und ich singe mit.

Nach dem Marteria-Track bleibe ich deutschsprachig und nehme meine Version von »Pizza« der Antilopen-Gang auf. Bei diesem Song weiß ich ehrlich gesagt gar nicht, wo ich anfangen soll, wenn es darum geht, was ich daran so liebe. Ist es die clevere Gesellschaftskritik, die zwischen den Zeilen lauert? Der absurde, fast schon dadaistische Humor? Oder vielleicht die Reduktion des Weltfriedens auf den Genuss eines Essens, das nahezu jede und jeder mag, egal woher und in welchem Alter? Ich glaube, es ist eine Mischung aus alldem. Die Antilopen-Gang schafft es, mit einem vermeintlich albernen Songtext eine bemerkenswerte Haltung zu transportieren. Sie nimmt die politische Schwere aus dem Diskurs, ohne ihn zu verharmlosen und bringt die Hörer zum Schmunzeln, ohne ihnen das Gehirn auszuknipsen. Für mich ist »Pizza« ein kleines Meisterwerk des modernen deutschen Sprechgesangs – und ein hervorragendes Beispiel dafür, dass ich nur Songs singe, die ich mag, um meine Freude darüber zum Ausdruck zu bringen und sie mit vielen Menschen zu teilen.

Am nächsten Tag folgt »Keine Parolen« von Dendemann, einem meiner Lieblingsrapper. Er biedert sich niemals an, findet aber trotzdem, oder gerade deshalb, Gehör. Dendemann rappt klug, reflektiert, mit einem Blick auf die Welt, der zum Nachdenken anregt, ohne dabei belehrend zu sein. Wenn ich seine Texte höre, habe ich das Gefühl, die Welt ein Stück klarer zu sehen.

Man muss Gruppen und Musiker wie die Antilopen-Gang und Dendemann nicht gut finden oder gerne hören. Geschmäcker sind verschieden, und das ist auch gut so. Aber wenn man sich ernsthaft mit Musik beschäftigt, sollte man meiner Meinung nach anerkennen können, wie unglaublich talentiert und sprachgewandt diese Künstler sind. Sie schaffen es, komplexe gesellschaftliche Themen in drei Minuten auf den Punkt zu bringen – und das mit einer Lässigkeit, die fast schon unverschämt ist. Als gelernter Texter kann ich da nur in Ehrfurcht meine Cap ziehen.

Dass man nicht immer und rund um die Uhr die Kapazitäten hat, um sich mit etwas Neuem zu beschäftigen, kann ich verstehen. Auch ich lege nach meinem ersten Hip-Hop-Ausflug erst mal wieder den Rückwärtsgang ein und kehre zur Musik meiner Jugend zurück. Jetzt singe ich wieder Queen und Pink Floyd – all die großen Songs, die mich seit Jahrzehnten begleiten und mir das Gefühl geben, zu Hause zu sein. Abwechslung muss bei aller Neugier eben sein, genau wie beim Essen und beim Filmgucken. Doch ich weiß schon jetzt: Hip-Hop wird für mich noch ein wichtiges Thema werden. Das Genre hat mir eine neue Perspektive eröffnet. Zunächst nimmt meine neue Internetkarriere allerdings noch eine andere Kurve.

Am 9. April 2019 poste ich ein Video, in dem ich den Song »Another Weekend« von Ariel Pink singe. Nicht, weil ich den Musiker aus Los Angeles bereits gekannt hätte – im Gegenteil: Ich höre seinen Namen zum ersten Mal, als er mir von einem Follower vorgeschlagen wird. Damit beginnt auf meinem Profil etwas Neues: Die ersten Songwünsche trudeln ein. Und ich? Ich nehme die Herausforderung an – auch, weil das bedeutet, dass ich mich wieder auf unbekanntes Terrain vorwagen darf.

Ariel Pinks Musik ist alles andere als gefällig. Lo-Fi, experimentell, verschroben – ein Garagensound, der bewusst auf Hochglanz pfeift und lieber das Schräge, das Kantige betont, aufgenommen auf einem Vierspurgerät, und ja, tatsächlich in einer Garage. Für mich sind die häufig mit mehreren Gesangsstimmen arbeitenden Songs schwer zu knacken. Doch ich beiße mich durch, bestärkt von der kleinen, aber sehr aktiven Pink-Fangemeinde in den USA. Am Ende habe ich über zehn Songs des Eigenbrötlers aufgenommen und meine Aktivitäten um eine interessante Facette bereichert: Ich lerne nicht nur für mich neue Musik kennen, sondern auch, sie zu singen. Und ich lerne, dass einer der Wege zum Erfolg darin liegt, Musikwünsche zu erfüllen.

Im Mai 2019 versuche ich mich sogar an klassischer Musik und singe »Die Forelle« von Franz Schubert in der Version von Dietrich Fischer-Dieskau – ein Stück, das in deutschen Musikzimmern seit vielen Jahrzehnten zum Standardrepertoire gehört, kunstvoll, lyrisch, filigran. Es bereitet mir diebische Freude, damit den Feed aus Populärmusik zu bereichern. Außerdem wollte ich wissen: Kann ich das? Kann ich meine Stimme so kontrollieren, sie disziplinieren, sie führen, wie es die klassische Musik verlangt? Die Antwort: irgendwie ja, irgendwie auch nicht. Egal, ich sage ja: Wenn es um Musik geht, gibt es für mich keine Grenzen, keine Mauern und keine stilistischen Berührungsängste. Das gilt in Richtung der jüngeren Generationen wie in Richtung der älteren. Bei meiner Community kommt »Die Forelle« damals allerdings weniger gut an. Bleib ich wohl doch besser ein musikalischer Viertakter ... Aber hey, ich hab's versucht, und vielleicht hat Schubert im Klassikhimmel seine Freude dran.

Spannend finde ich immer wieder, dass man zu vielen Songs Geschichten aus dem eigenen Leben erzählen kann. Da wäre zum Beispiel »The Four Horsemen« von Aphrodite's Child. Ich erinnere mich noch genau daran, dass die Nummer damals in der Discothek Seestudio in Böblingen lief – und ich dort als Einziger auf der Tanzfläche herumzappelte, zwischen lauter US-Militärangehörigen. Ich ließ mich einfach von der Musik treiben. Peinlich war mir das damals nur beim ersten Mal. Der Sog der Musik war wieder mal stärker, und heute erinnere ich mich gerne an die schweißtreibenden Abende auf der Tanzfläche. Solche Geschichten hat jeder auf Lager – dieser eine Song, der an einen bestimmten Moment erinnert, an einen Geruch, ein Gefühl, einen Menschen. Das zeigt, wie eng Musik mit uns verbunden ist und wie sehr wir uns mit ihr identifizieren. Besonders schön: Obwohl ich das Stück von Aphrodite's Child kenne und sogar diese Geschichte dazu erzählen kann, habe ich es nicht deshalb gesungen. Dem Instagram-User »Phileosopher« scheint das Lied ähnlich wichtig zu sein, weshalb er es sich gewünscht hat.

Ich merke damals außerdem, dass ich es sehr gerne mag, die Songs starker Frauen zu singen, zum Beispiel »Heart Of Glass« von Blondie. Diese Stimme, dieser Stil, diese Coolness – Sängerin Debbie Harry hat nicht nur musikalisch Maßstäbe gesetzt, sondern auch gezeigt, dass man als Frau in einer männerdominierten Rockwelt nicht leiser, sondern lauter sein und sich mit seinen Songs Gehör verschaffen kann. In der heutigen Musikwelt dominieren Frauen das Geschehen, wie zum Beispiel Lady Gaga, Taylor Swift, Miley Cyrus, Adele, Beyoncé und natürlich Rihanna – mit einer Selbstverständlichkeit, die vor ein paar Jahrzehnten noch undenkbar gewesen wäre. Die Vorarbeit dafür leisteten unter anderem Soulgrößen wie Aretha Franklin und Etta James, die auch das Telefonbuch hätten singen können. Auch Debbie Harry, Glamrockerin Suzi Quatro und natürlich die »Queen Of Pop« Madonna haben ihren Teil dazu beigetragen. Es ist schön zu sehen, dass das, was früher mühsam erkämpft werden musste, heute vielen als Normalität erscheint. Und es geht weiter: Auch die Rap-Szene wird inzwischen durch starke Frauen wie Latto, Megan Thee Stallion oder badmómzjay und Nura bereichert, zu der ich euch später noch eine Geschichte erzähle.

Der Sprung auf die vierstelligen Followerzahlen gelingt mir im Juni 2019. Am 13. veröffentliche ich den britischen Rap-Track »Shut Ya Mouth« von Pete & Bas – zwei älteren Herren, die rappen, als wären sie seit Jahrzehnten in der Szene unterwegs. Brüder im Geiste. Ich liebe ihren Humor, den sie mit der rauen Energie des Grime verbinden, also des britischen Straßenrap. Für zwei andere Songs, die ich am selben Tag poste, bekomme ich um die 500 Likes, wie gewohnt. Man könnte auch sagen: stabil. Doch für »Shut Ya Mouth« hagelt es plötzlich Likes. 1000, 2000, 3000, 4000 … Es sollen mehr als 4200 werden. Da ist der Rap wieder und er scheint gut für mich zu funktionieren.

Ich bin elektrisiert und spüre, wie sich die Dynamik meines Instagram-Profils verändert. Ohne Umschweife lege ich »Vossi Bop«

von Stormzy nach, einem der größten Rap-Stars aus London. Das Ergebnis? 19 000 Likes. Bäm. Ich kann es kaum glauben, zumal meine Performance zu wünschen übrig lässt. Noch dabei die Kommentarflut zu verarbeiten, lade ich am Folgetag »Remix« von Keisha und Becky hoch und kassiere dafür mehr als 31 000 Gefällt-mir-Angaben. Inmitten des Erfolgs denke ich mir: jetzt mal wieder etwas Klassisches. Ich entscheide mich für »My Way« in beiden Versionen: Frank Sinatra (1969) und Sid Vicious (1978). Beide Clips haben keine Chance gegen die Rap-Euphorie. Jetzt bin ich endgültig infiziert und erstelle die ersten Playlisten.

Am 17. Juni 2019 veröffentliche ich »No Diet« von Digga D und knacke zum ersten Mal die 40 000er-Marke, wieder ist es britischer Rap, der bei meinen Followern einschlägt wie der Blitz. Ich lerne, was Cloud Rap und Trap sind, nämlich ebenfalls Hip-Hop-Genres, singe aber auch weiterhin meine Favoriten von früher, wie zum Beispiel »She Even Woke Me Up To Say Goodbye« von Jerry Lee Lewis – der Versuch, mich inmitten meines neuen Erfolgs mit etwas Altem zu erden. Doch meine Begeisterung über den unverhofften Aufstieg ist nicht mehr zu bremsen. So viel Freude beim Musikmachen empfand ich zuletzt, als ich mit den Blue Fingers auf der Bühne stand. Jetzt ist mein Publikum virtuell, aber es fühlt sich genauso intensiv an.

Ich entdecke mehr und mehr Songs, die ich vorher nicht kannte – Lieder der nachfolgenden Generation. Billie Eilish, deren düstere Flüsterstimme eine ganze Ära prägt. Oder Post Malone, der mit seiner Mischung aus Rap, Gesang und Rockstarattitüde die Charts weltweit dominiert. Ich bin fasziniert – vor allem, als Malone plötzlich einen Song mit Ozzy Osbourne veröffentlicht. Viele junge Fans feiern ihn dafür, dass er dem »alten Mann« zu Ruhm verhilft. Ich muss lachen, denn in Wahrheit war Ozzy natürlich schon ein Megastar, als Malone noch gar nicht auf der Welt war.

Zur Vielfalt zwischen Klassikern, Charts und Sprechgesang trägt auch meine Neugier auf neue Länder, Sprachen und Künstler bei. Am 10. Juli 2019 lade ich meine Version des Songs »Ye« des nigerianischen Afrobeat-Musikers Burna Boy hoch und stelle damit einmal mehr einen neuen Rekord auf. Mehr als 72 000 Menschen klicken »Gefällt mir«. Unter dem Clip finde ich auch erstmals den Kommentar: »You're invited to the cookout«. Diese Einladung zur Grillparty wird mich in den kommenden Monaten und Jahren noch Hunderte Male lächeln lassen. Menschen in Lagos, in 4700 Kilometern Entfernung, schicken mir Herzen und feiern mich. Zwischenfazit: Ich kann scheinbar genau das tun, was ich will: Dinge ausprobieren und damit Erfolg haben. In Nigeria, Ghana, Jamaika, Griechenland und, und, und ...

Inzwischen poste ich bis zu vier Videos am Tag. Ich bin nicht zu stoppen, quasi warmgesungen und singe und rappe, bis der Smartphone-Akku glüht. Nigerianischer Hip-Hop, Eurodance, Classic Rock, noch einmal »Wonderwall« von Oasis: Ich befinde mich auf einer musikalischen Entdeckungsreise, ohne irgendwo ankommen zu wollen. Der Weg ist das Ziel, wie es so schön heißt. Wenn ich dabei manchmal im Stau ende, rege ich mich darüber nicht mehr auf. Ich höre mich dann einfach durch Genres, die ich früher noch nicht einmal benennen konnte. Meine Landkarte hat noch viele weiße Flecken.

Zum Beispiel diesen: Am 18. Juli lande ich in Südkorea und covere »Waste It On Me« von Steve Aoki und den K-Pop-Superstars BTS. Die makellose Produktion fasziniert mich, ebenso der perfekt einstudierte mehrstimmige Gesang. Auf die Dance Moves bin ich neidisch. Und schon geht's weiter: Ich entdecke, dass es nicht nur K-Pop gibt, sondern auch K-Trap, die Variante aus Südkorea.

Nigeria bleibe ich treu, bis heute. Ich rappe »Soco« von Wizkid, einem Künstler, der wie Burna Boy klassische Rhythmen mit Pop-Mechaniken kombiniert. Kurz darauf folgt »God Is A Woman« von Ariana Grande – ein Popsong, aber was für einer! Die Stimme dieser

Frau ist eine Naturgewalt. Und ich stehe am Wochenende eine Stunde auf einem Parkplatz, bis ich eine Version hinbekomme, die mir passt. Anschließend bin ich heiser, aber glücklich.

Wann, werdet ihr euch fragen, kommt endlich der Auto-Karaokeclip, der mich endgültig in den Instagram-Olymp katapultiert? Im August 2019 ist es so weit. Der Song: »No Guidance« von Chris Brown und Drake, beides äußerst umstrittene Rapper, was mir zu diesem Zeitpunkt allerdings noch nicht klar ist. Insbesondere Chris Brown ist schlicht gecancelt, weil er seiner damaligen Ehefrau Rihanna gegenüber gewalttätig war. Hätte ich das gewusst, hätte ich die Finger vom Upload-Button gelassen. Kunst hin, Hit her, irgendwo ziehe auch ich die Grenze. Doch ahnungslos, wie ich damals bin, stolpere ich am Tag nach dem Posten in meine Kommentarspalte und lese als Erstes, dass Drake meinen Song mit Chris Brown geteilt hat, beide hinterlassen einen Kommentar. Ergebnis: Über 300 000 neue Follower auf Instagram innerhalb der nächsten drei Tage.

Trotz des Erfolgs sehe ich keinen Anlass, etwas zu ändern. Ich singe Songs aus Ghana, aus Togo, aus dem Kongo und von der Elfenbeinküste – manchmal auf Englisch, manchmal in unterschiedlichen Sprachen, die ich selbst nicht verstehe und die ich mir phonetisch erschließe. Das heißt: Ich sitze am Esstisch und schreibe den Text so auf, wie ich ihn höre, Zeile für Zeile. Es ist faszinierend, wie viel musikalische Kraft und Lebensfreude aus Afrika kommt. Jeder Song von dort, den ich entdecke, ist wie ein kleines Geschenk, das mir durch den Bildschirm gereicht wird, und ich packe es mit Vergnügen aus.

Auch meinen persönlichen Favoriten bleibe ich treu, von Roy Orbison bis hin zu Spandau Ballet. Es ist genau dieser Mix, der mich bis heute begeistert: das Neue und das Vertraute, das Unbekannte und das Nostalgische, die Wünsche und die eigenen Entdeckungen.

Ich singe alles, was nicht bei drei auf den Bäumen ist. Uwe Baltner, das Rock 'n' Rollende Live-Konzert!

Dabei, dass ich nur im Auto zu sehen bin, ist es bis heute geblieben – bis auf ein paar Ausnahmen. Meine Interpretation von Eminems »Rapgod« habe ich zum Beispiel am Küchentisch umgesetzt. Warum? Weil der Text so umfangreich ist, dass ich damit im Auto nicht gut zurechtgekommen wäre. Ich weiß ja nicht, ob ihr die Nummer kennt, aber Eminem rappt darin mehr als 1500 Wörter in sechs Minuten, also mehr als vier Wörter pro Sekunde. Da geht es schon zur Sache. Dazu vielleicht noch eine kleine Anekdote, die für mich bis heute surreal klingt – und die zeigt, welche Türen sich öffnen können, wenn man mit seiner Leidenschaft an die Öffentlichkeit geht.

• • •

Im Juli 2024 bekommt mein Manager Julian, der beste Kontakte in die Musikszene hat, einen Anruf von einer amerikanischen Plattenfirma. Ob ich am Wochenende nach London kommen könne. Es gebe da jemanden, der mich gerne treffen würde. Es fällt uns schwer, die Anfrage einzuordnen, ohne Kontext und ohne Namen. Ich möchte nicht Hals über Kopf nach London fliegen, ohne zu wissen, worum es geht – auch, wenn es mich natürlich kribbelt. Also hakt Julian nach. Wer genau möchte mich treffen? Und warum?

Ein paar Mails später klingelt erneut das Telefon. Eine Mitarbeiterin der Plattenfirma ist am Apparat – in einem Tonfall, der vermuten lässt, dass gleich etwas Großes kommt. Dann verrät sie uns den Namen: Eminem. Er sei am nächsten Tag in der britischen Hauptstadt und das erste Mal seit sieben Jahren überhaupt auf europäischem Boden. Er habe den Wunsch geäußert, genau zwei Personen zu treffen – und eine davon bin ich. Ich muss mich setzen. Eminem, der »Rap God« persönlich. Der Mann, dessen Text ich Wort für Wort geübt habe und der mich fast zur Verzweiflung gebracht hat. Er wollte mich treffen? Mich, Uwe Baltner aus Böblingen?

Natürlich buchen Julian und ich sofort Tickets für die Reise – auf Kosten von Eminems Management, das den US-Star mit europäischen Influencern zusammenbringen will, um den Verkauf des neuen Albums anzukurbeln. Hastig packen wir unsere Sachen, besteigen unsere Flieger und sind bereit für das, was da kommen soll. Und wenn es nur ein kurzes Treffen wäre, ein Händedruck, ein »Nice to meet you« und ganz vielleicht ein gemeinsames Foto – es hätte sich schon gelohnt. Doch leider kommt es anders als geplant: Aus unterschiedlichen terminlichen Gründen lässt sich das Treffen nicht realisieren. Eminem ist zu eingebunden, ein paar Zeitfenster kollidieren miteinander und der Tag zieht ins Land, ohne dass wir uns begegnen.

Aber wisst ihr was? Ich bin trotzdem dankbar. Julian und ich verbringen einen Traumtag in London, spazieren durch die Straßen und saugen die Atmosphäre auf. Und ich fliege in dem Wissen zurück, dass mich einer der größten Rap-Stars aller Zeiten in die britische Hauptstadt eingeladen hat. Außerdem sieht man sich ja immer zweimal im Leben. Ich warte weiter aufs erste Mal, also meld dich einfach, Em!

• • •

Am 16. August 2019 ist es so weit: Die Zahl meiner Follower auf Instagram knackt die 350 000. Ich erzähle das nicht zur Selbstbeweihräucherung, sondern weil mir in Momenten wie beim Schreiben dieser Zeilen erst wieder bewusst wird, was ich da eigentlich losgetreten habe. 350 000 Menschen. Das sind ungefähr siebenmal so viele, wie in Böblingen wohnen. Eine unfassbare Entwicklung, wenn man bedenkt, dass ich ursprünglich nur mir selbst auf die Sprünge helfen wollte. An ein Zurück ist natürlich nicht mehr zu denken. Ich bin jetzt Uwe Baltner, der seriös aussehende Fünfziger, der in seinem Auto singt – und fühle mich in dieser Rolle pudelwohl.

Am 20. August 2019 lade ich mein Video zu »Umbrella« von

Rihanna hoch. Kurz danach lege ich die Rockabilly-Version des Songs von The Baseballs nach – ein Kontrast, der zeigt, wie ungern ich mich festnageln lasse. Dann passiert, was ich bereits vermutet habe: Ich komme an den Punkt, an dem ich mein neues Hobby nicht mehr verheimlichen kann. Das Fernsehen klopft an meine Tür. Die Journalisten sind neugierig auf den Instagram-Schwaben, vor allem deshalb, weil Rihanna mir nun sogar folgt. Ich werde gefragt, was mich antreibt, und ich sage: »Ich bin einfach so.« Uwe Baltner, der gerne singt. Und ich frage mich selbst, wohin mich diese Reise noch führen wird. Nie hätte ich gedacht, dass so etwas Banales wie das Singen im Auto so viel verändern kann. Ich hoffe für jeden Einzelnen von euch, der manchmal zweifelt oder verzweifelt, dass ihm dasselbe passiert.

12

DER TIKTOK-SCHWABE

Ich habe mein Glück gefunden. Das Singen im Auto ist mein Ding, und ich bereite damit Millionen Menschen auf der ganzen Welt eine Freude. Ventil und Vergnügen für mich, Entertainment für andere: Besser geht es nicht. Das Negative in meinem Leben haust jetzt in einer langsam verstaubenden Ecke. Mir gelingt es locker, mich auf das zu konzentrieren, was mich erfüllt: Familie, Arbeit, Singen, Lesen, Filme, Hunde, Urlaub und so weiter. Das Leben ist schön. Und mein Zeitbudget ist optimal aufgeteilt zwischen Pflicht und Kür.

Ob das jeder von euch schaffen kann? Darauf kann ich euch leider keine verlässliche Antwort geben, denn – das kann ich gar nicht wissen. Es gibt keine allgemeine Formel für das Glück, zumindest keine, die ich für euch ausrechnen kann. Wie ich eingangs sagte: Es gibt Probleme, die lassen sich durch kein Auto-Karaokevideo der Welt lösen. Dabei weiß ich: Auch mich kann es jederzeit wieder erwischen. Wer allerdings lediglich von der Spur abkommt, einen Durchhänger hat, sich kurzfristig selbst verliert, also nicht an existenziellen Problemen oder einer klinischen Depression leidet, sondern schlicht das Gefühl hat, in einer persönlichen Sackgasse zu stecken, der kann selbst die Kurve kriegen, da bin ich mir sicher. Es gibt Eckpfeiler des Glücks und wenn die fest im Boden stehen, sind die Voraussetzungen sehr, sehr gut. Zum Beispiel hat längst nicht jeder das Glück, eine so tolle Familie zu haben wie ich – Menschen, die zu einem halten, egal, vor welche Herausforderungen das Leben einen stellt. Umso dümmer war mein Verhalten vor einigen Jahren, als ich meine Probleme in mir begrub und damit meine Liebsten vor die Tür setzte. Dass ich Frau und Kinder zeitweise sogar als Last empfand, verstehe ich heute nicht mehr. Trotzdem habe ich es aufgeschrieben, als klaren Irrweg, den ihr hoffentlich vermeiden könnt. Denn es gibt ein richtiges Leben im falschen – es steckt irgendwo in euch. Ich führe ohnehin das richtige Leben, habe es mir nur zeitweise selbst vermasselt. Dafür habe ich jetzt dank Auto-Karaoke noch ein zweites dazugewonnen. Eines, das mich aus dem Alltag entführt, mich einpendelt und mit Menschen in der ganzen Welt verbindet. Könnt ihr daraus was lernen? Vielleicht, dass es hilft, etwas auszuprobieren und aktiv zu werden, um herauszufinden, wer ihr seid – und wer ihr sein möchtet. Ich hoffe, ihr erkennt, was für euch wirklich zählt – am besten viel früher als ich.

Nennen wir das Phänomen bei seinem banalen Namen: Hobby. Also, wie findet ihr ein Hobby, das möglicherweise Motor für ein zweites Leben sein könnte? Keine Ahnung, schließlich sind alle Menschen trotz vieler Gemeinsamkeiten unterschiedlich. Ein paar Tipps zur Inspiration traue ich mir dennoch zu. Der erste, sehr naheliegende: Denkt intensiv darüber nach, was euch Spaß macht. Ausflüge in die Kindheit und Jugend können dabei helfen. Ihr wolltet als Kind reiten? Kuchen backen? Ans Meer? Dann schadet es sicher nicht, hier anzuknüpfen. Im schlimmsten Fall steigt dabei eure Laune und ihr kommt auf neue Ideen. Bleibt bei euch, denn ich meine schließlich euren ganz eigenen Spaß oder eine Leidenschaft, die vielleicht niemand sonst nachvollziehen kann. Befreit euch von den Erwartungen anderer, soweit möglich. Träumt herum, baut Luftschlösser, ohne euch zu fragen, ob sie eine Tür ins echte Leben haben. Schnappt euch ein Blatt Papier oder eine leere Textdatei auf dem Notebook und spinnt wild drauflos. Was würdet ihr machen, wenn Geld, Zeit und Raum keine Rolle spielten? Keine Schranken, keine Verpflichtungen, kein »Ja, aber …«? Keine Scheu, schreibt alles auf. Filmregisseur in Hollywood sein? Den nächsten Blockbuster drehen, der Alt und Jung ins Kino lockt? Zugegeben, das lässt sich nur schwer umsetzen, aber wie hieß es so schön in der Autowerbung: Impossible is nothing! Eventuell hilft die Technik, angehenden Regisseuren zum Beispiel das Smartphone. Mini-Filme mit eigenen Figuren und einer ausformulierten Story? Auch dafür braucht es Können und Geschick, wenn nicht sogar mehr als für so manchen Film – denn oft ist es am schwierigsten, sich kurz zu fassen. Glaubt mir, ich weiß das am besten.

Ihr möchtet eine Weltreise machen? Die Sahara erkunden, mit Delfinen tauchen, durch die Straßen von Tokio schlendern oder über einen Markt in Marrakesch bummeln? Das kann teuer werden, aber Hürden lassen sich aus dem Weg räumen, wenn klare Lebensziele die Motivation dahinter sind. Es lohnt sich aber auch, Konsumwünsche kritisch zu prüfen. Möglicherweise fehlt euch ja etwas ganz anderes, und Reisen, Essen, Klamotten sind nur ein müder Ersatz? Im Übrigen leben wir im Zeitalter der Globalisierung. Solltet ihr also in einer größeren Stadt leben, kommt die Welt einfach zu euch, über Menschen, Feste oder zur Not über den Lieferservice. Jeder Trick ist erlaubt, um zum Kern der Sache zu gelangen, den Antworten auf die Fragen: Wer bin ich? Was treibt mich an? Was macht mich wirklich glücklich?

Ich wage noch einen Vergleich, um das zu verdeutlichen: Menschen schaffen sich Hunde an, weil sie überzeugt davon sind, sich ein Stück vom Glück zu sichern. Das ist durchaus so, wie ich weiß: Du kommst nach Hause, der Hund freut sich wie Bolle. Er wirkt superhappy, das steckt dich an. Schon lächelst du, und der Stress des Tages ist vergessen. Aber sollten sich daher alle Menschen einen Hund zulegen? Natürlich nicht. Zuerst muss ganz klar sein, dass so ein Tier auch Zeit und Nerven kostet, es seinen eigenen Kopf hat und einem manchmal ganz schön auf den Geist gehen kann. Das wisst ihr alles und bleibt dabei? Dann sage ich nur: Glückwunsch, die Suche war erfolgreich!

Sollte sie es nicht sein, erweitert zumindest jeder Schritt euren Horizont. Und wer weiß, was dort wartet? Als ich das erste Mal auf

»Aufnahme« tippte, hätte ich auch nicht gedacht, dass ich Nachrichten von Rihanna und Post Malone zugeschickt bekomme oder von Eminem nach London eingeladen werde. Der ganzen Glückssuche liegt aus meiner Sicht ein Prinzip zugrunde: Aus kleinen Gedanken können große Dinge entstehen. Fang mit dem an, was geht. Mach es, so gut es geht, aber hör auf, wenn es für dich keinen Sinn ergibt. Dabei Kompromisse einzugehen, ist für mich okay, beziehungsweise: Alles ist besser als rumzusitzen und zu warten, dass das Glück einfach anklopft. Marius-Müller Westernhagen hat das mal schön getextet: »Der Junge auf dem weißen Pferd, der kommt nicht mehr.« Also schwing dich selbst in den Sattel.

Vergesst auf der Suche nicht, euch Zeit zu nehmen und flexibel zu bleiben. Der Wahnsinn hat viele Gesichter. Ich hätte auch nichts dagegen gehabt, der neue Frontmann von AC/DC zu werden, mit allem was dazugehört: Rampenlicht, Gitarrensoli, tobendes Publikum. Hat nicht sollen sein, aber egal: Das Schicksal hat mich (zum Glück!) dorthin geführt, wo ich heute bin. Und was geschah? Inzwischen bin ich ziemlich sicher, dass ich auf meiner kleinen Bühne im Auto deutlich besser aufgehoben bin als in den größten Hallen der Welt. Manchmal ist die Pointe also auch, dass das Ziel gar nicht das ganz Große sein muss, sondern dass das Glück im Kleinen aufblüht, dein Herz erobert und dein Leben reich beschenkt. Den Begriff »Glück« hinterfrage ich allerdings gerne, wegen Konsum und so. Möglicherweise ist es besser, von »Zufriedenheit« zu sprechen, aber das kann auch an meinem Alter liegen.

Hilfreich finde ich auf jeden Fall einen Tipp, den ich von meinen Eltern übernommen und an meine Töchter weitergegeben habe: Du hast keine Ahnung, was dir Spaß macht? Dann entdecke den Spaß am Suchen! Das ist für mich keine Binsenweisheit, sondern eine Frage der Einstellung. Genauso interessant, wie regelmäßig ein Hobby zu verfolgen, kann es sein, wenn man immer wieder neue Dinge ausprobiert. Die Hobbysuche als Hobby, sozusagen –

ein bisschen wie ein Roadtrip durch die eigenen Interessen. Heute Parcours, morgen die Ukulele, übermorgen ein Architekturspaziergang durch die Heimatstadt. Meine jüngste Tochter zum Beispiel hat eine Sportart nach der anderen ausprobiert, von Tischtennis bis Judo. Festgelegt hat sie sich bis heute nicht, dabei aber jede Menge Spaß und schöne Begegnungen erlebt. Das Leben kennt keinen Stillstand. Manche Dinge passen für eine Weile und verlieren dann ihren Reiz. Das ist kein Scheitern, sondern ein Zeichen dafür, dass man sich weiterentwickelt. Also, probiert unterschiedliche Dinge aus! Es ist ja völlig normal, dass man in jungen Jahren nicht sofort weiß, was das Richtige für einen ist. Das sage ich ungeduldigen Eltern, denen die Karriere ihrer Kinder schon in Stein gemeißelt erscheint. Ich bin Anfang 60 und weiß manchmal immer noch nicht, wo der Hase als Nächstes langläuft. Also bleibe ich dran und versuche, offen für Neues zu bleiben. Letztes Jahr habe ich angefangen, Brot zu backen. Seither hat mich keine Bäckerei mehr von innen gesehen. Tja, ich weiß eben nie, welche Leidenschaft noch um die Ecke lauert – das schafft einen positiven Blick auf das Leben und seine Möglichkeiten. Ebenso wichtig: Ich mache mir klar, dass jederzeit etwas schiefgehen kann. Auch das hilft zu erkennen, was einem wichtig ist. Sicher versteht ihr, dass ich nach Maikes Leukämie glaube, dass Glück und Gesundheit untrennbar zusammengehören.

Verpassen tut ihr ohnehin nichts. Läuft euch eine neue Leidenschaft über den Weg, merkt ihr das ganz sicher. Schon komisch, dass ausgerechnet ich das sage – ein Mensch, für den ein Tag am besten 72 Stunden hätte. Ich, der selbst beim Joggen noch Hörbücher hört, aus Angst, Zeit zu verschwenden. Doch das ist genau der Punkt: Selbst als ewiger Multitasking-Maniac weiß ich heute, dass es richtig ist, auch mal eine Pause einzulegen und sich Zeit zu nehmen. Zeit zum Stöbern, zum Entdecken, zum Einfach-mal-Gucken. Glück ist für mich auch, an einem Sommerabend auf der Terrasse zu sitzen und einfach nur nachzudenken.

Ihr seid 20, 25, 30? Ihr steckt im Hamsterrad? Oder ihr seid schon 10, 15 Jahre älter und fühlt euch in der Routine gefangen? Dann braucht ihr umso mehr Zeit, um einfach mal zu leben. Nicht vergessen: Wenn ihr einfach offen bleibt, findet euch das Leben vielleicht von ganz allein – das geht, glaube ich, in jedem Alter.

Ich weiß ganz genau, dass es viel zu viele Menschen gibt, die in erster Linie damit beschäftigt sind, ihren Alltag zu bewältigen, ob aus gesundheitlichen, finanziellen oder was auch immer für Gründen. Niemals würde ich hier den Ratschlag erteilen: »Dann such dir halt ein schönes Hobby und alles wird gut.« So einfach ist das Leben leider nicht. Das weiß jeder, der einen geliebten Menschen pflegt, mehrere Jobs gleichzeitig macht oder mit psychischen Belastungen kämpft. Gibt es tatsächlich existenzielle Probleme, stellt sich die Frage nach dem Lebenssinn nur selten. Da wird an ganz konkreten Herausforderungen gearbeitet und meistens lässt sich auch Hilfe auftreiben. Der Unterschied zu mir? Was ich erlebt habe, war ein Loch im Leben. Das Gefühl, dass da was fehlt, dass noch was kommen muss, dass ich irgendwie zu kurz komme. Darum will ich meine Geschichte an Menschen weitergeben, denen es ähnlich geht. Menschen, die das Gefühl haben, an einer oder zwei Stellen im Leben falsch abgebogen zu sein. Die ihr Leben ganz okay finden, aber mehr auch nicht, oder die einfach keinen Plan haben, was sie eigentlich möchten. Eine Modelleisenbahn ist keine Antwort auf ein leer geräumtes Konto und sich stapelnde Rechnungen. Und auch kein Trost, wenn einem die eigene Gesundheit einen Strich durch die Rechnung macht. Aber wenn ihr euch den Luxus leisten könnt – und ja, es ist leider ein Luxus –, neue Ideen zu entwickeln, solltet ihr darin die Riesenchance sehen, Glück oder Zufriedenheit zu finden.

Dass ich mein Auto-Karaoke-Hobby auf Social Media auslebe, ist angesichts meines Berufs eigentlich total logisch. Ich kenne mich mit digitalen Plattformen aus, weiß, welche Inhalte funktionieren und habe Spaß daran, den Austausch mit anderen Nutzerinnen und Nutzern zu suchen. So gesehen habe ich zwei Leidenschaften zu einer vereint: die Musik und ihre Präsentation in der Öffentlichkeit. Das muss natürlich nicht sein, ich würde auch ohne Zuschauer weiter singen. Aber mir persönlich macht geteilte Freude einfach mehr Spaß. Ich liebe es, wenn ich mit einem Song jemanden zum Lächeln bringe oder ein Kommentar kommt wie: »Genau dieses Lied habe ich heute gebraucht!« In solchen Momenten merke ich, dass mein kleines Hobby über mich hinausgewachsen ist. Ich bin der Transmitter, aber was ich tue, ist größer als ich selbst. Und doch so einfach. Das ist wichtig, denn eine Freizeitbeschäftigung sollte kein Auslöser für noch mehr Leistungsdruck sein, sondern ein Erholungsraum, in dem wir Freude und Abstand vom Negativen finden.

Ihr sucht auch die Öffentlichkeit, wollt sogar Influencer werden? Dann achtet auf jeden Fall darauf, dass ihr hundertprozentig hinter dem steht, was ihr nach außen tragen wollt. Nicht, weil das für mehr Follower und eine höhere Reichweite sorgt, sondern um eurer selbst willen. Wer auf Social Media nachhaltig Erfolg haben möchte, braucht mitunter einen langen Atem. Und den bewahrt ihr euch am besten (und am gesündesten), indem ihr etwas betreibt, das euch aus tiefstem Herzen Freude bereitet. Wenn ihr zum Beispiel einen Food-Account eröffnet, obwohl ihr wie ich am liebsten täglich Karotten und Hüttenkäse esst, wird das vermutlich weder euch noch sonst jemanden begeistern. Also fragt euch nicht zuerst, was funktionieren könnte, sondern folgt Herz und Bauchgefühl.

Der Begriff ist leider ausgelaugt, aber die Tatsache bleibt: Authentizität ist der wichtigste Schlüssel, gerade im Netz. Ich bin kein ausgebildeter oder von Natur aus begnadeter Sänger – aber ich bringe Begeisterung und Interesse mit ins Auto. Begeisterung fürs Singen und die Musik, Interesse für die Menschen und was sie bewegt, vor allem die Jüngeren, deren Musik ich oft erst durch ihre Wünsche kennenlerne. Die aufrichtige Leidenschaft ist viel wichtiger als der Beste zu sein. Wie könnte es sonst sein, dass ich so viele Menschen zum Lächeln bringe?

An der Stelle ist ein Hinweis sicher nicht verkehrt: Es ist natürlich nicht ratsam, sich talentlos auf Insta oder TikTok zu präsentieren. Ich kann wie gesagt nicht tanzen. Würde ich es trotzdem wagen, könnte ich das Internet vielleicht doch noch von seiner finsteren Seite kennenlernen. Was allerdings viele Menschen bremst, auch im richtigen Leben, ist der scheinbare Zwang zur Perfektion. Um es ganz klar zu sagen: Die ist unerreichbar, also fangt an, lernt und habt Spaß.

Was ein Shitstorm ist, wissen heutzutage selbst Menschen in meinem Alter, die keine Social-Media-Präsenzen bespielen. Die Plattformen werden viel zu wenig kontrolliert, darunter leiden insbesondere Minderheiten und alle, die sich zu Themenbereichen wie Gesellschaft oder Politik äußern. Auch Menschen, die nur Spaß haben und verbreiten wollen, sind natürlich nicht ausgenommen. Es gibt immer Neider oder Nervensägen, die alles blöd finden. Je sichtbarer ihr werdet, desto lauter können diese Stimmen werden. Gegen einen echten Shitstorm hilft nicht viel, außer abwarten oder bei Rechtsverstößen die Polizei einschalten. Auf Lästerniveau helfen euch ein gesundes Selbstbewusstsein und die Unterstützung aus dem persönlichen Umfeld.

Allen gefallen zu wollen, ist ohnehin kein guter Plan. Aufmerksamkeit ist zwar ein kostbares Gut, für sich betrachtet aber nichts wert. Sonst könntet ihr ja auch einfach euer Auto live im See versenken oder nackt über den Münchner Marienplatz rennen. Das gäbe Klicks, und dann? Geht lieber auf die Suche nach einer Nische, in der ihr euch zu Hause fühlt. Ignoriert dabei Nörgeleien und vor allem die aktuellen Trends. Besser ihr erreicht ein paar liebe Menschen und macht von da aus die nächsten Schritte. Die Chancen, damit Erfolg zu haben, stehen dann gut, wenn ihr etwas tut, was anderen Freude macht. Eure Persönlichkeit spielt dabei die entscheidende Rolle. Wer nur das wiederholt, was ohnehin schon alle machen und sagen, bleibt unsichtbar. Da sind wir dann wieder bei den Sportlern, die heutzutage auf Pressekonferenzen alle das Gleiche reden. Klar, die bieten kein Shitstorm-Potenzial, aber sind halt furchtbar langweilig. Mich faszinieren eher Menschen, die mir etwas über sich verraten – und sei es nur durch ihre Musikauswahl.

Es ist schon ironisch, dass ich jahrzehntelang stets versucht habe, es allen recht zu machen, im Job, im Alltag und ja, manchmal habe ich sogar meine Familie als etwas gesehen, das »bedient« werden möchte. Und ausgerechnet jetzt, wo mich mehr Menschen sehen als je zuvor, habe ich damit aufgehört. Natürlich, ich erfülle Fanwünsche und reagiere auf fast alle Nachrichten. Ganz los werde ich mein People Pleasing wohl nie. Aber da gibt es einen Unterschied: Heute tue ich das nicht mehr, um zu gefallen, und verbiege mich dabei, sondern weil ich mich ehrlich über den Austausch freue. Und weil ich weiß, dass unsere gemeinsame Musikliebe für viele eine kleine Oase in ihrem Alltag geworden ist.

Über die paar Negativkommentare, die eintrudeln, hätte ich mir früher den Kopf zerbrochen. Heute prallen sie an mir ab. Klar, angesichts der überwältigenden Übermacht der positiven Rückmeldungen kann ich's gelassen sehen. Aber ich weiß eben auch, warum ich im Auto sitze und singe. Aus Freude an der Musik, die mir Freude am Leben schenkt. Diese Freude ist echt, das wird kein Hater der Welt ändern können.

• • •

Nach meinem Erfolg mit »Umbrella« von Rihanna singe ich weiter. Ich bin im Flow, wie es so schön heißt. Inzwischen weiß auch Birgit von meinem neuen Hobby, denn ich wollte natürlich, dass sie es von mir erfährt und nicht aus der Zeitung. Die *Stuttgarter Nachrichten* schreiben über mich, und mein Name steht groß in der Überschrift. Wie Birgit so ist, freut sie sich für mich, auch wenn genau das eingetreten ist, was ich zu Beginn befürchtete: Meine Social-Media-Aktivitäten haben ein solches Ausmaß angenommen, dass ich mich auch außerhalb des Autos damit beschäftige. Ich lese Kommentare, beantworte Nachrichten, überlege mir die nächsten Songs, übe sie und behalte eine Art Redaktionsplan im Blick. Außerdem habe ich gerade TikTok für mich entdeckt, also noch einen weiteren Kanal, der meine Aufmerksamkeit erfordert. Mein erstes Video dort habe ich am 14. Juli 2019 gepostet: »Scatman« von der Eurodance-Legende Scatman John.

TikTok, der Instagram-Konkurrent aus China, ist damals noch ein Kuriosum, ein Ort für Exoten und besonders Neugierige – also für Typen wie mich. In Deutschland kennt die Plattform bisher kaum jemand, und wer doch davon gehört hat, fragt sich, ob das Ganze eine längerfristige Entwicklung ist oder bald wieder verschwinden wird, wie so viele Internetphänomene zuvor. Auch ich weiß damals noch nicht so genau, wo die Reise hingeht, bin aber schon aus beruflichen Gründen zur Auseinandersetzung mit dem Netzwerk verpflichtet. Schnell stelle ich fest: Musik spielt auf TikTok eine zentrale Rolle. Mit meinen Videos bin ich hier genau richtig.

Heute scrollen Gott und die Welt, fasziniert durch den nie endenden TikTok-Feed, immer auf der Suche nach dem nächsten Kick. Der Algorithmus macht's möglich. TikTok hat sich durchgesetzt, und zwar nicht nur ein bisschen, sondern mit voller Wucht. Unter jungen Menschen ist keine Social-Media-App erfolgreicher. Was dort geteilt oder seit diesem Jahr auch verkauft wird, hat Einfluss – auf Mode, Musik, Essen, Sprache und das Lebensgefühl. Trends, die auf TikTok starten, landen oft binnen weniger Tage im echten Leben, vom Food-Geheimtipp bis zur kreativen Videochallenge. Meine Clips auch dort zu verwerten, ist für mich keine große Herausforderung – und ich freue mich über noch mehr Wachstum und positives Feedback. »You're a legend!«, schreibt mir Post Malone, aber besonders freue ich mich, wenn es heißt:

»Direkt gute Laune bekommen.« Ich antworte dann: »Danke, ich jetzt auch.«

Meine Musikauswahl läuft weiter unter dem Motto: Offen für alles. Ich singe »I'm Still Standing« von Elton John, Pflichtprogramm für jung gebliebene Opas. Eine Hymne darauf, dass man auch nach Umwegen und Stürzen wieder aufstehen kann – und sollte. Spricht mir aus der Seele der Mann. Kurz darauf widme ich mich zum ersten Mal einem Phänomen aus meiner Stuttgarter Heimat: den Fantastischen Vier. Schwaben und Sprechgesang, der beste Beleg dafür, dass das Leben eine Schachtel Pralinen ist, um mit Forrest Gump zu sprechen: Du weißt nie, was du kriegst. Im Zweifel einen Mega-Hit wie »Die da«, und ja, dieses Quartett hat dazu beigetragen, Hip-Hop in Deutschland zu etablieren. Da bin ich durchaus heimatstolz.

Und dann ist da noch Österreich, in diesem Fall Yung Hurn. Auch er gehört inzwischen zu meinen Favoriten. Der erste Track von ihm, den ich covere, ist »Y.HURN wieso?« Das war übrigens ein Vorschlag von meiner Tochter Maike. Und das »Wieso« kann ich beantworten: Weil es einfach sehr lässig ist, wie er mit seinem Wiener Dialekt Reime raushaut, die vielleicht nicht immer zum Nachdenken anregen, dafür aber interessant zu hören sind. Manchmal sind genau das die Songs, die einem etwas über die Zeit erzählen, in der wir leben.

Als ich erfolgreicher werde, erreichen mich noch mehr Songwünsche aus meinem direkten Umfeld. Das fühlt sich für mich besonders schön an, denn wenn Familie und Menschen, die mir nahestehen, plötzlich mitmachen, zeigt das: Sie nehmen mein Projekt ernst, verfolgen es mit und haben Spaß daran. Maike wünscht sich für meine erste Enkelin den Hit »Baby Shark« von Pinkfong, gegen den jeder schlechte Rap-Song immer noch den Nobelpreis verdient hätte. Trotzdem: Ehrensache, dass ich das Lied sofort aufnehme.

Strahlende Kinderaugen sind mehr wert als ein Grammy, jedenfalls für mich.

Für unsere Nachbarin singe ich »Von hier bis unendlich« von Helene Fischer und für meine Eltern »Mit 66 Jahren« von Udo Jürgens. Ich weiß, wie sehr sie den Song lieben, weil er Lebensfreude versprüht, aber mit einem Augenzwinkern. Und noch mal für Maike nehme ich »Ham Kummst« von Seiler und Speer auf.

Wenig später entdecke ich Metallica für mich. Natürlich war mir ihre Musik auch vorher schon ein Begriff, aber erst durch das Singen erkenne ich, was für eine Wucht darin steckt. Geballte Power gibt's dann auch an Weihnachten in Form meiner Favoriten: »All I Want For Christmas Is You« von Mariah Carey und natürlich »Last Christmas« von Wham. Ich weiß, der Song spaltet die Musikwelt. Für die einen ist er der Inbegriff von Weihnachtskitsch, für die anderen ein Must-have zum Fest. Dass ich ihn singe und poste, hat mich vielleicht schon mal den ein oder anderen Follower gekostet, aber koste es, was es wolle: »Last Christmas« bleibt auf meinem Wunschzettel.

Vor einer der größten Herausforderungen meiner Auto-Karaoke-Karriere stehe ich im November 2019. Die Band Babymetal wird von einigen Metal-Heads zwar immer noch belächelt, aber das ist unberechtigt, denn was diese Mädels aus Japan auf dem Kasten haben, ist unglaublich. Ihr Song »Pa Pa Ya« ist eine rhythmische Achterbahnfahrt mit Breakdowns, Tempowechseln und Sprachsprüngen, die mich an den Rand meines Kopierkönnens bringen. Ich beiße mir fast die Zähne an dem Track aus, im wahrsten Sinne des Wortes. So viele Silben in so wenig Takten – und dann auch noch auf Japanisch! Ich verstehe kein Wort, also bleibt mir wieder nur, mich der Musik phonetisch zu nähern, Ton für Ton, Laut für Laut. Dabei geht es eher um das Gefühl, die Energie, das Tempo, nicht um den Inhalt des Textes. Hört euch die Nummer mal an, dann wisst ihr, was ich meine. Das ist kein Song, das ist ein Wirbelsturm! Auch das ist das Schöne an meinem kleinen Onlineprojekt:

Ich stelle mich immer wieder neuen Herausforderungen, wachse daran und lerne Musik kennen, die ich sonst womöglich nie entdeckt hätte.

Zu einer kleinen Sensation kommt es kurz danach: Ich bin in meinem ersten Musikvideo zu sehen. Nun gut, nicht in *meinem* Musikvideo, aber in einem Clip des belgischen Rappers K1D – und das ist ja sogar noch besser. Der Track heißt »Moodswings«, und ich spiele im Video dazu einen Uber-Fahrer, der den Musiker durch die Gegend chauffiert. Natürlich nicht wortlos, sondern ganz in meinem Element: singend, rappend, wippend, mit jeder Faser meines Körpers dabei.

Geld gibt's dafür keines, aber die Dreharbeiten sind ein absolutes Highlight für mich. Es ist nicht das erste Mal, dass ich nicht alleine vor der Kamera zu sehen bin, aber bei der Umsetzung dieses Musikvideos staune ich, wie viel Aufwand hinter wenigen Minuten Bildmaterial steckt. Was für ein Erlebnis! Mein digitales Hobby verbindet sich mit der echten Musikwelt, und als ich das fertige Video sehe, freue ich mich wie ein Kind. Das zweite Mal, als ich erlebe, wie sich ein Künstler über meine Performance freut. Ich, Uwe Baltner, in einem internationalen Musikvideo. Vor einigen Monaten hätte ich das noch für völlig ausgeschlossen gehalten.

Wenig später besinne ich mich auf meine Anfangstage zurück und singe noch einmal »Schifoan« von Wolfgang Ambros. Hier schließt sich für mich ein Kreis, denn ihr erinnert euch: Den Austria-Hit hatte ich zu Schulzeiten mit meiner allerersten Band im Programm. »Schiiiiiiiifoan« – ich bin sofort wieder drin. Der Dialekt, die Melodie, der ganze Vibe, als hätte ich den Song gestern noch gesungen. Ich mache mir einen riesigen Spaß daraus, die Nummer nach so langer Zeit noch einmal aufleben zu lassen. Manchen Hip-Hopper, der mir folgt, mag der Ski-Hit aus den Siebzigern sehr irritieren. Aber was ich immer sage: Ich mache nicht nur, was die Community sich wünscht, sondern auch, was ich will.

2020 stoße ich auf einen Künstler, der mich nachhaltig beeindruckt: Kendrick Lamar. Er zählt heute zu meinen Lieblings-Hip-Hoppern und dafür gibt es gute Gründe: Seine Art zu rappen ist präzise wie ein Skalpell, seine Texte poetischer als so mancher Bestseller. Lamars Geschichten kommen aus dem Leben und gehen unter die Haut. Er ist politisch, persönlich, unbequem – aber immer in sich stimmig. Nicht umsonst ist er einer der größten Stars des Genres, wie ich finde. Sein Flow, seine tiefgründigen Texte, seine in sich stimmige Performance: Wenn Hip-Hop ab 2010 ein Gesicht hat, dann ist es seins. Man spürt bei jedem seiner Tracks, dass er wirklich etwas zu sagen hat.

Schon oft habe ich mich gefragt, warum die Fans es mir durchgehen lassen, dass ich die Songs Schwarzer Rapper zum Besten gebe. Ist das nicht kulturelle Aneignung? Das habe ich mich oft gefragt. Was löst es aus, wenn ich Songs singe, die nicht aus meinem eigenen kulturellen Kontext stammen? Mein Argument: Ich klaue keine Musik, ich beute niemanden aus. Stattdessen verneige ich mich vor den Künstlerinnen und Künstlern und promote sie durch meine Videos. Kommentare wie »Toller Song, kannte ich noch gar nicht«, bestätigen mich in meiner Auffassung ebenso wie die Tatsache, dass sich bislang keines meiner Vorbilder beschwert hat. Im Gegenteil.

Ich glaube, der entscheidende Punkt ist auch hier der Respekt. Ich nähere mich jedem Song, egal, ob Rockballade oder Rap-Track, mit echter Wertschätzung. Ich höre genau hin und lerne die Texte Wort für Wort. Außerdem würde ich niemals auf die Idee kommen, klar rassistische Begriffe wie das N-Wort mitzusingen oder mitzurappen. Da mache ich lieber eine Atempause oder überspringe die Stelle. Das findet Anerkennung. Sollte ich einmal etwas übersehen und versehentlich jemanden verletzen, würde ich mich freuen, wenn ich darauf hingewiesen werde.

Einen ganz besonderen Bezug habe ich zum Emo-Rap entwickelt, den ich erst durch meine Auto-Karaokevideos kennengelernt habe. Ich muss gestehen: Als ich noch nicht selbst gerappt habe, war Hip-Hop für mich oft Getue. Goldketten, dicke Autos, »Fake it till you make it« – Angeberei, mit der ich nicht viel anfangen konnte, eigentlich aber ein Wissensdefizit meinerseits. Ich verstand nicht, was diese Form von Musik für viele Menschen bedeutet und woher sie kommt. Das Signal: »Ich hab's aus dem Ghetto geschafft«, wird oft falsch interpretiert. Wobei die Authentizität manchmal eben nur Show ist. Emo-Rapper treten ganz anders auf, eher wie Typen wie du und ich, die in ihren Texten von den tiefgründigsten emotionalen Problemen erzählen, keine Show abziehen, sondern ihr Innerstes nach außen kehren. Die verstorbenen Künstler Lil Peep, Juice WRLD und XXXTentacion sprachen in ihren Songs über Angst, Einsamkeit, Selbstzweifel, manchmal auch über Depressionen – und das so ehrlich, dass es bis heute unter die Haut geht. Das berührt mich, vielleicht, weil ich selbst erlebt habe, wie es ist, wenn man sich als Mensch innerlich verliert. Wenn sie oder er glauben, stark sein zu müssen, obwohl ihnen eigentlich nach weinen zumute ist. Wenn man das Gefühl hat, funktionieren zu müssen, obwohl einem eigentlich nach aufgeben ist. Emo-Rap hat mir eine neue Perspektive auf Hip-Hop und auch auf mich selbst eröffnet: Eine Schwäche ist keine Schwäche. Im Gegenteil: Die Stärke liegt oft genau darin, sie zu zeigen.

Auch meine musikalische Entdeckungsreise nigerianischer Künstlerinnen und Künstler geht immer weiter – und ist zu einer echten Herzensangelegenheit geworden. Inzwischen habe ich dort die drittgrößte Anzahl an Followern, davor rangieren nur die USA und Deutschland. Doch es kommt noch besser: Irgendwo im Internet kursiert ein Video, das mich bis heute sprachlos macht. Darin ist zu sehen, wie der ehemalige Vizepräsident des Landes, Yemi Osinbajo, eine Rede hält und im Rahmen dieser Rede eines meiner Videos auf der Leinwand hinter sich zeigt – als Beispiel dafür, dass nigerianische Kultur im Rest der Welt gefeiert wird. Das muss man sich mal vorstellen: Da steht ein Staatsmann vor einem ganzen Saal voller

Menschen und zeigt ausgerechnet mich, einen deutschen Familienvater mit Smartphone im Auto, als Beispiel dafür, dass die Kultur seiner Nation weltweit erfolgreich ist. Das macht mich schon sehr stolz, muss ich sagen. Nicht, weil ich mich und meine Meinung für besonders wichtig halte, sondern weil es zeigt, wie viel Musik bewegen kann. Wie sie Grenzen überwindet, Kulturen verbindet und manchmal dort wieder aufploppt, wo man es am wenigsten erwartet. Nigeria hat mir so viele neue Klänge, Künstler und gedankliche Impulse geschenkt – dass ich mit meiner Begeisterung etwas dafür zurückgeben kann, ist eins der schönsten Gefühle überhaupt.

Und auch über Nigeria hinaus erschließe ich mir über Musik die Welt. Ich singe Songs aus Russland, Frankreich, Südkorea, Puerto Rico, Somalia, Albanien, Jamaika, Ägypten, Algerien, Marokko, Südafrika, Italien, Australien, Tansania, der Türkei, Island, Griechenland, Mali und zuletzt auch auf Paschtu, einer Sprache, die in Afghanistan, Pakistan und Iran gesprochen wird. Viele dieser Länder werde ich wohl niemals persönlich bereisen können, doch über die Musik fühle ich mich den Menschen dort verbunden. Ich höre die Sprache, spüre den Rhythmus, nehme die Emotionen auf und die Lieder werden zum Fenster in eine Welt, die mir sonst verborgen bleiben würde. Sie zeigen mir Kulturen, Mentalitäten, Geschichten und sind mein persönlicher Reisepass. Es ist ein Geschenk, dass ich auf diese Weise an der Musik der Erde teilhaben darf. Und es ist schön, dass ich mit meinen Versionen einen Beitrag dazu leisten darf.

Eine der ersten Künstlerinnen aus Deutschland, die auf mich zukommt, habe ich schon kurz erwähnt. Die Rede ist von Rapperin Nura, die häufiger mal mit den Berliner Reggae- und Dancehall-Virtuosen Seeed kollaboriert. Seit 2021 begeistert sie in ihrer Rolle als Flora in der Mockumentary-Sitcom *Die Discounter* ein riesiges Streamingpublikum. Als sie mir damals eine persönliche Nachricht schickt und mich zu einem ihrer Konzerte einlädt, bin ich erst einmal baff. Und dann aufgeregt. Ich folge der Einladung, lungere etwas im Hintergrund herum, während sie ein tolles Konzert hinlegt – und was dann passiert, werde ich nie vergessen: Mittendrin kündigt sie mich von der Bühne aus an. »Uwe Baltner ist heute Abend da!«, ruft sie ins Mikro – und auf einmal brandet aus dem Publikum ein Chor von Rufen auf: »Uwe, Uwe, Uwe!« Ich bin sprachlos, völlig überwältigt. So eine Gänsehaut hatte ich noch nie. Das ist kein geplanter Moment, kein inszenierter PR-Stunt, sondern einfach ehrliche Begeisterung aus einer Szene, in der ich selbst erst seit Kurzem unterwegs bin. Für mich ein Zeichen: Ich werde nicht nur wahrgenommen, sondern willkommen geheißen. Und das macht mich sehr dankbar.

So sehr ich meine Auto-Karaokevideos für mich selbst aufnehme – als Ventil, als kreativen Ausgleich, als pure Freude –, so sehr freue ich mich auch, wenn ich in der Künstlerwelt wahr- und ernst genommen werde. Versteht mich nicht falsch: Ich brauche keinen roten Teppich, keine VIP-Lounge und keinen Sektempfang. Ich singe ja nur. Aber wenn zwischendurch mal ein Schulterklopfer kommt, ein ehrliches »Cooles Video, Uwe!« von jemandem, der selbst Musik macht, dann berührt mich das. Denn seien wir ehrlich: Jeder Mensch freut sich über Anerkennung für das, was er gerne und mit Herzblut tut. Und gerade wenn es etwas ist, das man so leicht belächeln könnte – ein Mann mittleren Alters, der allein im Auto singt –, dann tut ein bisschen Bestätigung besonders gut. Ich habe es ja eingangs schon gesagt: Ich gebe den Menschen mit meinen Videos etwas – und sie geben mir dafür ebenso viel zurück. Diese Verbindung, dieser Austausch, der aus einem einfachen Hobby entstanden ist, ist etwas ganz Besonderes.

Ich finde, wir machen das viel zu wenig. Ein paar nett gemeinte Worte tun doch niemandem weh, im Gegenteil: Oft schmerzt es vor allem dann, wenn sie ausbleiben. Ein kurzes Lob, ein ehrliches Kompliment oder einfach ein »Schön, dass du da bist« – schon sieht die Welt für das Gegenüber viel freundlicher aus.

Nun bin ich sicher ein Extrembeispiel, weil ich mich schon immer nach haufenweise Zuneigung und Zuspruch sehnte. Ich bin jemand, der sich bei seiner Umwelt versichern muss. Seid ihr noch bei mir? Bin ich auf dem richtigen Weg? Habe ich jemanden oder etwas übersehen? Ich möchte verstanden werden und verstehen. Vielleicht ist das einer der Gründe, warum ich so offen mit meiner Geschichte umgehe. Ich wünsche mir Feedback darauf. Nicht im Sinne von »Sagt mir bitte, wie toll ich bin«, sondern im Sinne von »Ich erzähle euch von mir – vielleicht erkennt ihr euch darin ja wieder und sie gibt euch was.«

Bleibt die Frage, was ich in der Zukunft noch vorhabe. Noch mehr Songs? Klar. Noch mehr Follower? Wäre schön. Vor allem aber freue ich mich auf die Zeit nach dem Berufsleben. Nicht, weil ich dann nichts mehr tun möchte, sondern ganz im Gegenteil. Ich habe noch einiges vor. Weiter singen, zum Beispiel. Denn mit der Nachricht von Rihanna im Oktober 2020 war es das noch lange nicht. Und die Liebe zur Musik hört niemals auf.

13

AUF TOUR

Werde ich gefragt, was ich beim Auto-Karaoke gelernt habe, dann ist meine Antwort ganz klar: Dranbleiben lohnt sich. Das habe ich im Grunde schon immer so gemacht, im Job, wenn es um meine Leidenschaften ging – und da besonders beim Sammeln. Früher waren es Platten, Videos und CDs. Heute sammele ich Songs. Durch meine Videos hat sich mein fast schon stures Festhalten an Dingen, die ich angefangen habe, sogar noch einmal verstärkt. Wer mit seinen Clips Menschen auf der ganzen Welt erreicht, will weitermachen, das ist sicher verständlich. Ich bleibe gerne dran, nicht wegen der Likes, sondern weil ich spüre, dass es mich zufriedener macht. Je länger, desto mehr.

Nach Rihannas Direktnachricht singe ich »Smells Like Teen Spirit« von meinen Grunge-Helden Nirvana. Ich war fast 30, als Kurt Cobain, Dave Grohl und Krist Novoselic richtig loslegten, trotzdem wühlte mich ihr Sound auf, als sei ich wieder 15. Nirvana hatten das Rotzige des Punkrocks, spielten aber dichter, auf eine fast schon schmerzhafte Art intensiv. Zwischen den Akkorden lauerte Melancholie und Cobains Stimme klang wütend, traurig, roh und klug zugleich. Die Nachricht von seinem Tod war für mich ein Schock. Es fühlte sich an, als hätte ich einen wichtigen Weggefährten verloren, genau wie bei Freddie Mercury drei Jahre zuvor. Vielleicht, weil Cobain für Außenseiter wie mich sprach, die sich in der Welt manchmal fehl am Platz fühlen.

Außerdem singe ich in dieser Zeit »Kiss« von Prince, von dem ich viel in Sachen Performance gelernt habe. Wer sich meine früheren Videos anschaut, wird feststellen, dass ich damals noch nicht so recht wusste, wohin mit mir. Ich war unsicher, wirkte ein bisschen steif und alles andere als emotionsgeladen. Das lag nicht daran, dass ich nichts fühlte – im Gegenteil. Ich war eben einfach nicht geübt darin, es zu zeigen. (Ein gutes Beispiel dafür, dass nicht alles von Anfang an perfekt sein muss, um erfolgreich zu enden!) Doch nach und nach und mithilfe meines Managers Julian habe ich gelernt, beim Singen auch meine Gefühle zu vermitteln, nicht nur mit der Stimme, sondern auch mit Mimik, Gestik und Körperspannung. Schaut hin, Künstler wie Prince erzählen mit ihren Moves ganze Geschichten. Ich will gar nicht behaupten, dass ich seitdem wie er über den Bildschirm tanze, aber ein bisschen was habe ich mir doch abgeguckt – und das hat mir geholfen, beim Singen noch mehr bei mir zu sein.

Im Februar 2021 probiere ich erstmals ein völlig neues Format aus: die »GOAT Facts«. Woher der Name kommt? In der Community werde ich immer häufiger als »GOAT« bezeichnet, also als »Greatest of All Time«. Das ist natürlich ein riesiges, nicht von allen ernst gemeintes Kompliment. Aber je länger der Spitzname online gehandelt wurde, desto positiver wurde er aufgegriffen und verbreitet. Die Idee mit den »GOAT Facts« war dann sozusagen meinem Alter geschuldet, oder meiner Altersweisheit, die vermutlich nie wirklich kommt. Vom Lehrerberuf wurde mir seinerzeit zwar abgeraten, aber den Impuls, Wissen weiterzugeben, habe ich mir trotzdem bewahrt. Ich erinnere mich an die Info-Moderationen der Blue Fingers und denke: So ein paar Ausflüge in die Biografien der Stars oder Wissen über Musikgenres, das könnte ankommen. Also poste ich Videos mit Funfacts zu den Künstlern, deren Songs ich singe. Den Anfang mache ich mit Rihanna. In dem Video erwähne ich zum Beispiel, dass sie nie Gesangsunterricht genommen hat und trotzdem einer der größten Popstars aller Zeiten wurde. Das habe ich zwar auch nicht, aber ich bin eben auch kein internationaler Superstar, der Stadien füllt. Naturtalente wie sie finde ich beeindruckend – ihr Beispiel zeigt, dass der Weg zur Musik genauso individuell ist wie der Mensch, der ihn geht.

2023 klopft wieder einmal das Fernsehen an. Ich gastiere in der Talksendung »Neo Ragazzi« von Sophie Passmann und Tommi Schmitt. Für das Intro nehmen wir ein Auto-Karaokevideo auf. Ich singe den Anfang von »Thrift Shop« (Macklemore und Ryan Lewis), Sophie und Tommi steigen ein. In der Show gesellen sich noch Sänger Bosse (sehr sympathisch), Dermatologin Dr. Emi (sehr klug) und Moderatorin Lola Weippert (sehr naturverbunden) dazu. Die bunt gemischte Runde hat jede Menge Spaß, die Zuschauenden im Studio ebenfalls. So muss das sein, und die junge Zielgruppe erreiche ich mit dem ZDF-Neo-Format auch noch.

Das ist immer noch nicht selbstverständlich für mich: Ich begeistere junge Menschen weltweit mit Auftritten fernab aller Jugendklischees. So entsteht der Austausch der Generationen: Ich singe oder rappe, lasse zu den aktuellen Hits auch Klassiker einfließen. Wenn ich »Alkohol« von Herbert Grönemeyer zum Besten gebe, ist das auch Musikgeschichte live. Und siehe da: Die Teenager feiern viele der Tracks von damals. Klar, mit einem Song von Simon & Garfunkel versetzt man die jungen Menschen heutzutage eher in einen Tiefschlaf – wobei »The Sound Of Silence« einen überlebensgroßen Kultstatus genießt, auch auf TikTok. Aber wenn ich zum Beispiel Songs aus den Achtzigern poste, kommen diese auch bei meinen Followern unter 25 super an. So kann ich »meine« Musik konservieren und die Fackel weitertragen, so wie Muhammad Ali bei den Olympischen Spielen 1996. Vielleicht ist das mein kleiner kultureller Beitrag, eine Art musikalische Staffelübergabe. Ob das nötig ist? Die Antwort findet ihr vermutlich, wenn ihr 15-Jährige fragt, ob sie die Beatles kennen.

Sehr gerne mag ich als gelernter Textarbeiter Songs mit Botschaft von Bob Dylan bis Kendrick Lamar. Mit den richtigen Lyrics kann Musik viel bewegen, sie kann aufrütteln, trösten und klare Zeichen setzen. Für mich ist es ein Statement, Tracks zu performen, die der Black-Lives-Matter-Bewegung als Ausdruck des Protests dienen. Ansonsten halte ich meine Kanäle bewusst unpolitisch, um möglichst alle Menschen vorurteilsfrei zu erreichen. Aber Rassismus ist für mich kein politisches Thema, sondern schlicht falsch. Da ist es für mich selbstverständlich, über das Singen Stellung zu beziehen. Wenn ich schon eine große Reichweite habe, möchte ich sie für Gutes nutzen, wenn es mir sinnvoll erscheint. Alle Menschen sind gleich. Dass diese simple Wahrheit heute verteidigt werden muss, ist schlimm genug. Ich tue das über die Musikauswahl: »Freedom« (Beyoncé, Kendrick Lamar), »Alright« (Kendrick Lamar), »The Bigger Picture« (Lil Baby).

In dieser Zeit singe ich auch Protestsongs aus der Zeit des Vietnamkriegs, wie »Fortunate Son« von Creedence Clearwater Revival. Das Lied prangert sehr direkt das Unrecht an, das vielen US-amerikanischen Männern Ende der Sechziger und Anfang der Siebziger widerfuhr. Wer reich war, konnte sich vor dem Militäreinsatz drücken, wer arm war, musste kämpfen. Am Ende hat auch das viel mit Rassismus in den USA zu tun, denn die Armen, das waren und sind in den Staaten oft vor allem die Schwarzen Menschen.

Krieg, ein Thema, das ich aus der Perspektive meiner jahrzehntelangen Beschäftigung mit dem Dritten Reich und den Lehren aus dieser Zeit betrachte. Passend nehme ich auch ein Video mit dem Song »All You Fascists« von Billy Bragg und Wilco auf. Erst später erfahre ich, dass eine meiner Töchter großer Wilco-Fan ist, und sie, Birgit und ich besuchen sogar gemeinsam ein Konzert der US-Rockband.

Die Nazizeit war Teil meines Studiums, während ich dem Vietnamkrieg zuerst im Kino begegnete. Erst kam Francis Ford

Coppolas *Apocalypse Now* von 1979, später las ich den zugrunde liegenden Roman *Herz der Finsternis* von Joseph Conrad. Filme wie *Die durch die Hölle gehen* (Michael Cimino), *Die Verdammten des Krieges* (Brian de Palma) oder *Platoon* (Oliver Stone) erschütterten mich durch ihre Darstellung des Kriegswahnsinns. Lange war ich komplett gegen jede Art von militärischer Auseinandersetzung. Diese kategorische Meinung korrigierte ich erst teilweise, als Putins Streitkräfte die Ukraine überfielen. Es gibt so etwas wie Notwehr, glaube ich heute, auch auf dieser Ebene.

Im »Redemption Song« von Bob Marley geht es um Sklaverei und das Stück ist eines der wenigen, zu denen ich mich bis heute auf der Gitarre begleiten kann. Ich finde es mehr als nur beeindruckend, wie Marley aus dem kleinen Jamaika heraus die ganze Welt mit seiner Musik erreicht hat, dem Reggae – und darüber hinaus ein Lebensgefühl in unsere Köpfe gezaubert hat, fast eine Philosophie von Frieden, Harmonie und Liebe. Abgesehen davon: Der Rhythmus packt mich jedes Mal.

Ich weiß natürlich, dass Gesang nicht die Welt retten wird. Total naiv bin ich nun auch wieder nicht. Wir haben harte Jahre hinter uns beziehungsweise stecken noch mittendrin, von der Coronapandemie über den Krieg in der Ukraine bis zum Nahost-Konflikt und den politischen Verhältnissen in den USA. Wir kennen Angst, Wut, das Gefühl der Hilflosigkeit angesichts globaler Krisen. Dabei gibt es Möglichkeiten, etwas zu unternehmen, und sei es die ein oder andere Geldspende. Was wir außerdem tun sollten: uns selbst nicht vergessen. Wir sind der Nachrichtenlage täglich ausgesetzt. Also gönnt euch ab und zu eine Pause von der Flut der Informationen, die über klassische und soziale Medien über uns hereinbrechen. Schafft euch kleine Oasen im Alltag, um durchatmen zu können, damit die mentale Gesundheit nicht leidet. Meine Videos sind in diesem Sinne Oasen für mich und hoffentlich für viele andere.

Wenn ich mit einem Song auch nur einer Person einen Moment voller Leichtigkeit schenken kann, hat sich all das schon gelohnt.

• • •

2025 bin ich seit sieben Jahren abstinent. Sieben Jahre, in denen ich keinen Tropfen Alkohol angerührt habe – und in denen mich Möhren mehr begeistern als Chips und Schokolade zusammen. Das mag komisch klingen, aber es ist wirklich so: Ich habe mein Verlangen neu kalibriert. Was früher der Griff zur Schnapsflasche war, ist heute der Griff zur Rohkost. Ich schwöre, das fühlt sich gut an. Genauso, wie selbst einen Kuchen zu backen. Der wird dann viel bewusster genossen als damals das Zeug aus dem Supermarkt. Und ich nehme immer Vollkornmehl und Rohrohrzucker.

Dass ich ohne die Verführer aus dem Discounter gesünder lebe, merke ich nicht nur geistig, sondern auch ganz konkret an meinem Körper. Ich hatte zwar nie starkes Übergewicht, meine Blutwerte waren in Ordnung, und wenn man mich fragte, hätte ich wohl immer gesagt: »Mir geht's gut!« Aber heute weiß ich, dass es noch Luft nach oben gab.

Ich erinnere mich zum Beispiel noch genau an die Morgende danach und wie schwer es mir fiel, aus dem Bett zu kommen. Ich bin kein Typ, der dreimal den Wecker wegdrückt. Dafür bin ich dann doch zu unruhig und wenn es klingelt, soll es auch losgehen. Aber der Tag nach meinen Binge-Eating- und Alkoholeskapaden war stets eine Herausforderung, weil ich merkte: Mein Körper hatte überhaupt nicht die nötige Energie für das aktive Leben, das ich eigentlich führen wollte. Er fühlte sich bleischwer an und bereit für gar nichts.

Ich kann nur davon abraten, einen solchen Zustand achselzuckend hinzunehmen. Es mag bequem sein, den Umständen die Schuld zu geben. Doch es führt eben zu fatalen Gewohnheiten. Aus Erfahrung weiß ich: Man fügt sich viel zu schnell, belässt es dabei, dass das Leben an einem vorbeizieht wie die Landschaft am Autofenster. Je länger man sich selbst aufgibt, desto mehr schwindet der Antrieb – und je länger man sich seinem vermeintlichen Schicksal ergibt, desto schwieriger wird es, den Absprung zu schaffen. Man entwickelt eine zähe Akzeptanz des Stillstands, als wäre man mit angezogener Handbremse unterwegs. Es gab auch bei mir Momente, in denen ich wie fremdgesteuert durch die Gegend lief, immer beschäftigt, aber innerlich leer. Vor allem hätte auch ich irgendwann den Punkt erreicht, an dem meine Familie mir meine Eskapaden und mein Abkapseln wohl nicht mehr verziehen hätte. Ich kann nur von Glück reden, dass ich vorher einsichtig war.

Rückblickend bin ich erstaunt darüber, wie geradlinig mein Weg verlaufen ist, obwohl ich so wenig Einfluss darauf genommen habe. Ich stehe nun seit über 40 Jahren im Arbeitsleben und musste mich nicht ein einziges Mal bewerben. Keine Assessment-Center, keine Karrierecoachings ... es lief einfach. Bei der *Sindelfinger Zeitung* bin ich reingerutscht, ebenso wie bei den *Stuttgarter Nachrichten*. Von dort aus wurde ich zu jenem Handyvergleichsportal abgeworben, das dann an den Verlag des Computer-Fachmagazins in München verkauft wurde – und als ich dort arbeitete, ergab sich die Möglichkeit, in die Marketingwelt zu wechseln. Man kann sagen: Mir ist alles in den Schoß gefallen, weil Menschen gesehen haben, dass ich kompetent und engagiert zu Werke gehe. Toll, nicht wahr? Na ja, ja und nein. Natürlich ist es ein großes Privileg, wenn sich die Dinge einfach so fügen. Dafür bin ich dankbar. Aber ein so hürdenloser Werdegang hat auch seine Schattenseiten. Wenn alles wie von allein läuft, stellt man sich keine Fragen. Man nimmt die Gelegenheiten an, weil sie da sind – nicht unbedingt, weil sie einen erfüllen. So war es jedenfalls bei mir. Dadurch, dass ich von einer Tätigkeit in die nächste gerutscht bin und früh Vater wurde, konnte ich nie so richtig darüber nachdenken, was ich eigentlich wollte. Für Selbstreflexion blieb wenig Zeit, ich musste funktionieren. Den ersten Zeitungsjob hätte ich wohl so oder so angenommen, aber was hätte danach alles passieren können? Hätte ich meine Leidenschaft für Filme ausbauen können, zum Beispiel beim Fernsehen? Hätte ich einen Job im Musikgeschäft ergattern können, bei einer Plattenfirma oder beim Radio, wofür mein Herz auch immer ein bisschen geschlagen hat? Oder hätte ich vielleicht als Pressesprecher einer NGO wie Greenpeace arbeiten können? Das hätte mir sicher auch sehr gelegen, aber ich werde es wohl nie erfahren. Das soll aber wirklich kein Gejammer sein. Ich habe mich mit meinem Werdegang abgefunden, ja mehr noch: Ich bin überzeugt, dass ich es gut erwischt habe. Und wenn ich zurückblicke, sehe ich nicht verpasste Chancen, sondern viele schöne und spannende Stationen, die mich geprägt haben. Ich durfte schreiben, erzählen, mit Sprache arbeiten – und habe daher immer das gemacht, was mir liegt und was ich am besten kann.

Was ich tun würde, wenn ich von heute auf morgen nicht mehr singen könnte? Schwer vorstellbar, ich würde ja einen Teil von mir verlieren. Ich will mir eigentlich gar nicht vorstellen, wie mein Alltag ohne Auto-Karaoke aussehen würde, ohne mein zweites Leben und die Chancen, die sich daraus noch ergeben könnten. Aber eines weiß ich: Zerbrechen würde ich an dem Verlust sicher nicht. Es gibt ja noch genügend andere Dinge, die mich begeistern, auch jetzt schon. Zum Beispiel übernehme ich zu Hause an den Wochenenden komplett die Küche. Birgit lässt mich schalten und walten, und inzwischen schaffe ich es sogar, nicht alles durcheinanderzubringen und nach meinen Experimenten wieder einigermaßen aufzuräumen. Mir zuzuschauen, muss ihr einerseits schwerfallen, weil sie mindestens so aktiv ist wie ich und nicht gerne die Füße stillhält. Andererseits ist sie auch froh darüber, dass es nach all den Jahren endlich mal eine Hausarbeit gibt, um die sie sich zeitweise nicht mehr kümmern muss.

Ich liebe es zu kochen, aber vor allem backe ich. Jedes Wochenende stehe ich vor dem Ofen, stundenlang, zaubere Brote und Gebäck – so viel, dass wir es kaum gegessen bekommen. Morgens stehe ich sowieso früh auf, manchmal um 3 Uhr, genau wie ein Bäcker – dann kann ich noch vor dem Hunde-Jogging sofort Teig kneten. Was dann so aus dem Ofen kommt, ist durchaus essbar, sagt Birgit. Für mich das Schönste, denn ihr wisst ja: Liebe geht durch den Magen, auch nach über 30 Jahren noch. Für Alternativen wäre also gesorgt, falls mir eines Tages die Stimme versagt. Kann man eigentlich im Auto backen? Nur ein Spaß. Stand jetzt muss ich mir darüber zum Glück keine Gedanken machen.

Für mich selber noch nicht greifbar, aber wohl unvermeidlich: Irgendwann wird Schluss sein mit dem Arbeitsleben. Das Rentenalter nimmt schon viel Platz in den Gesprächen von Birgit und mir ein. Was diese Phase mit mir machen wird, kann ich noch nicht so genau sagen. Ich bin gespannt, aber auch skeptisch, denn eines ist klar: Nichtstun ist kein Plan. Ihr kennt mich inzwischen und wisst: Fünfe gerade sein zu lassen, ist nicht unbedingt mein Haupttalent. Dafür habe ich zu viel Energie. Damit ich mich auch ohne Arbeit nicht langweile, wird es also eher auf einen Unruhestand hinauslaufen, genau wie bei meinen Eltern. Das liegt mir wohl einfach in den Genen. Ein Stück Garten plane ich zwar nicht, aber zumindest für einen Teil der Rente wissen Birgit und ich schon, was wir vorhaben.

Vor einigen Jahren haben wir uns ein gebrauchtes Wohnmobil gekauft, Baujahr 2006. Ein echtes Schätzchen. Von außen wirkt es unscheinbar, aber innen ist es mittlerweile ein Zuhause auf vier Rädern. Dafür verantwortlich ist – wie so oft – vor allem Birgit. Sie hat dem Wagen mit viel Liebe zum Detail neues Leben eingehaucht. Während ich noch überlege, ob ich einen Kreuz- oder einen Schlitzschraubenzieher brauche, hat sie das Wohnmobil bereits umgebaut. Ich staune immer wieder über ihr handwerkliches Geschick und vor allem über ihren Willen. Wenn sie sich etwas in den Kopf setzt, wird das umgesetzt. 2023 ist sie sogar allein ans Nordkap gefahren, insgesamt 6000 Kilometer. Respekt.

Dank ihrer Umbauarbeiten ist unser Camper weitestgehend autark. Ein mobiler Akku, der auch über Solar geladen werden kann, versorgt uns mit Strom, die Wasserzufuhr ist clever gelöst und Birgit hat alles so eingerichtet, dass wir jederzeit spontan losfahren und dort haltmachen können, wo es uns gefällt und wo es erlaubt ist, ob am Waldrand, in den Bergen oder am Meer. Keine festen Pläne, keine vorgebuchten Hotels, keine Erwartungen. Einfach losfahren und schauen, wo es einen hintreibt. Die Generalprobe fand bereits während meines Urlaubs statt, und die hat geklappt.

Inzwischen habe ich mir das Wohnmobil auch so eingerichtet, dass ich darin singen kann. Das größte Problem war die Musikanlage. Die Bordlautsprecher geben nicht ansatzweise so viel her wie die im Pkw, aber zum Glück gibt's ja tragbare Modelle mit ordentlich Wumms. Damit lässt sich prima aufnehmen, selbst wenn man mitten im Nirgendwo gelandet ist. Dazu ein Funfact: Hinter dem Fahrersitz gibt es Vorhänge, die ich für meine Videos immer zugezogen habe. Das hatte gar keinen bestimmten Grund, führte bei meinen Followern aber zur Spekulation darüber, ob ich im Krankenhaus sei. Zum Glück konnte ich schnell Entwarnung geben: Ich saß nicht in einer Klinik, sondern nur in einem weiteren rollenden Tonstudio.

Ich bin im Wohnmobil auf den Geschmack der Freiheit gekommen. Im Arbeitsleben sind damit oder dem Van grundsätzlich zwei Möglichkeiten drin: kurze Wochenendtrips oder Jahresurlaube. Wir nutzen das bereits, erkunden von Freitag bis Sonntag angrenzende Länder, neben Österreich sind Luxemburg, Belgien und die Schweiz geplant. Steht im September der Jahresurlaub an, dürfen ruhig mehr Meilen auf den Tacho. Wir können jederzeit aufbrechen Richtung Sonne und wissen nie genau, wo wir abends ankommen. Das passt perfekt zu Birgit und mir. Für die Zeit, in der wir das ganze Jahr unterwegs sein können, wünschen wir uns daher ein neues Gefährt, das im Alter mehr Komfort bietet. Damit ins Unbekannte aufzubrechen, klingt für mich nach einem guten Plan. Na gut, nicht so ganz ins Unbekannte. Europa darf es schon auch sein, und immer wieder Frankreich, weil ich Land, Leute und Essen dort schätze. Diese wunderbare Mischung aus Charme und Gelassenheit (Paris: nur Charme). Ein Ziel aber steht bereits mit Sicherheit fest: Birgit nimmt mich mit zum Nordkap. Beim ersten Mal musste ich ja zu Hause bleiben und ganz ehrlich: Ich habe sie nie so sehr vermisst wie in diesen zwei Wochen. Dabei war ich früher der Typ, der keine Gelegenheit ausließ, um seiner Familie aus dem Weg zu gehen. Verrückt, wie sich die Dinge ändern können – und wie heilsam es ist, wenn man erkennt, was wirklich zählt.

Vom Nordkap aus könnten wir einfach weiterfahren, schließlich gibt es auf meiner persönlichen Europakarte noch so viele weiße Flecken. Südeuropa durfte ich bereits ausführlich kennenlernen, doch der Norden ist für mich noch ein unbeschriebenes Blatt. Dänemark habe ich zwar mal kurz gestreift, aber Schweden, Norwegen und Finnland habe ich noch nie gesehen. Ich freue mich riesig darauf, gemeinsam mit Birgit diese Länder zu erkunden, natürlich mit den passenden Songs in der Playlist.

Besonders Schweden reizt mich: endlose Wälder, glasklare Seen, rote Holzhäuser – und das alles mit dem Wohnmobil erkundbar. Ich stelle mir vor, wie wir irgendwo im Nirgendwo campen, morgens die Tür aufmachen und direkt auf einen stillen See blicken, vielleicht mit etwas Nebel über dem Wasser. Mit etwas Glück begegnet uns ein Elch – das wäre wieder so ein Highlight.

Das Wetter spielt bei der Reiseplanung, die ja kurzfristig erfolgen kann, immer die Hauptrolle. Auf dem Programm stehen daher neben der französischen Atlantikküste auch Spanien und Portugal. Die Iberische Halbinsel kenne ich bisher nur durch die Formel 1, doch an den Rennwochenenden blieb leider viel zu wenig Zeit, um Land und Leute kennenzulernen. Ganz besonders reizt es mich, nach vielen Jahren wieder einmal Barcelona zu sehen. Eine Weltmetropole, die direkt am Meer liegt, mit einzigartiger Architektur, einem lebendigen Stadtleben, aber auch Rückzugsorten, an denen man durchatmen kann – falls es die inzwischen noch gibt. Für mich vereint Barcelona das Beste aus zwei Welten: pulsierende Großstadt und entspannter Küstenort. Dort können wir gern ein paar Tage länger bleiben. Wer weiß, vielleicht gebe ich ja ein kleines Straßenkonzert auf einem der Plätze der Stadt. Natürlich im Wohnmobil, mit runtergekurbelten Fenstern.

Die französische Atlantikküste fasziniert mich, seit ich mit meinen Eltern dort wunderbare Strandtage verbracht habe: Übernachten im Zelt, schöne Brandung, Felsen zum Herumklettern und Krabben fangen. Dieser Teil Frankreichs hat sich seinen Reiz bis heute bewahrt, zumindest abseits der Hauptsaison. Anders als die oft überlaufenen Mittelmeerregionen präsentiert er sich rauer, ursprünglicher, touristenrummelfreier – genau das Richtige für jemanden wie mich, der im Urlaub Ruhe, Natur und schöne Strände für ausgedehnte Hundespaziergänge sucht. Mein Tipp: Vor allem die Bretagne und dann Richtung Ärmelkanal auch die Normandie sind echte Paradiese in der Hinsicht, auch weil es nur selten zu heiß wird. Ideal für Nordseefans wie Birgit und mich – plus Flair à la française. Ich freue mich schon darauf, dass wir dort wieder unsere Spuren im Sand hinterlassen.

Ob altes oder neues Wohnmobil, mit dem Arbeitsende beginnt für mich wieder das große Reisen. Diesmal nicht beruflich, sondern ausgiebig privat, ohne Verpflichtungen und ohne Deadlines. Wir werden das Ganze wohl so angehen, wie es alle machen: im Sommer dorthin, wo es angenehm kühl ist – im Winter, wo uns die Sonne wieder auf Betriebstemperatur bringt. Ansonsten lassen wir uns treiben, von heute auf morgen ins Ungewisse. Schon lustig, dass ich in der Rente im Grunde wieder zum Pendler werde, was ich vor einigen Jahren so gehasst habe. Doch dieses Mal ist es etwas anderes. Dieses Mal pendle ich mit Birgit – und garantiert mit vielen neuen Songs im Gepäck.

EPILOG

LEBEN IM GLEICHGEWICHT

In den Seitengassen der deutschen Gesellschaft, ja sogar auf den Hauptstraßen, lässt es sich wunderbar süchtig sein, ohne dass jemand es merkt. Es regiert der schöne Schein: gepflegtes Aussehen, pünktlicher Arbeitsbeginn, im Alltag alles im Griff? Wenn sonst alles läuft, stellt niemand Fragen. Die Fassade zählt, nicht das Innenleben – selbst, wenn das gerade in Trümmern liegt.

Auch in meinem Umfeld fiel es nicht groß auf, dass ich zeitweise entgleist bin, hinter den Kulissen. Ich bewegte mich im grünen Bereich des gesellschaftlich tolerierten Konsums – unter anderem deshalb, weil ich mich verstecken konnte, wenn ich über das Ziel hinausschoss. Wer süchtig wird, entwickelt sich ja häufig zu einem Illusionskünstler. Die Betroffenen lassen Packungen und Flaschen verschwinden, als hätten sie ihr Leben lang nichts anderes getan. Sie täuschen ihr Umfeld – zumindest glauben sie das. Hat bei mir natürlich nicht geklappt: Birgit bekam Wind davon, auch wenn ich im Großen und Ganzen gut funktionierte. Ich war kein Chaosfall, hatte keine großen Aussetzer – aber mein Leben war nicht mehr im Lot.

Es gibt da diese Ausrede, die ich von mir und aus vielen Filmen kenne: »Aber ich hab alles im Griff und es läuft doch, also kann es ja wohl nicht zu viel sein.« Kann es eben doch. Wer davor die Augen verschließt, auch bei Menschen in seinem Umfeld, beraubt Betroffene genau der Hilfe, die sie dringend bräuchten. Fehlt das, was meist »Intervention«, also zu Deutsch: »Eingriff«, heißt, machen es sich Betroffene wie ich in ihrem Verhalten gemütlich. Die Frage lautet aber nicht, ob jemand täglich funktioniert, sondern warum er ohne etwas Bestimmtes nicht mehr funktioniert, ob es nun das Essen ist, das Trinken oder irgendwelche legalen oder illegalen Drogen. Wer ohne Glas in der Hand nicht mehr durchatmen kann, ist auf der falschen Spur, auch wenn er wie ich morgens brav aufsteht und ins Büro fährt. Gilt der erste Gedanke nach der Arbeit dem Essen, dem Alkohol oder dem Joint, sind das Warnsignale, die zeigen: Der Verlust des Selbst findet oft schleichend statt, im Schatten der Alltagsroutine. Das große Erwachen kommt viel zu oft erst, wenn es zu spät ist.

In einer Hochleistungsgesellschaft wie unserer wird jeden Tag Performance erwartet. Auch wir selbst fordern von uns, dass wir funktionieren. Wir rühmen uns damit, ohne Rücksicht auf Körper, Geist und Seele zu schuften, manchmal bis zur Erschöpfung. Wer spät am Abend noch E-Mails beantwortet, gilt als engagiert, nicht als überarbeitet. Die Pausen suchen wir uns zwischendurch: Wir starren aufs Smartphone, spielen Solitaire, stöbern in Onlineshops – alles, weil wir auf keinen Fall den Anschein erwecken möchten, untätig zu sein. Wäre es nicht viel schlauer, wenn echte Pausen gesellschaftlich akzeptierter wären? Wenn wir zwischendurch ein Nickerchen machen würden, um die zweite Tageshälfte wieder fit anzugehen, statt Stunden mit Ablenkungsmanövern zu vertrödeln, in denen Produktivität nur simuliert wird? Wir tun so, als sei der Mensch ein Roboter, der acht Stunden lang gleichbleibend effizient arbeitet. Der von außen und innen aufgebaute Druck, durchzuhalten und sich nicht so anzustellen, übertönt im Zweifel den Pausenruf unseres Körpers. Wir ordnen alles dem Job unter, auch unsere Gesundheit. Damit beweisen wir, dass wir wichtig, kompetent und am besten unverzichtbar sind. In der Zwischenzeit zieht viel echtes Leben an uns vorbei. Aber wofür rackern wir dann eigentlich? Für die nächste Flasche Wein?

Fällt euch auf, dass jemand im Freundeskreis oder in der Familie ein Problem hat, dann scheut euch nicht, es anzusprechen. Mir hätte das geholfen. Ich weiß, es ist schwierig. Im ersten Moment wird die betroffene Person vielleicht unfreundlich reagieren, möglicherweise sogar wütend. Sie fühlt sich ertappt, entblößt, vielleicht verraten. Eine Herausforderung für euch, wenn ihr den ersten Schritt macht und das Problem thematisiert. Doch wer Süchtige sich selbst überlässt, trägt am Ende dazu bei, dass sie den Pfad nicht verlassen können, auf dem sie sich dem Abgrund nähern. Ein ehrlicher Moment, ein Gespräch, das Verständnis signalisiert, ohne zu verurteilen, können reichen, um zumindest einen Denkprozess anzustoßen. Selbst wenn die Veränderung dann nicht sofort einsetzt: Die Saat ist gesät. Und das kann am Ende den entscheidenden Unterschied machen.

Ich hatte das Glück, dass meine Frau auf mich zuging und mich auf mein Problem aufmerksam machte. Ohne sie hätte ich meine Sucht wohl noch länger verdrängt oder mir weiter eingeredet, dass alles im Rahmen blieb. Ich trank und aß viel zu viel und das wirkte sich auf meine psychische und meine körperliche Gesundheit aus. Ich empfand Stress, bei so ziemlich allem, was ich tat. Selbst harmlose Alltagssituationen reichten, um mich unter Druck zu setzen. Und für diesen Stress musste ich mich abends belohnen. Ein Deal, den ich mit mir selbst geschlossen hatte. Irgendwann wurde daraus ein Teufelskreis. Ich war gestresst, *damit* ich mich belohnen konnte. Ich suchte regelrecht Gründe, um genervt zu sein, um meine abendlichen Binge-Eating- und Binge-Drinking-Anfälle zu rechtfertigen. Irgendetwas fand ich immer. Irgendwie kam ich immer zu den Süßigkeiten und zum Alkohol.

Bis das Singen mir mein Leben zurückschenkte. Besser gesagt: Es schenkte mir ein neues Leben, zusätzlich zum bisherigen. Die beiden befruchten sich gegenseitig, einfach weil ich zufrieden bin und mich verwirklichen kann – im Job, im Auto, mit der Familie. Ich muss mich nicht mehr zerreißen, weil ich bei mir bin. Der Stress bleibt vor der Autotür. Dem Druck des beruflichen Alltags stelle ich eine Mini-Show entgegen. Ein Smartphone, ein Song und ich bin ein anderer Mensch. Singen sorgt dafür, dass ich gelassener agiere und dafür, dass ich wieder ein vollständiger Teil meiner Familie bin, berufliche Perspektiven entdecke. Ich bin nicht nur körperlich anwesend, sondern voll da. Alles hält sich wieder die Waage. Ich brauche keine Ersatzbefriedigungen – ich genieße das Original.

Selbstverwirklichung, ein schönes Wort. Bedeutet es nicht auch, sich selbst sichtbarer, sozusagen wirklicher zu machen? Sich so zu präsentieren, wie man ist und ein bisschen stolz darauf zu sein? Das Ergebnis spricht dafür: Mein übermäßiges Essen und Trinken konnte ich vom einen Tag auf den anderen sein lassen, was ich vorher nie für möglich gehalten hätte. Und wenn meine Mutter kocht, haue ich rein im Bewusstsein: Hinterher gibt's nichts mehr! Einfach weil es schmeckt und nicht, weil ich meine, mich belohnen zu müssen.

Meine Frau und meine Kinder sind mir das Wichtigste auf der Welt und halten immer zu mir. Das habe ich damals aus dem Zentrum des Hamsterrads nicht immer gesehen. Ich war mit Scheuklappen unterwegs, funktionierte, rannte, arbeitete. Ich verlor den Blick für das, was wirklich zählt und habe so fast alles vor die Wand gefahren, vor allem mich selbst. Während ich weg war, hat meine Frau unsere Kinder großgezogen, und sie haben sich so großartig entwickelt, dass ich bis heute nur staunen kann. Meinen Beruf habe ich immer geliebt, trotz der manchmal schwierigen Rahmenbedingungen. Für die konnte ich nichts, aber meine Familie auch nichts für meinen Stress. Es ist von unschätzbarem Wert, wenn man sich in harten Zeiten auf seine Liebsten verlassen kann. Ihr habt gewonnen, wenn euch Menschen die Treue halten, auch wenn ihr selbst euch verloren habt. Meine Krise war eine große Prüfung für alle und ein Stresstest für die Liebe. Wir haben bestanden, und dafür werde ich ewig dankbar sein.

Wir haben über Authentizität gesprochen. Sich so zu geben, dass es dem eigenen Wesen entspricht, ist nicht nur für Hobby oder Familienleben wichtig, sondern auch für das Arbeitsleben. Ich möchte hier keinem von existenzieller Not bedrohten Arbeiter erzählen, dass er keine geringen Löhne akzeptieren soll. Wer um jeden Cent kämpfen muss, verdient Respekt, nicht Ratschläge. Ich möchte an diejenigen appellieren, die es beruflich in der Hand haben: Sucht euch erfüllende Jobs, die euch Spaß machen. Hinterfragt die bestehenden Strukturen, denn sie machen oft krank, seelisch wie körperlich. Es ist nicht schwach, am Konzept Hamsterrad zu zweifeln, auch wenn viele Ältere das sagen. Sie kennen es nicht anders, und leider sind manche von ihnen nicht in der Lage, der jüngeren Generation bessere Perspektiven zu eröffnen. Dabei sind wir uns doch alle einig: Es ist möglich zu überleben, ohne sich dafür totarbeiten zu müssen.

Und ihr (zukünftigen) Führungskräfte: Vergesst nie, dass wir nur ein Leben haben. Das gilt für euch wie für eure Mitarbeiter. Niemand profitiert langfristig davon, wenn Teams über ihre Grenzen hinaus arbeiten oder ständig Druck verspüren. Und zum Team gehört ihr auch! Wer von sich und anderen immer Höchstleistungen fordert, riskiert Komplettausfälle. Stellt euch die Frage: Möchtet ihr als diejenigen in Erinnerung bleiben, bei denen Menschen zu ihrem besten Selbst aufblühen konnten? Oder als diejenigen, bei denen irgendwann alle auf dem Zahnfleisch gingen? Das Leben ist kein Sprint, sondern ein Marathon. Und den laufen wir besser nicht allein, sondern indem wir andere mitnehmen.

Vielleicht sollten wir öfter zusammen singen. Nicht nur, weil es Spaß macht, sondern auch, weil es verbindet. Weil man im gemeinsamen Takt alles andere für einen Moment vergisst. Weil dabei niemand perfekt sein muss. Und weil man beim Singen mehr über sich selbst erfährt als bei stundenlangen Grübeleien. Wer singt, spürt sich selbst, und manchmal auch den Menschen neben sich. Also, wenn ihr mich das nächste Mal im Auto singen seht, kurbelt das Fenster runter und macht mit, ja? Ich würde mich freuen.

Euer Uwe

DANKSAGUNG

EINS, ZWEI, DREI, VIER - DANKEEEEEEEE!

Dann kam da noch diese Mail vom Verlag. Im Inhaltsverzeichnis sei eine Danksagung angekündigt. Es gäbe aber keine, ob ich nicht ... Eine Seite wäre frei.

Eine Seite. Für ein ganzes Leben voller Dankbarkeit. Ihr macht Witze, oder? Das kann ja nur schiefgehen. Aber schön, immer zuversichtlich bleiben. Es gibt ja auch die gute Nachricht: Wenigstens ist jetzt klar, dass das Buch fertig ist. Das muss gefeiert werden. Sobald ich dieses riesige, weltumspannende Dankeschön hingekriegt habe.

Also, Welt. Danke für mein zweites Leben und die ganze Musik. Danke an all die Künstlerinnen und Künstler, die mir den Grauschleier des Alltags wegblasen.

Oje, der Platz ... Aber jetzt merke ich, das hier ist mir wahnsinnig wichtig. Mein Singen und dieses Buch wären nicht denkbar ohne die vielen Menschen, die mich unterstützen, antreiben und einfach so lieben oder mögen, wie ich bin (teilweise anstrengend, das könnt ihr mir glauben). Fühlt euch gedrückt!

Ewige, unerschütterliche Liebe für meine Familie. Ihr seid schlauer als ich, schöner als ich und einfach die Allergrößten. Ein tiefer Knicks für Julian, der mir alles beigebracht hat, was ich übers

Singen und die Musikbranche weiß. Du bist kein Manager, du bist ein Freund. Danke, danke, danke fürs Buch, lieber Timon. Es war mir ein Fest, mit dir zu arbeiten.

Finaler Tusch: Ein Hoch auf alle, die meine Videos mögen. You make my day. Everyday. Möge euch die Musik begleiten und euch Glück schenken auf allen Wegen. Wir hören und sehen uns!

MEINE PLAYLISTS FÜR JEDE STIMMUNG

1. CAR-KARAOKE, WENN DAS LEBEN ZUSCHLÄGT

Mit diesen Songs fühle ich mich dann abgeholt. Und natürlich bessert sich die Stimmung, wenn man mitsingt, gerade in diesem Fall.

1. »**Hurt**« – Johnny Cash
2. »**Everybody Hurts**« – R.E.M.
3. »**Nothing Compares 2 U**« – Sinéad O'Connor
4. »**Tears in Heaven**« – Eric Clapton
5. »**Mad World**« – Gary Jules
6. »**Hallelujah**« – Jeff Buckley
7. »**Creep**« – Radiohead
8. »**Ne me quitte pas**« – Jacques Brel
9. »**Eleanor Rigby**« – The Beatles
10. »**Hello**« – Adele

2. CAR-KARAOKE, WENN ALLES LEUCHTET

Good vibes!

1. »**Enchanté**« – Sosa La M (Rap, Deutsch)
2. »**Happy**« – Pharrell Williams (Soul/Pop, Englisch)
3. »**Despacito**« – Luis Fonsi ft. Daddy Yankee (Latin Pop, Spanisch)
4. »**Don't Stop Me Now**« – Queen (Rock/Pop, Englisch)
5. »**Without Me**« – Eminem (Rap, Englisch)

6. **»Alors on danse«** – Stromae (Electronic/Pop, Französisch)
7. **»Here Comes the Sun«** – The Beatles (Pop/Rock, Englisch)
8. **»Bauch Beine Po«** – Shirin David (Pop, Deutsch)
9. **»Adonai«** – Sarkodie (Afrobeats)
10. **»Can't Stop The Feeling!«** – Justin Timberlake (Pop/Disco, Englisch)

3. CAR-KARAOKE FÜR LANGE NÄCHTE AUF DER AUTOBAHN

Hält wach und lässt Raum für große Gefühle

1. **»Riders on the Storm«** – The Doors (Psychedelic Rock, Englisch)
2. **»Lucid Dreams«** – Juice WRLD (Emo-Rap, Englisch)
3. **»Blinding Lights«** – The Weeknd (Synth-Pop, Englisch)
4. **»All of the Lights«** – Kanye West ft. Rihanna (Hip-Hop/Pop, Englisch)
5. **»Where Is My Mind?«** – Pixies (Alternative Rock, Englisch)
6. **»Hinterland«** – Casper (Deutschrap, Deutsch)
7. **»On The Low«** – Burna Boy (Afrobeats, Nigeria)
8. **»Hotel California«** – Eagles (Classic Rock, Englisch)
9. **»Ya Rayah«** – Rachid Taha (Raï/World Music, Arabisch/Französisch)
10. **»Changes«** – 2Pac (Hip-Hop, Englisch)

4. CAR-KARAOKE FÜR DEN POWER-SCHUB IM ALLTAG

Auf dem Weg zum Arbeitsplatz hören!

1. **»Thunderstruck«** – AC/DC (Hard Rock, Englisch)
2. **»Killing in the Name«** – Rage Against the Machine (Alternative Rock, Englisch)
3. **»Not Like Us«** – Kendrich Lamar (Rap, Englisch)

4. »**SAD!**« – XXXTentacion (Emo-Rap, Englisch)
5. »**Around the World**« – Daft Punk (Dance/Electronic, Englisch)
6. »**Seven Nation Army**« – The White Stripes (Alternative Rock, Englisch)
7. »**Welcome To The Party**« – Pop Smoke (Rap, Englisch)
8. »**LID**« – LACAZETTE
9. »**Sabotage**« – Beastie Boys (Alternative Hip-Hop/Rap Rock, Englisch)
10. »**C'est La Vie**« – Khaled (Raï/Dance, Arabisch/Französisch)

5. CAR-KARAOKE FÜR DIE VERBINDUNG ZUR WELT

Lieder, die die Welt braucht – und ich sowieso!

1. »**amore çok**« – Alcatraz, Pashanim (Deutsch, Türkisch)
2. »**Shinunoga E-Wa**« – Fujii Kaze (Japanisch)
3. »**Koroba**« – Tiwa Savage (Yoruba)
4. »**Les copains d'abord**« – Georges Brassens (Französisch)
5. »**Si Antes Te Hubiera Conocido**« – Karol G (Spanisch)
6. »**Subhana**« – Ahmed Ben Ali (Arabisch)
7. »**Habibi Taal**« – Alsarah & The Nubatones (Arabisch)
8. »**Loro Piana**« – Glades (Niederländisch)
9. »**Big Dawgs**« – Hanumankind (Englisch, Indisch)
10. »**Meherkaga Maxan ka dhiga**« – Asad Faqdiid (Pashto)